罪无赦

迷失的森林

王措 —— 著

文匯出版社

目录 CONTENTS

- 楔　子 001
- 第一章　陌生 003
- 第二章　黑暗 021
- 第三章　秘密 037
- 第四章　迷魂 053
- 第五章　深藏 070
- 第六章　镜子 084
- 第七章　离奇 100
- 第八章　破碎 115
- 第九章　无畏 131
- 第十章　血色 145

- 第十一章　碎片　162
- 第十二章　阴郁　179
- 第十三章　消失　194
- 第十四章　虚惊　210
- 第十五章　尘埃　226
- 第十六章　回首　247
- 第十七章　往事　262
- 第十八章　终章前夜　278
- 第十九章　终章　294

楔子

　　她很少会来五星级酒店开房，倒不是因为经济拮据或不愿花钱。
　　首先，她不是来这里度假的，她的婚房就在离酒店两三公里远的地方，在这座城市居住了三十多年，别说五星级酒店，就连普通的快捷酒店她也没住过几回。不过话说回来，她是一个很会持家的女人。三年前结婚的时候，她和老公去泰国普吉岛度蜜月，在那短短一周里，他们每天都住在廉价酒店里。老公说，住两晚海景酒店又何妨呢？她甜甜一笑，只用几句话就让老公打消了这个念头。
　　其次，她既没有合适的婚外约会对象，也不是一个喜欢浪漫的女人。这不是说她没有魅力，恰恰相反，她非常漂亮，谈吐优雅。无论是大学期间还是工作以后，爱慕她的男人差不多能塞满半辆公交车。不……半辆太少，算上暗恋的差不多要一车吧。可她最后还是选择了目前这位性价比平平的老公，认识她的人或多或少都有些不理解，在这么多优秀的男人当中，她为什么会选择一个既不富有也不帅气更没有才华的。但在她看来，一个值得托付终身的男人首要条件必须是踏实可靠，其他条件皆是参考值罢了。老公是她唯一的性伴侣，无论婚前婚后，只此一人。婚后的他们过着波澜不惊的日子，在准备生育之前，每天拼命工作似乎成了他们生活的全部。唯一算得上浪漫的时刻，就是休假期间，一起开车在繁花市周边旅游的光景。
　　所以，她不是来这里和老公寻求刺激或新鲜感一类的东西，也完全没有这个心情和必要。那她来五星级酒店开房是为了什么？
　　当然是为了另一个男人。
　　这个男人刚刚离开，留下了几句冰冷的话，而桌上的咖啡还冒着热气。她

罪无赦（二）

来到阳台，表情淡漠，眼泪拂了又落。

酒店附近的风景的确不错，每一个角落放在油画里都不会觉得多余。从阳台远眺而去，可以看到遥远而无垠的海平线。夕阳的余晖仿佛几道灼目的火焰，将安静而孤独的海面切割得支离破碎。

"不愧是五星级酒店啊！"她暗自赞叹，"我做过无数个决定，改变了无数种可能，但这结局终究非我所愿，这就是人生吗？"

她点了支烟，吸了两口便掐灭在烟缸里。生命中的许多人和事就像缓缓吐出的烟雾，无论你如何挽留，都将烟消云散，留下的回忆就像粘在肺泡上的黑色焦油，在未来不定的时间内损伤你的身体或灵魂。

她回到卧室，躺在床上，这死一般的沉寂连心里的回声都难以分辨。她痴痴地望着天花板，全神贯注，泪流满面。右手边那精致的床头柜上放着一把水果刀，在宁静的晚霞中，冰冷的刀刃仿佛染上了一层淡淡的血色。

她再次抹去眼角的热泪，然后将刀紧握手中。

第一章

陌 生

1

十月份的繁花市已经度过了多雨的季节,夜色仿佛在弹指间霸占了所有空间,当薛菲再次转头看向人来人往的窗外时,一排排路灯已悄然亮了起来。

这家玫瑰路上的韩国烤肉早已没了过去那爆棚的人气,薛菲也很久没来过了,要不是薛妈死拉硬扯让她来相亲,她绝不会把自己化妆成这副骚媚妖艳的样子,而且还要坐在一口傻乎乎的铁锅前,夹着一片傻乎乎的牛肉,傻乎乎地翻来翻去。

和以往相亲不同的是,这次由薛妈全程作陪,原因显而易见,那就是怕薛菲再次开溜。来的路上薛妈就反复强调:"这可是你张大爷倾情推荐的优质男人,你要再敢给我掉链子,看我回家不打死你!"

"哎呀!知道啦。"

"你还不耐烦了?你搞清楚状况好不啦!我在你这个年纪,你妹妹都会打酱油了。你知不知道啊?"薛妈用一阳指狠狠戳了一下薛菲的脑袋说,"嗷呦,真是要急死人耶!"

"我才三十岁呀?不是挺好的嘛。"

"你个死丫头啊,你怎么说话的?你妹妹都快生二胎了,你再看看你?要不是看你打了啫喱水啊,我现在就把你这头短毛全部撕掉呀!你看看你自己,哪个地方像女人?不留长发也就算了,成天到晚穿一条牛仔裤像什么样子?怎么了?我没给你买裙子吗?"

罪无赦（二）

"哎哟妈！我这不是穿裙子了嘛！"

"这也叫裙子？"

"这是牛仔裙呀。"

"牛仔裙牛仔裤，里面是不是牛仔内衣啊？"

"妈！你能好好的吗？"

"我告诉你，这个男人妈妈要定了，人家有车有房，三十九岁，大学副教授……"

薛菲一皱眉："妈！你都说了八百回了。离异，没孩子，个性稳重，说话彬彬有礼，像中央电视台主持人。"

"记着就好！"

烤肉在锅里"嗞嗞"地冒着油花，薛菲实在没什么胃口，这是她第十七次来相亲，其中十二次与对方共进晚餐，没一次有胃口的，这次也不例外。

对面的男人的确是一副彬彬有礼的样子，虽然只有三十九岁，看起来可不止四十八。他的头发异常茂盛，侧背的发型像戴了顶貂皮暖帽，乍一看好似刚从大雪封山的兴安岭回来的猎人。些许痘坑的脸上挂着一副高度近视镜，旋涡状的镜片后面，却藏着一双睿智的眼睛。

见薛菲挂着下巴，望着窗外作沉思状，男人便说："菲菲，吃肉，快吃肉呀！"

薛菲的脖子就像僵住一般，不冷不热地说："我吃饱了，谢谢你。"

薛妈笑道："小苏啊，她就是这样的呀，晚上吃不了多少的，很好养活啊。"

"我可不好养活，每个月我都要买几次奢侈品，手机三个月换一次，像您这样的大学教授，那点儿工资还不够我做一次头发呢。"

薛妈怒声道："你这个死丫头呀，你有完没完？"

薛菲又说："对了，坐了这么久，我居然把您的名字给忘了，实在对不起啊。"

薛妈满脸堆笑："小苏啊，你千万别生气啊，这丫头……"

"没关系阿姨，我理解菲菲的感受，像我这样的长相，大多数女人一下子都接受不了。"男人微微一笑，特别有自知之明的样子，"菲菲，那咱们重新认识一下吧。你好，我叫苏健。"

"苏先生，我是一个特别麻烦的女人哎，你一定要想清楚了。"

苏健挥手道："虽然我是教心理学的，但我的推理能力也不差。"

薛菲立马来了好奇心，她倒是真想看看这个老气横秋的男人究竟是何方神圣："哦？推理能力？那我真想看看你有什么推理能力。"

苏健放下手中的筷子，扶了扶镜框，笑道："你的进食速度非常快，这说明你不会在吃饭上浪费时间。你吃的牛肉全是六七分熟的样子，而且没蘸过一次料，这说明你不喜欢繁琐的饮食方式，你说自己是一个麻烦的人，这不大可能。你身上的白衬衣和牛仔裙都是普通货色，无论质地还是设计都非常一般，这说明你对衣品的高低不感兴趣。不好意思，希望你不要生气。"

薛妈一听急了，怎么听都觉得这话是在嫌弃自己女儿，立马说道："苏先生啊，你不好这么说的，我们家菲菲不是买不起衣服的，你搞清楚啊。"

"妈！你先别说话。"薛菲转头道，"有点儿道理，接着说。"

"不能再说了，否则让阿姨产生误会，我今天算是白来了。"

薛菲怒目，登时拍桌道："叫你说你就说！"

"好好好，我说。"苏健无可奈何道，"你的手包虽然是奢侈品牌，但四角却有轻微磨损，听阿姨说，你是职业刑警，而且是刑警队副队长，你的大部分时间不是在破案就是在去破案的路上，那么平时你肯定没有时间带着它走来走去，在这种情况下，手包出现了轻微磨损，那只能说明你已经使用了它很长时间。假如你真的是一个经常去买奢侈品的女人，今天放在这里的手包应该是最新款的，而不是四年前的款式。"

薛菲拿起手包看了看："你怎么知道是四年前的款式？"

"当你把手包放在这里的时候，我就在网上搜过了。"

"不错，有点儿意思。"

薛妈连连咋舌："啊哟……我说小苏，你不要觉得我们家没有钱啊，我们菲菲平时可不怎么花钱的……"

"阿姨您不要误会，我不是这个意思，恰恰相反，我非常欣赏菲菲这样的女人。"

"有多欣赏？"薛菲笑问。

"难以言表的欣赏。"

"少臭屁了，接着说。"

苏健正襟危坐，点头道："这只手包只有正面有商标图案，你刻意放在正面，就是为了让我看到，你想传递给我的信息是，你对物质生活有较高的要求。假如能给我制造这样的错觉，你刚才说的那番话，我可能就会信以为真，等我打了退堂鼓，你就得偿所愿了。"

薛菲听得全神贯注："嗯，上道了。"

"你每天都会在微博中分享一条学习英语单词的信息，四年多的时间里，这种分享没有漏掉一天，就算是习惯，也需要很强的坚持力。可以肯定，你是做任何事情都能持之以恒的那种人。这条分享信息，你会在每天早晨七点整准

罪无赦（二）

时发布，我在电脑上翻看了你最近两年的记录，发现没有一天早于七点整或晚于七点整，这么惊人的执行能力和自律能力，一般人很难做到，你能在二十八岁的年纪被破格提拔为市局刑警队副队长，这就是主要原因。"

"想不到你还真有点儿水平。"

"过奖了。你的微博还透漏了一个信息，那就是你的手机。你的苹果手机虽然是半个月前发布的新机，但你用它发布微博的时间只有短短四天，也就是说，四天前你才更换了新手机，而那款旧手机，你连续使用了两年零三个月。你说你三个月换一次手机，这就不攻自破了。"

"很好，还有吗？"

"还有你这头乌黑靓丽的短发，假如常年染烫，就算做再好的保养，也不会这么自然。所以说，你是一个不会在理发店浪费时间的女人。你今天化了浓妆，但你的化妆水平真的非常一般，只要仔细一看，就会轻易发现你的口红左右不对称，眉粉一边浓一边淡，BB霜没有抹匀，这说明你是一个不会在化妆上浪费时间的女人。我刚刚和阿姨说话的时候，你在用手机读书，你的电子书架上有推理小说，还有一些社科类读物，比如冯友兰先生的《中国哲学简史》、史景迁先生的《王氏之死》，这说明你是一个注重精神世界的女人。"

"你的眼神这么好啊？我以为你是二五眼呢。"

"一般吧。"

"那我想问问，你认为你推理得都对吗？"

"八九不离十。"

"在你推理的时候，我的心理活动是什么样的，你能分析出来吗？"

"在我推理之前，你一直东张西望，这表明你对这次相亲毫无兴趣，也直接说明了你并没有把我放在眼里。当我开始推理之后，你的躁动逐渐消失，并将双手缓缓放在桌上，最后叠在了一起，这说明我的推理吸引了你，并激活了你的一个潜意识，是这个潜意识让你把双手叠在了一起。"

"什么潜意识？"

"在你的童年时代，当你听老师讲课的时候，你大多时间都会把双手整齐地叠放在桌上，对吗？"

"没错。"

"这个行为，你有没有统计过或者刻意去思考过？"

"干吗要思考这个呢？"

苏健点头道："对了，你没有把这个行为放在心上，也没有想过要记住它，却被你无意识地记在了脑海里。当某一个情景重现时，它又会被你无意识地放出来，这就是被激活的潜意识，而这个记忆，属于无意识记忆。在我推理的过

程中,你对我的态度发生了潜移默化的改变,从不屑到好奇,从一点点认同到叹服,这全都表现在你的微表情里。所以说,你可能是一个不善于隐藏感情的女人。"

"错了,我一直都在隐藏。"

"隐藏不等于说不出口。"

薛菲淡淡一笑:"是吗?也许吧。"

薛妈又张罗起来:"哎哟,我看你们聊得不错啊,来来,边吃边聊,我去给你弄些甜点啊。"

"我去吧,阿姨。"

"不用不用,你们坐着聊聊,好好聊。菲菲,不要惹我生气啊。"

薛母离开后,苏健笑道:"怎么?有喜欢的人了?"

"对啊,但不知道他喜不喜欢我。"

"原来是单相思。"

薛菲又拄起下巴,看向窗外:"是啊,怎么办呢?"

"为什么不告诉他?"

"算了,不聊这个了。"薛菲莞尔一笑,"你挺厉害的,我希望能和你做朋友。"

"当然可以,朋友是男朋友的前提嘛。"

"那不行,我对你没什么感觉。"

"从对我不屑到对我没有感觉,这是质的飞跃了,在我看来,没什么不可能的。"

薛菲白眼一翻:"刚才那点儿好感,现在全没了。"

苏健捧腹大笑:"知道你为什么会对我产生好感吗?"

"为什么?"

苏健环顾四周道:"这个座位是我精心挑选的,因为在这种光线比较昏暗的环境中,约会双方的形象在彼此心里会产生一定程度的朦胧感,这很容易让彼此放松戒备,进而产生安全感和亲近感。这在心理学中被称为黑暗效应。"

"你倒是挺会学以致用啊?"

苏健笑说:"因为重视,所以才费尽心思嘛。"

就在此时,刘同的电话来了,薛菲说道:"喂,刘队。"

"你在哪儿?方便说话吗?"刘同急问。

"方便。"

"不好意思,可能要打扰你休息了。"

"快说吧,怎么了?"

"百合路出事儿了,我把地址给你发过去。"

"好的,我马上就来。"

见薛菲起身,苏健便问:"怎么了?有别的约会吗?"

"苏先生,我要去工作了,很高兴认识你,我妈就拜托你了。"

"好,那你赶紧去吧,注意安全。我会向阿姨解释的。"

"谢谢你的理解。"

苏健起身又问:"那……咱们还能见面吗?"

薛菲犹豫了一下,嫣然一笑:"假如以朋友的身份,没问题。"

"当然!当然是朋友的身份。"

"好的,再见!"

"再见。"

2

警察已经在百合路一条小巷前拉起了警戒线,临近晚上九点,这条路上的行人相对稀少,但看热闹的人总能快速聚集起来,并围在闪烁的警灯前相互议论。

薛菲快步穿过人群,俯身钻进警戒线,站在不远处的李亨转头一看,顿时目瞪口呆:"薛队,你怎么……这个打扮呀?"

薛菲用手狠狠抹去嘴上的口红,义正辞严地说:"怎么了?不行吗?"

"瞧您说的,巴不得您天天这样呢,太有女人味儿啦。"

"少给我色迷迷的,刘队呢?"

"在巷子里。"

这是一条比较冷清的巷子,一端连接百合路,一端连接樱花路,全长两百米左右,两侧除一家便利店和一家早餐店外,都是居民小区的围墙。在南方小城,这种清冷的巷子并不多见,此处是为数不多的一条。路灯有四盏,等距离排开,其中一盏不停地闪烁,看样子即将寿终正寝。

薛菲赶到时,刘同和一群表情凝重的警员正蹲在一面井盖旁低声议论着什么,薛菲大致扫了一眼,迎着微弱的灯光,可以看到灰色的水泥地上布满了血迹,除此之外,别无其他。

"刘队!"薛菲皱眉,"这是怎么了?"

刘同转头,眼神在薛菲身上打量了一番,最后落在她红彤彤的的嘴上,不禁"噗嗤"一笑:"又去相亲了吧?"

"笑什么笑?有多好笑?我就不能去相亲吗?"

刘同缓缓起身:"当然能,就是感觉很久没见你穿裙子和高跟鞋了。怎么样?这次成功吗?"

"不想死的话,趁早别逗我玩儿,这到底怎么了?尸体呢?"

"人没死。"

薛菲长长出了口气:"哈!那就好,是故意伤害吗?"

刘同摇头道:"目前还不清楚,也可能是杀人未遂。"

"有目击证人吗?"

"没有。"

"说说具体情况呀。"

"我们赶到现场时发现人还活着,于是第一时间叫救护车把人拉走了。受害人叫魏冬芹,女性,四十三岁,繁花市城市银行某支行行长,主要受伤部位在头部,肩部与颈部也各有一处,初步判断是钝器反复击打所致。"

"钝器?"

"应该是圆头铁锤。你来看,现场除被害人的血迹外,我们还发现了这些泥脚印。"

"昨天下过暴雨,我刚才进来的时候发现巷子里有几处积水的地方。"

"没错,你身后就有一个。"

薛菲转头一看,身后的墙角里的确有一方积水,一排泥脚印从积水的边缘一直延伸到这边的井盖,并围着井盖转了好几圈。

"你们赶到的时候,受害人就躺在这个井盖上吧?"薛菲问。

李亨点头道:"没错,就在这儿。"

刘同指着地面说:"从脚印的轨迹推测,凶手原本是站在那片积水里的,当受害人途经此处时,凶手突然发动袭击,得手之后,凶手围着被害人转了好几圈,然后在一米开外的地方搓了搓鞋底,最后向樱花路的方向离开了。"

薛菲来到积水旁,蹲身细看:"为什么要站在积水里呢?"

李亨道:"是不是脚底发热觉得难受啊?"

刘同道:"你给我闭嘴!我现在想不通的是围着井盖的这几圈脚印,你们可以看到,这几圈脚印完全没有重叠现象,虽然外圈有明显淡化的迹象,但每一个都十分清晰。大家可以想想,假如你围着一个人说话的时候,会不会留下这样毫不重叠的脚印?"

薛菲点头道:"这么说,很可能是故意留下的。"

罪无赦（二）

"没错，凶手在离开前搓去脚下的泥渍，却没有抹去这些留下的脚印，说明他是故意为之。"

"这会不会是某种宗教仪式呢？我总觉得这些脚印像某种符文。"李亨一本正经地说，"目的是封锁被害人的灵魂。"

刘同盯着李亨，薛菲盯着李亨，所有人都望着李亨，李亨不禁打了个寒战道："你们怎么了？我说得不科学吗？"

刘同转头对薛菲说："鞋印的大小在四十三码到四十四码之间，初步判断，应该是男士皮鞋。"

"嗯，这一眼能看出来。现在怎么办？"

"巷子里没有监控，在小巷与樱花路的丁字路口上倒有一个，但镜头的方向面朝樱花路，不知道有没有拍到什么，我已经派章毅去调了。"

薛菲看向樱花路，突然道："刘队，那有一辆SUV！"

"行车记录仪？"

"没错。"

一行人快步来到SUV旁，这才惊人地发现，前挡风玻璃上贴着一张报纸，正好将行车记录仪死死遮住。薛菲点亮手机灯光细细一看："报纸被透明胶带固定在车窗上。"

"有留下明显的指纹吗？"

"好像没有。"

刘同掏出手机，拨通车窗右下角的临时停车电话："喂，你好，麻烦您过来挪个车……好的。"

不到两分钟，一个身穿短袖的年轻男人便从旁边的小区大门跑了出来："这是……怎么了？"他看了看远处的警灯和围观的人群，然后盯着刘同问。

刘同迅速敬礼道："你好，我们是繁花市公安局的，请问您贵姓？"

"免贵姓王。"

刘同指着前挡风玻璃上的报纸说："王先生，请问这张报纸是你贴的吗？"

男人看了看，脸庞顿时显现出深刻的愤怒："这……这他娘谁呀？这不是我贴的啊！"

"您车上有行车记录仪吧？"

"有啊。"

"能拿出来让我们看看吗？"

"没问题。"男人打开车门，取下行车记录仪说，"我是下午五点多把车停在这儿的，小区里停满了，所以只能临时停在这儿。"

刘同接过行车记录仪，打开最后一个视频，看到画面里的天还亮着："您

这个行车记录仪不是二十四小时开机的？"

男人摇头道："不是，电源线接在点烟器上的，车启动的时候开机，熄火之后就关了。"

刘同稍加思索后说："好的，打扰你了。"

李亨戴上手套，小心翼翼地将报纸撕了下来。这是一张《繁花市企业家周报》，主要报道的是繁花市近期的经济状况和一周内发生在繁花市的重大经济活动。

薛菲暗自嘀咕："没怎么听过这个报纸，发行量应该很少吧。"

"管它什么发行量呢。"李亨将报纸折起道，"闹不好上面有指纹！"

十月十三日，也就是案发第二天清晨，刘同和薛菲来到医院看望魏冬芹。据大夫说，她的颅骨有多处骨折，表面有大面积挫裂创口，颅内损伤也比较严重，在ICU昏迷了一夜之后，今天早上才转至普通病房，目前情况虽然稳定，但仍处于半昏迷状态。

刘同问大夫："现在能说话吗？"

"能说，但尽量还是少说话的好。"

刘同点头道："从伤口来看，您觉得打击力度强吗？"

"我只能说这个凶手算是手下留情的。"

二人刚推开病房大门，几个身穿银行制服的男人走了出来，与他们擦肩而过后，径直向电梯走去。跟在他们身后送行的男人一脸老实巴交的样子，面容略显憔悴，看样子应该是在医院守了一夜，他望着刘同问道："您是？"

"我们是繁花市公安局的，我叫刘同，这位是薛警官。"

"哦，你们好。"

"您是魏冬芹的……"

"老公。"男人点头道。

"您贵姓？"

"我姓吴。"吴先生欠身道，"快，有话进来说吧。"

薛菲转头看了看那几个等电梯的男人，问道："吴先生，请问刚才这些人是干吗的？"

"都是冬芹银行里的员工。"

刘同来到床边，看到魏冬芹戴着吸氧罩，连着心电监测仪，闭着眼睛正在输液，于是问道："吴先生，她现在能说话吗？"

"能，你要大声问她，她的声音比较小。"

刘同凑到魏冬芹耳畔道："魏行长，你好，我是繁花市公安局的，我叫刘同。"

罪无赦（二）

魏冬芹睁了睁眼，又迅速闭上，用沙哑的嗓音低声道："你……好。"
"大夫让您少说话，那我就长话短说了。"
"好的。"
"您有没有看到凶手的长相？"
"没有，从背后打我。"
"从背后袭击了你，对吗？"
"是……是男人。"
"是男人？您怎么知道是男人？"
"他说话了。"
"说什么了？"
"说，魏冬芹你不要再逼我。"
"你能听出是谁吗？"
"张小年……"
"什么？"
"张小年，我的贷款客户。"

3

午后两点多，阳光毒辣，但夏日的酷热却早已绝迹。几个老人围在一棵大榕树下打扑克，旁边的石凳上躺着一个浑身泥渍的年轻小伙正在扯呼噜。

就在此时，一辆奔驰跑车开了过来，发动机巨大的轰鸣声让睡觉的年轻人转过身道："去他爹的！"

跑车停在了天一大厦楼前，先下车的是一位美女，化妆后的女人年纪都比较难以琢磨，只能说顶多三十岁的模样，一件特别紧身的白色连衣裙毫无保留地暴露了她前凸后翘的身材，这让远处几位打扑克的大爷全都停止了抓牌。瀑布一般的金色烫发覆满肩头，白皙的脸上除了一副轻盈的蓝色墨镜，最令人印象深刻的是那两瓣烈焰红唇。

后下车的男人穿着白色休闲衬衣，袖口绾起，露出银色的手表和一串蜜蜡手链。他身高一般，只有一米七五左右，女人穿着高跟鞋，身高基本和他持平。但他发型整洁，五官清晰，用武侠小说里的话应该叫剑眉星目，英气十足。

他搂起女人的细腰,缓步向天一大厦侧面走去。那里有一家售楼中心,由于开盘前半年就做足了噱头,前来看房的客人便摩肩接踵,黑压压的人群将门口围得水泄不通,两个巨大的黑色音箱没完没了地放着闹人的音乐。

售楼中心内更是人山人海,一来赶上周末,二来是因为开盘第一天,房地产商不仅推出了特别诱人的优惠政策,还在会场里搞起了吸引眼球的抽奖活动。这种把戏的上客率非常高,买不买房似乎成了次要问题,能不能免费中个奖才是许多人最为关注的事情。

售楼小姐齐兮兮早就预料到这将是噩梦般的一天,但噩梦里却潜藏着令人垂涎的提成奖金。她围在楼盘模型前,像打了鸡血一般东突西奔,敏锐的眼神在人群里快速搜索着,大脑也保持着高速运转,她必须在打个响指的时间里判断出面前的人究竟是来买房的还是来凑热闹的,假如稍有迟疑,就可能被同事挖了墙角。

从早晨到现在,她已经开出了二十七单,位列销售榜第一。同事们都知道,没有人能比过她,她的声音如暮春的暖风,面容像初生的莲花,微笑像秋日的暖阳。她拥有敏捷的反应和优雅的谈吐,而且不会站在顾客身旁没完没了地唠叨,她似乎能看穿顾客的心理并猜到顾客的实际需求,然后像挚友一般和顾客攀谈。许多顾客都在不知不觉的状态下签署了购房协议,这表现出了顾客们对齐兮兮的高度信赖,也展现了齐兮兮惊人的销售能力和职业素质,这不是一种简单的能力,这种能力的基础,也许是智商和情商的完美平衡。

虽说实力不容置疑,但她并不是一个冷酷的销售精英,恰恰相反,她对许多同事都非常热心,就拿今天来讲,假如她不把自己的单子让给那些一直不开张的年轻同事,那她此刻的成绩就应该是三十二单。所以,大多数同事都对她青睐有加,只有少部分老员工认为她是假仁义的心机贼。

她在人流中穿梭,再次发现了目标,这是一对年轻男女,男人皮肤黝黑仿佛印度尼西亚搬木头的小兄弟,他穿着大短裤和回力球鞋,鞋头上脏乎乎的好像是辣椒油。女人圆圆的脸,透着一股不施粉黛的朴素和平凡,干枯的头发扎成马尾,额前的刘海非常毛糙,看样子应该很久都没有修剪过了。

齐兮兮初步分析,这二人的收入不会太高,买房的几率超不过百分之五十,照惯例对于这类顾客她十有八九会一扫而过,但当她看到女人痴迷地望着面前的模型时,心里不知为何竟泛起了一丝波澜。这种感觉有些奇怪,说同情也不完全,说难过也不尽然。

齐兮兮甩了甩额头上汗津津的短发,展现出暖意盎然的笑容道:"二位还没有结婚吧?"

男人看了齐兮兮一眼,似乎是因为害羞,连忙又将视线落回到模型上:

罪无赦（二）

"哦，我们打算结婚的。"

"所以是来看婚房的吧？"

女人原本站在男人和齐兮兮之间，可能是因为紧张，连忙躲到了男人的另一侧。

男人笑说："嗯，来看看，你们最小的户型多少平方米？"

"最小户型一室一厅，建筑面积五十三平方米，但这是精品单身公寓，精装房，所以价格比六十三平方米的还要高。"

"哦，那最小的是六十三平米喽？"

"没错，这是毛坯房，不过户型很不错……"

"是六千九百九十九一平吗？"

六千九百九十九元一平米完全是房地产商打广告的噱头，这对年轻人一定没有看到六千九百九十九元后面那个小得跟芝麻粒儿差不多的"起"字。

"没错，这是最低价，对应户型是西南角那栋楼上的一百三十二平方米的房子，而且只有三套，已经售罄了，实在不好意思。"

"那……这个多少钱呢？"

"您是说六十三平方米的？"

"没错。"

"根据楼层高低，价格是不一样的。"

"我要最便宜的。"

齐兮兮在模型上扫了一眼："眼下最便宜的应该是C座的二〇二，价格是八千八百六十八一平，现在交一万定金，抵三万房款，这个优惠力度是比较大的。"

"那……还有比这个更便宜的吗？"

女人拽着男人的胳膊轻轻了摇说："咱们走吧！"

男人望着女人，眼眶突然湿了，他转头又问："请问还有更便宜的吗？"

齐兮兮犹豫了一下："这样吧，我帮你申请一个内部价，大概能打到九折……"

"多少呢？"

"将近八千吧，您觉得怎么样？一平方米少了将近八百块。"

女人听后又说："小强，咱们走吧。"

男人忍住眼泪，点头对齐兮兮道："好的，谢谢你啦。"

"……不用客气。"

望着这对年轻人缓缓消失在人群中，齐兮兮的心里浮起了一丝丝哀伤，不知道为什么，但她能确定，这的确是一种哀伤的感觉。

"你好,能给我介绍一下你们的别墅吗?"突然,一个男人的声音从后方传来。

齐兮兮转头一打量,这男人的银表闪闪发亮,想必不是普通货色,他的嘴角微微扬起,一副成就感十足的样子。齐兮兮心里一拍掌,立马判定这是个有钱的家伙,于是笑道:"您好,别墅在这边,请跟我来。"

"你们的别墅带电梯吗?"男人说话老气横秋,却显得中气很足。

"不好意思,目前这批没有,下一批会进电梯的。"

"那游泳池呢?"

齐兮兮领着男人来到别墅模型前:"游泳池是有的,包括地下车库、露天花园……"

"兮兮?你是齐兮兮吗?"男人怔怔地望着她。

齐兮兮转头凝视男人的脸,他那凌厉的目光把齐兮兮牵回到了很远很远的过去:"你是……是李源吗?"

男人顿时泪目:"是啊,我是李源,你……你怎么会在这儿呢?"可能是因为激动,李源显得有些语无伦次。

齐兮兮忍着眼泪,捂起了嘴,然后抽噎起来。

"兮兮,你……还好吗?"

齐兮兮狠狠地点着头,完全说不出一句话来。抛开别的不说,只这一句久违的问候,似乎隔着千万个沧海桑田。

"好,那就好。"男人说。

齐兮兮张开双臂,将李源紧紧抱住,李源连忙将她推开:"兮兮,别这样。"

齐兮兮冷静了一下,然后擦干眼泪,笑道:"不好意思,是我太激动了。"

李源赔笑:"没关系,没关系的。"

"这么多年,你都去哪儿了?"

"我和我爸妈去了西班牙南部。"

"西班牙?"齐兮兮挤出一个微笑,"那儿怎么样?"

"还好吧,在安塔卢西亚一个叫夏恩县的地方,那里有一望无际的橄榄树,我爸在朋友的介绍下收购橄榄,挣了不少钱。现在做进出口贸易了。"

"怪不得呢,一看就是有钱人。"

"哪有?"李源憨憨一笑,带着些许难以察觉的骄傲。

"都要买别墅了,还不是有钱人?"

"有钱人太多了,我根本算不上。"

"为什么要买别墅啊?"

罪无赦（二）

"嗯，因为要打开这边的市场，所以要回来住一段时间。"

"好吧，准备要一间多大的？"

就在此时，金发美女搂住了李源的胳膊："你怎么在这儿啊，我都找你半天了，又看人家售楼小姐长得漂亮啊？"

"说什么呢？"李源的笑脸变得僵硬起来，"我来介绍一下，这是我妻子卢思美。"

齐兮兮手里的记事簿掉在了地上，她连忙捡起来，保持微笑道："你好。"

"她是谁啊？"卢思美开始打量齐兮兮。

"这位是我的小学同学，齐兮兮。"

"齐兮兮？哪个兮啊？"

齐兮兮说："《归去来兮辞》的兮。"

"噢！这个名字还不错。"卢思美伸手道，"你好。"

二人握手，相视一笑。

"既然有朋友在，能不能优惠一点呢？"卢思美问李源。

"当然没问题。"齐兮兮说，"不过别墅的话，优惠力度可能没那么大。"

李源挥手道："不用优惠，你说多少就多少。"

"到底是大老板，真是财大气粗啊。不过家里的事情，还是得问问老板娘吧？"

卢思美笑说："没关系啦，我老公说什么就是什么。"

"那就好。"齐兮兮看了看手表，"现在还早，要是二位有时间的话，我带你们去看看现房吧。"

"好啊，去看看吧，你说呢老公？"

"当然。"

销售主管得知有人要买别墅，连忙将自己的车借给了齐兮兮，当三人来到天一大厦门前时，李源对卢思美说："我和兮兮聊一聊房产交易的事情，你开车跟在我们后面。"

卢思美爽快地答应："好的。"

"国内开车不比国外，要注意安全。"

"知道啦。"

路上，齐兮兮没有说话，对于她来说，现在的李源只是一个熟悉的陌生人。她不知道该说些什么，直到李源打破了沉默："兮兮，你没有生气吧？"

"我有什么可生气的？"兮兮笑说，"为什么要生气呢？你的问题好奇怪啊。"

"几年前我回来过一次，向许多人打听过你的消息，可他们都没有你的联

系方式。"

"是吗？你还会想起我吗？真是挺不可思议的。"

"我怎么能忘了你呢？"

见兮兮纤细的手指放在挡杆上，李源缓缓将手伸了过去，他们十指相扣，在彼此纠缠的几秒钟里，齐兮兮再度热泪盈眶。突然，一个红灯拦住了他们的去路，齐兮兮好似恍然大悟，连忙把手缩了回去。

李源望着兮兮道："对不起……"

兮兮拭去泪痕："没关系的。"

"你……结婚了吧？"

齐兮兮不自觉地将左手的钻戒隐藏在方向盘下："对啊，三年了。"

"他是干吗的？"

"在银行做客户经理。"

"负责贷款？"

"对啊。"

"挣不了多少钱吧？"

"当然和你没法比呀。"

"嗯，在这里卖楼多久了？"

"快六年了。"

李源若有所思道："……那件事之后，你是怎么过的？"

"和奶奶在一起了。"

"你妈妈没来接你吗？"

"来过，她说继父不愿要我，所以每个月会给我一笔抚养费。"

"奶奶还在吧？"

"两年前走了。"

"对不起啊。"

"没关系。"

"你们……现在有孩子吗？"

小区的电子挡杆缓缓升起，兮兮踩下油门说："李先生，我们到了。"

齐兮兮似乎不愿再多说什么，李源也便沉默了。

第十七栋别墅，是别墅群里最大的户型，花园里曲径通幽，四周满眼苍翠，简直就像世外桃源。由于方向的原因，屋子采光极佳，站在三楼的阳台上，能看到一望无际的海面和人影稀疏的沙滩。

齐兮兮说："从这里到海边只需步行十分钟，那里有一个海上娱乐中心，户主一年内可免费租借潜水设备、皮划艇等娱乐工具。最重要的是，你们每天

罪无赦（二）

都可以在这里看到美丽的日落。"

"一个人看日落有什么意思呢？"李源嘀咕道。

卢思美说："老公，就这间吧，我喜欢这儿。"

"好啊。"李源转头问齐兮兮，"是不是付全款，你的提成最高呢？"

"都可以的。"

"房子我要了，这是我的名片，把你的电话留给我吧！"

夕阳渐渐落入海平线，渔民们一天的工作也结束了，海边一派渔歌唱晚的景象。

齐兮兮来到海鲜市场买了几只大龙虾，她准备和老公好好庆祝一下今天这颇丰的战果。到家的时候，天已经黑了，狭窄的客厅里黑漆漆的，看样子老公还没有回来。她放下背包，径直走向厨房，洗菜、切肉、烧油，不到半个小时就端上了四道大菜。

但老公仍然没有回来。

她不明白银行为什么总要加班，而且从去年开始，老公加班几乎成了家常便饭。许多个阳光灿烂的清晨，当兮兮一觉醒来，身边仍是空空如也，但客厅的餐桌上已经摆好了内容丰富的早餐，这是老公回来过的唯一证明。

许多事情不需解释，彼此理解才是齐兮兮的婚姻观。

她打开电视，但一眼都没有看，不知从何时起，电视变成了一个驱散寂寞和孤独的工具。她躺在沙发上浏览着微信里的消息，工作群里又在转发销售状元的喜人业绩，公司老总还发了十来个大红包，兮兮抢了几个，便迷迷糊糊地睡着了。

约莫半小时后，齐兮兮隐隐听到了开门声，她揉了揉眼睛，看到老公张旭升向她走来，这才露出了迷人的微笑，道："回来了！今天还挺早的。"

张旭升放下手里的皮包，脱去银行制服说："啊，你都睡着了吧？"

"嗯，太累了。"

"吃过了吗？"

"还没有，这不在等你嘛。"

张旭升揭开餐桌上的盘子看了看："唔！今天好丰盛啊，是什么纪念日吗？快提醒我一下。"

"边吃边说。"

"好啊！"

齐兮兮来到餐桌旁，扫了一眼道："菜都凉了吧？要不要热一下？"

张旭升解开领带："不用，还有温度。"

"哦，筷子。"

"辛苦老婆了。"

齐兮兮瞪着眼睛,微微一笑:"假大空,快吃吧。"

张旭升边吃边说:"哎呀,好久没吃过大龙虾了。快说说吧,今天是什么日子?"

"听好了,我今天卖了一栋大别墅!"兮兮像一个天真的孩子那样笑得花枝乱颤。

张旭升的眼睛差点儿掉进碗里:"真的吗?天哪,老婆你太帅了。"

"那别墅是上一期开盘的滞销货,提成可高了,除此之外,我今天还卖了二十多套住宅呢。"

"妈呀!你怎么会这么厉害?感觉自己都要配不上你了,快过来让我亲一口。"

"哎呀,快吃吧。"

二人笑得乐不可支。

"对了,我给你说,我们银行出事儿啦!"

齐兮兮咽下嘴里的菜,略显思索地问:"怎么了?谁又携款而逃了?"

"不是,我们行长差点儿被人用榔头敲死。"

"天哪!真的吗?"

"那可不,我们今天去医院看她,那脑袋都凹进去了,特别惨。"

"谁干的?"

"你记不记得我前两天给你说过一个还不上贷款的客户,一个老板,为了还利息连家里的床都卖了,记得吗?"

齐兮兮微微点头:"嗯,好像有点儿印象。"

"下午的时候,警察来银行调他的资料,我估计是这个人干的。"

"为什么非要这么粗暴呢?还不上钱也不至于杀人吧?"

"前两天去催债,我也去了,可能被行长逼急了吧!"

"干吗要逼人家呢?"

"行长的业务嘛,她要对这笔贷款负责呀,本金先不说,要是连利息都还不上,那损失可就大了。"

"伤得很严重吧?"

"嗯,听她老公说,至少要在家休养一年多,就算养好了,大脑也会留下毛病。"

"这就是说,估计是不可能回来上班喽?"

"还上什么班呀?大小便不失禁就算不错了。"

"虽然挺惨的,我也表示同情,但这个结果也还不错。"

罪无赦（二）

张旭升吃着龙虾说："什么意思？"

"你想想啊，这个女行长没完没了地让你加班干活，分给你的业绩比骨头渣还少，她吃肉，你连汤都没得喝，现在你不就好过多了？"

"那倒也是，要不然今天能回来这么早吗？"

看张旭升笑开了花，齐兮兮也乐了："你们那些同事都高兴了吧？"

"可不是嘛！都出去喝酒庆祝了。"

齐兮兮一撇嘴："你们这些人，我都怀疑是不是你们干的呢。"

"不是没有可能。"

"老公，不会是你干的吧？"

"这可不敢乱说。虽然我也挺恨她，但不至于用榔头敲她的。"

第二章

黑　暗

1

十月十四日早十点左右,几辆警车缓缓驶入公安局,在楼门前的石阶旁熄了火。人高马大的何落将一个中年男人从后排座上拽了下来。男人戴着手铐闷不吭声,显得十分狼狈,黑色的裤腿上沾满了黄色的泥渍。他个头不高,身材偏胖,圆圆的脸上满是胡茬,头发也特别糟乱,乍一看就像个难民。

半小时后,刘同和薛菲来到审讯室,男人头也没抬,还扯着呼噜。

刘同暗想,这个节骨眼儿上还能睡得这么踏实,心理状态怎么会这么好?

"喂,喂!"刘同喊道,"醒一醒,别睡了!"

男人猛然抬起头,搓去嘴角的口水道:"警官们好!"

薛菲直截了当地问:"知道为什么抓你来吗?"

男人一皱眉,特别苦大仇深的样子:"不知道啊!抓我的警官不让我说话呀,他们让我保持沉默。"

刘同拿起笔,翻开记事簿问:"姓名?"

"张小年。"

"年龄?"

"四十二岁。"

"职业?"

"个体工商户,做粮油生意。"

"你猜我们为什么要抓你?"

罪无赦（二）

"大概知道。"

刘同淡淡一笑："那就别啰唆了，说说看吧。"

"是我的债主报的案吧？警察同志，我真的不是逃跑，我去北郊农村是去找我二舅借钱的，我不是借钱不还那种人……"

"等等，你这都什么跟什么呀？我先问你，前天晚上八点到九点之间，你在什么地方？"

"前天？"张小年眼珠儿往上一挑，像是在郑重其事地思考问题，"八点到九点？我想想啊，我在我们家院子里，我在朋友家。哎？不对不对，我在哪儿呢？"

"你在问我吗？"

"不是不是，我在扪心自问啊。"

"好好想想。"

"没错，我在朋友家，快十二点才离开的。"

"哪个朋友？住址在哪儿？"

"他叫周飞，住在木棉路的天河小区，具体楼牌号说不上来，我可以带你们去。"

薛菲问："离开之后呢？"

"回家了，然后就睡觉嘛，第二天中午来了几个讨债的，我实在没办法就去北郊的农村找二舅借钱，钱借到了，天也黑了，我就在二舅家住了下来。没想今儿一早出门就被你们的人追着满山跑，我还以为是债主雇来的打手呢。我能问问是谁报的警吗？"

刘同翻看记事簿："张小年，你在城市银行有五百六十万的贷款，对吗？"

"对啊，一共两笔，一笔三百万，一笔二百六十万。"

"听说你连利息都还不上了？"

张小年一脸苦笑："是啊，我算彻底完了。"

"钱都去哪儿了？"

张小年一跺脚，长叹一声："哎！不瞒你说，在这繁花市，但凡搞粮油生意的没一个不认识我张小年的。逢年过节，无论国企还是私企发粮油，基本都是我们家的货。生意越做越大，我就开始琢磨怎么增加利润，有一次听一个外省老板说，他们卖的粮油都是把优质品和次品掺在一起卖，这么做不仅利润高，而且没人能看出来。我试了一次，果不其然，这钱挣得也太容易了。后来我开始大量加工，但我那库房实在太小，加工效率特别低，我必须想办法提高产量啊。那时候东郊的地还比较便宜，我就在东郊拿了一块地，盖了一大片厂房专门加工这种货，那几年真是数钱数到手爪子抽筋啊。"

薛菲脸一拉:"现在不抽了?"

"抽啊,改换抽风了。"

"这市场风气都是被你们这些黑心商人给搞臭的。"

"您批评得是,但我发誓,我绝对没卖过地沟油啊,这是我的底线。"

"你还好意思说底线,你这是欺诈消费者,你知道吗?"

刘同见张小年满脸谄媚,于是接茬儿道:"好了,接着说吧。"

"哦,我说到哪儿了?"

"说到手爪子抽筋儿!"

"对了,手爪子抽筋儿,虽说来钱来得快,但还是太少,人这个贪欲可真是无底洞啊,于是我盯上了房地产。前些年房地产可真是变态发展啊,谁看了不眼红?我和几个朋友商量把那片厂房推了,盖楼。那时候的东郊已经有几个在建楼盘了,机会特别好,我们拿到施工许可证就开始动土了,按照这行的玩法,打个地基盖上一两层你就可以用土地使用权和地上附着物向银行贷款了,想不到房地产政策突然收窄,银行不给贷了,这不是坑爹吗?我没办法呀,只能用自己的几套房产抵押贷款,最终还是杯水车薪,去年资金链就断了,也没人入伙,现在就成这样了。楼烂尾了,我也烂尾了,每天都是催债的,幸好我把那间粮油店留了下来,要不然我早自杀了。"

"大前天下午,城市银行的魏行长去找过你吧!"

"没错,她也是来讨利息的,说实话,银行的利息我是不打算再还了,我对她说,当时抵押的房子你们随便拍卖吧,反正利息我是不还了,也还不动了,她特别生气,那口大白牙恨不得立马嚼了我呀。"

"那卖房不就行了?干吗非让你还利息呢?"

"利息断了就成了不良贷款,这会影响她的业绩。她的意思是让我接着还,等贷款到期的时候找人给我过桥。"

"过桥?什么意思?"

"这是行话,就是找个人帮我还钱,过几天把钱再给我贷下来,然后还给那个人,我掏几天的手续费,这笔贷款就算正常续贷了,她的业绩也就算完成了,往后每个月我接着还利息就行。"

"这对你是雪上加霜啊。"

"是啊,我没钱还利息,她就卖我们家东西,上个月把我们家床都卖了,这次又要卖我老婆的钻戒。我老婆前年得骨癌去世的,那钻戒算是我唯一的念想吧。我和魏行长吵了一架,她就走了,反正我打死也不还了,那些房子随便她去卖吧。"

薛菲说:"前天晚上八点多,魏行长在百合路的一条小巷内遭人袭击,差

罪无赦（二）

点被人用钝器砸死，你知道吗？"

"什么？"张小年满脸惊讶，"被人砸死了？"

"我说是差点儿！"

"哦，没死啊！"张小年想了想又问，"唔！你们该不会怀疑是我干的吧？"

"不是怀疑，我们现在有证据证明你有重大作案嫌疑。"

"证据？什么证据？"

"我们在你的小别墅花园里找到了一把带血的圆头铁锤，经DNA检测，上面的血迹就是被害人魏冬芹的。"

"不可能，这不可能，这是有人故意要陷害我啊！我和魏行长无冤无仇，为什么要袭击她呢？"

"因为她逼你还利息，还要卖掉你妻子的钻戒，这难道不是作案动机吗？"

"这……这算什么作案动机？"

"魏冬芹亲口说了，她在现场听到了你的声音。"

"这不可能，她在撒谎！"

"你穿多大尺码的鞋子？"

"四十三码的，怎么了？"

薛菲笑说："那就对了！说吧，是你干的吧？"

"什么叫那就对了呀？你们，你们要相信我啊，真不是我，这是有人要陷害我呀！魏冬芹，是魏冬芹要陷害我。"张小年急了，"对，对了，你说是前天晚上八点多，在百合路对吗？"

"没错。"

"那个时间我在朋友家，木棉路的天河小区，你们可以去问啊！"

2

"你老婆这个事儿比较复杂呀！而且这女人好像有反侦查能力哦，经常把我搞得焦头烂额，所以价格嘛……应该翻一倍吧？"

"价格不是问题，你随便开。"

面前这个尖嘴猴腮大板牙的男人，李源是在一次商业交流会上偶然结识的，他当时以商业密探自居。起初李源还不信，心想这一脸穷山恶水的样子，怎么可能是商业密探？结果这家伙的一番见解证实了一句老话：人丑能耐大。

他告诉李源想要把生意做大，不了解对手的情况是不行的，假如对方出手狠厉，你必须得有足够的信息量将对手置于死地。

李源认为他说的没错，自接手父亲的生意以来，他发现生意场的确如战场一般冷酷无情，哪儿有什么朋友，哪儿有什么兄弟！除了利益，其余的都是面具。再说国内的竞争对手不像国外那样用产品价格、质量、营销策略和你竞争，他们的竞争手段往往是通过各种方法抹黑你，公司为此也曾深受其害。

这个大板牙男人名叫都德，和那个写了《最后一课》的法国作家都德同名，李源清楚这十有八九是他的江湖绰号或艺名，都德经常说："不是吹牛，我手里掌握的资料，能给几百个公司上《最后一课》。"

换句话说，他拥有让许多公司下课的能力。

自认识都德以后，李源已经在他的帮助下搞垮了两家公司，逼疯了一个老板。在李源眼里，这个人出手的资料，从没有让他失望过，绝对是物超所值。

而这次他要的资料与竞争对手毫不相干，被调查的对象，是自己的老婆卢思美。

半个月前的某天夜里，李源在公司加班，卢思美打电话问他回不回他们暂住的公寓，李源犹豫了一下，他看了看表，已经凌晨一点多了，而卢思美的声音满含倦意，手头的工作又不知何时结束，便说不回去了。卢思美也没什么不高兴，像往常一样，他叮嘱李源注意身体，尽早休息。

办公室里有一张宽敞的真皮沙发，假如工作太晚的话，李源会睡在这儿。可是那天夜里当他躺在沙发上，却一直难以入眠，似乎有一种打心眼儿不想睡觉的感觉。他放了几首钢琴曲，没起到催眠作用，反倒让他更加清醒。仔细想一想，自己已经三天没回去了，也三天没见过卢思美了。

结婚不到一年，为了生意如此冷落她恐怕真的不太好，况且这几天夜里卢思美都会打电话问他回不回去，卢思美是怎么想的，李源心知肚明。

这般一念，他果断离开沙发，穿起衣服下楼开车。此刻整个城市都在睡觉，就连路灯都一副昏昏欲睡的样子。汽车驶过一条条冷清的街道，微凉的晚风让他更加清醒。约莫半小时，他到达公寓楼下，抬眼一看，灯火零星。

李源掏出钥匙，进入电子门，乘电梯直抵十八楼，并快步来到一八〇四号公寓门前。当他将钥匙插入锁芯转动时，心里突然产生了这样的疑问：门为什么被反锁了？

这并不是李源第一次深夜回来，按以往的情况，卢思美绝不会反锁大门，钥匙转动一圈门就会打开，眼下拧了三圈都没有听到锁簧弹起的声音。

李源心想，也许是卢思美的安全意识增强了，毕竟许多时候都是一个人住，而最近入室盗窃的案件也频频发生，这便没什么奇怪的了，只是李源心里

罪无赦（二）

又泛起了一丝愧疚之情。

钥匙又转了半圈，门才被打开，就在这一瞬间，一张纸条从门缝里飞旋而下，落在地上。李源捡起一看，原来是催缴物业费的纸条，催缴款项是二〇一六年下半年的物业费，纸条右下角踩着物业公司的印章，印章下方有催缴单发出的时间：二〇一六年九月二十七日。

三天前的通知单，怎么今天才插在门上？

这个疑问浮光掠影般闪过脑海，李源也并没有在意，一进门便将催缴单放在了衣帽架上，然后打开走廊灯，从鞋架上取来拖鞋，这才发现，卢思美的拖鞋竟然也悄悄地躺在那儿。

卢思美是一个有轻微洁癖的人，只要她在家，地板绝对纤尘不染。假如有朋友来家做客，她会提前守在门前，盯着每一位客人换上一次性拖鞋她才能安心。客人用过的杯子，她也要反反复复洗个七八遍。

那么现在是什么情况？她在家为什么不穿拖鞋呢？

李源走进客厅，看到一切都很规整，地面也纤尘不染，这和卢思美在家时没什么两样，只不过茶几上的果盘里，一串硕大的紫葡萄已稍显干瘪。而卢思美最爱的水果就是葡萄，为什么会放到干瘪呢？

到这时，李源的心开始七上八下了。

他快步来到卧室，只见窗帘没有拉，那些散着香味儿的床上用品全都整整齐齐地躺在寂静里。落地窗外，霓虹掩映，李源的心似乎已经跳到了嗓子眼儿，他在想，是不是卢思美在和他开玩笑呢？

他打开灯，叫了几声"老婆"，却毫无回应，被子里没人，衣柜里没人，别的屋里也没人，人去哪儿了？

他回到客厅，一屁股坐在沙发上，真有一种六神无主三魂飞离的感觉，脑海中原本打算和卢思美亲热一下的画风也突然变成了暴风骤雨。鞋架上的拖鞋、三天前催缴物业费的通知单、干瘪的紫葡萄，这些东西就像那些经典的电影画面在他脑海中闪来闪去不可断绝。

卢思美到底去哪儿了？这大概是李源有生以来遇到的最大谜题。卢思美和父母一直生活在西班牙南部的夏恩县，和李源完婚后才回到国内，有几个亲戚住在上海，李源曾陪她拜访过，但在繁花市，她人生地不熟，一个朋友都没有，如今三更半夜，她会去哪儿呢？她为什么要打电话问李源回不回公寓呢？

问题太多，李源已无暇顾及，他掏出电话，手却不自觉地发颤，定了定神他回拨给卢思美，大概等了五秒钟，话筒里传来了卢思美的声音："喂老公。"声音显得非常慵懒，似乎刚从天马行空的梦里醒来。

"唔，睡着了？"

"……都快三点了，谁还不睡觉呀？"话里话外似乎略显埋怨，"怎么这会儿打电话呢，还在工作吗？"

"嗯，刚结束。"

"辛苦了。"

"没什么辛苦的，我也要睡了。"李源灵机一动，"打电话想让你帮我个忙。"

"说吧！"

"你帮我看看书房的桌子上有没有一份合同？进口比利时糖果的合同。"

"哎呀，明天再看不行吗？我已经很困了。"

"哦，那好吧，别开着台灯睡觉哦。"

"早就关了！"

这句话像是狠狠撕下了李源伤口上的纱布，连皮带肉地一起撕了下来："……好，那快睡吧，我也要睡了。"

"嗯！老公晚安。"

"晚安。"

毫无疑问，卢思美处在一个非常安静的场所中，而且以她刚刚的声调，李源基本可以断定她在睡觉，虽说他们结婚不到一年，但在那之前他们有过很长一段同居的时光，李源对卢思美的生活习性了如指掌，她完全没有天赋装出刚醒来后那种沙哑倦怠的声调。

事已至此，李源仍在朝好的方向幻想，但坏的想法也不是没有，这两种想法在脑海中简直泾渭分明。难道卢思美认识了一个闺蜜？不可能，假如真有这种人存在，李源应该早就知道了。难道卢思美不敢一个人在家睡，这才去酒店开房了？也不可能，卢思美是那种看恐怖片都会不停发笑的人，而且在国外同居的那些日子里，卢思美也经常一个人睡。

李源在内心的煎熬中睡着了，醒来的时候天刚刚亮，时间不到七点。他收拾好屋子，把拖鞋放回原处，又将那张催缴单夹回门缝，转身离开。回到公司的时候，有几个业务员已经到岗，回到办公室，他居然看到卢思美精神焕发地坐在他的老板椅上，心里不禁一震。

"老公，你干吗去了？"卢思美的微笑让李源想起了一棵夕阳下的橄榄树，那是他们初次相遇的地方，那天黄昏，卢思美的微笑几乎和此刻的一样美好。

"你怎么来了？"

"我来给你送早餐啊。"卢思美将桌上的食品包装袋向前一推，"喏，都是你爱吃的。"

罪无赦（二）

李源放话："哦，我刚才下楼已经吃过了。"

"你去吃早餐了？"

"对啊，我不能出去吃早餐啊？"李源扭了扭腰，皱眉道，"哎呀！这沙发太软了，睡得人腰疼。"

"过来，我给你揉一揉。"

"不用了，咱们晚上去做按摩吧？放松放松怎么样？"

"好啊，那我先回去了，今天要洗洗床单被套什么的。"

"好，那你快回吧，中午好好吃饭。"

"知道了。"

卢思美来到李源身旁，轻轻吻了李源一口便离开了。办公室的门缓缓合上，李源从兜里掏出湿纸巾，抽了一张在脸上擦了擦，狠狠地擦了擦，然后丢进了垃圾桶。

他把电话打给都德，都德问他需要什么，他问："私人侦探的活儿你接吗？"

"接啊，价格合适，什么都接。"

都德像饿死鬼似的喝干面前的咖啡，吃光碟子里的甜点说："你不要着急，我慢慢给你说。"

"你看我着急吗？"李源反问。

"表面不急，心里急！"

"不愧是密探啊，那就快说吧。"

"那我说了？你可要挺住啊！"

"放心，我有足够的心理准备。"

都德向前一挺，捂嘴笑道："你猜得没错，你老婆确实给你戴了一顶绿帽子，天大的绿帽子，比王八壳还绿……"

"照片呢？"

"你看你，又着急了！帮你到这分儿上，不得……意思意思？"

李源拿起手机操作了一番，都德手机一亮，满脸堆笑道："这是小费吗？"

"当然。"

"李老板大气。"都德竖起大拇指，笑道，"好吧，那我也不藏着掖着了，给你！"

李源接过都德手里的信封，打开一看，是一沓照片，照片里的女人确定无疑是他的新婚妻子卢思美，另外这个男人，李源从未见过。

其中一张照片，男人搂着卢思美站在一家酒店门前，酒店离他们的公寓不

远,李源非常熟悉。男人的身材修长,比卢思美高出一个头,他们亲嘴的时候,就算卢思美穿着高跟鞋也还是得踮起脚儿。李源把手里的照片翻来覆去看了三四遍,完全有一种看韩剧的感觉,而且他可以肯定,这个男人的年纪绝对比卢思美小。

都德说:"这张近照是在酒吧拍的,看看你老婆的眼神,充满了崇拜的感觉呀!原来这种高大英俊的男人才是你老婆的菜。我说,你老婆有没有用这种眼神看过你呢?"

"闭嘴!"

"好好好,我不说了。"

"这小子什么来历?叫什么名字?"

"这小子?这小子叫陈明外,明天的明,婚外情的外。"都德真是一个哪壶不开提哪壶的优秀人才,"没什么背景,大学刚毕业,彻彻底底是个不安分的家伙。他有一个舞团,跳街舞,主要在夜店里跳街舞赚钱,否则身材也不会那么棒。据我观察,这家伙有好几块腹肌呢。"

"是吗?"

"那当然,你老婆经常把手放在这家伙的腹肌上,那一脸痴迷的样子,完全像初恋中的少女啊。"

"这你都看到了?"

"我就坐在他们旁边啊,要不然哪儿来的近照?不过话说回来,我都有些看不下去啊。"都德又从包里抽出两张A4纸,"哝,这是送给你的。"

"这是什么?"

"开房记录啊!你老婆用外国护照登记的,西班牙人,没错吧?"

"谢谢你。"

"不客气!我还得告诉你,这小子不是什么好东西,除了跟你老婆亲热之外,还有好几个性伴侣呢,一个是他们舞团的姑娘,其余都是已婚女人。"

李源长叹道:"没办法,年轻就是资本。"

"我怀疑这家伙有恋母癖。"

"恋母癖?"

"对啊,喜欢比自己年纪大的女人,有一种依恋,又有征服感,很微妙的感觉吧,其实我也说不清楚,人性太复杂了。"都德说,"能不能再给我来杯咖啡?"

"随便。"

都德又向服务员要了杯咖啡,然后神神叨叨地说:"喂!你准备怎么干他?"

罪无赦（二）

李源将照片收回信封，摇头道："不知道，好像完全没有办法。"

"离婚吗？"

"离婚？"李源嘴角浮过一丝虐笑，"那要分割财产，我不会那么傻。"

"摊牌的话，也许没什么不好。你老婆看到这些照片，说不定会产生愧疚心理，往后估计对你更好，你说呢？"

此时此刻，李源满脑子都是卢思美和陈明外在床上缠绵的画面，而且越是不想，越是多姿多彩。这些画面让他有点儿恶心，又有点儿难过，觉得自己窝囊，可又有些亢奋。恶心、难过、窝囊这都正常，但怎么会有亢奋的感觉呢？

这是一种莫名其妙的感觉，就像藏在黑夜里的种子，见光发芽。

3

下午三点，刑警队会议室，刘同首先发言。

"铁锤上没有指纹，因此我们判断张小年在作案时戴了手套，但他将凶器随意丢在花园里，我认为这非常不合逻辑。一个作案前做了充足准备的人，怎么会在作案后把凶器丢在那么显眼的地方呢？"刘同说，"事实证明，我的猜测没有错。据张小年交代，案发当晚，他一直都在朋友周飞家，我们走访了周飞所在的天河小区，并调取了案发当晚的监控，发现张小年是于下午六点十三分进入小区，凌晨十二点十分才离开的。因为担心周飞作伪证，我和薛菲直接找到了周飞的女儿周媛媛，这个高二在读的姑娘对我们说，案发当晚，张小年的确一直都在她家，而且和她爸喝了好几瓶白酒，好像还哭了一会儿。我们又找到周飞的妻子，她的陈述和周媛媛的陈述基本吻合。所以，张小年拥有不在场证明。"

技术科的章毅皱眉道："那会是谁呢？这不对啊，魏冬芹明明在现场听到了张小年的声音，这……这怎么解释？"

薛菲接茬："这也是我和刘队想不通的地方。"

何落说："不会是幻听吧？"

李亨点头道："有可能，毕竟是四十多岁的女人，肾虚也是正常现象。"

另一位年轻干警说："李哥，肾虚不一定幻听吧？你前些天不是在吃六味地黄丸吗？"

"你给我闭嘴！"李亨说。

刘同沉思道:"现在可以肯定一点,张小年没有作案嫌疑,凶手将凶器丢在张小年家的院子里,很有可能是想陷害他,薛菲,没错吧?"

"没错。"

"而魏冬芹在现场听到了张小年的声音,我分析有三种可能:第一,魏冬芹幻听,这种可能有没有,我认为有,但可能性不大。大家可以想一想,我们是按哪条线索摸到了张小年家的院子,并在院子里发现了那把带血的铁锤?"

李亨道:"是因为魏冬芹,她听到了张小年的声音。"

"没错,按照这条线索,我们发现了铁锤,这难道是幻听与现实的一个巧合吗?"

李亨恍然大悟:"我知道了,这个声音和铁锤一样,都起到了误导作用。"

"这只是第一种可能。第二,魏冬芹在撒谎,这就是说,魏冬芹很可能与凶手串通过,目的是搞垮张小年。可以想象,用几乎牺牲自己的方式来报复一个人,必然是有深仇大恨,但我们知道,魏冬芹和张小年一向只是业务往来,很难说有什么深仇大恨。所以,这种可能性也很小。"

"第三种呢?"薛菲问。

"第三,声音是伪造的,这和把铁锤丢在张小年家是一套动作。"

章毅深深地点头:"没错,这个可能性最大。"

"那么问题来了,凶手为什么要这么做?"

薛菲想了想说:"我能想到两种可能。"

"说说看!"

"第一,凶手既想报复魏冬芹,又想报复张小年,这就是说,魏冬芹和张小年之间可能有一些不为人知的关系,比如情人关系。"

"很好,假如是情人关系,谁最有可能是凶手?"

"魏冬芹的老公。"

"没错,这是我们推理出的第一个潜在嫌疑人,接着说。"

"再比如他们拥有共同利益,一起损害了第三人的利益。"

"能列举几个人吗?"

"目前还不能,需要进一步调查。"

"嗯,接着说。"

"第二,凶手和魏冬芹相识,并了解魏冬芹和张小年在业务往来中产生过矛盾,于是借此机会报复魏冬芹,并试图嫁祸给张小年。"

"谁会这么做?"

"在银行调取张小年的资料时,我和魏冬芹的几个员工交谈过,在他们嘴里几乎没一句夸赞魏冬芹的话,更多的是抱怨,这说明魏冬芹和下属们的关系

罪无救（二）

比较紧张。"

"所以说，他的下属们都有作案嫌疑？"

"我是这么认为的。"

何落道："我认为第二种可能性更大，假如魏冬芹听到的声音是伪造的，那一定是录音，能够拿到张小年声音的人，十有八九是她的员工。"

刘同说："其实只要想办法，任何人都能拿到他的声音。"

"那倒也是。"

"章毅，张小年家附近的监控有没有什么发现？"

"在那个时间段，正好赶上附近一家大型商场下班，路上的行人非常多，并且以女性居多，没什么异常发现。"

刘同叹息道："看来监控不是万能的，也好，我们就按以上几条线索分头走访排查吧。"

魏冬芹的老公叫吴德华，他的母亲独自一人住在北郊的落梅村，听村长说，老太太今年已经七十六了，但身体还算健朗。在村长带领下，刘同和李亨来到了老太太家，这是一栋破旧的老房子，与村里其他三层小楼相比，显得既矮小，又寒酸。

房门上挂着明锁，锁子已锈迹斑斑。村长说，估计是出门去了。

"平时就老太太一个人住在这儿吗？"刘同问。

"是啊。"天气闷热，村长摘下草帽，轻轻扇着风。

"她在村里没别的亲戚吗？"

"有两户亲戚，早搬城里去了。吴德华他爸死得早，这老太太一个人都二十多年了，村里有个养老院，我们叫她去，她偏不去啊，这老太太特别犟，说死也要死在自己的房子里。"

李亨笑问："吴德华为什么不把老母亲接到城里住呢？"

"哎哟，别提了，吴德华那小子怕老婆怕得要死啊，他老婆好像是银行行长吧，能挣钱，吴德华在家屁都不敢放，别说把老太太接回去住，就说老太太进城去他们那儿住两天，他那老婆都得嚼舌根儿啊。"

"怎么会这样呢？"

"你们不知道，吴德华是我们村儿第一个大学生，按理说有出息吧？可他老婆家更有背景啊，这小子为了荣华富贵当了倒插门，生的孩子都跟人家姓，村里人全都瞧不上，老太太都不认他了。"

"断绝母子关系了？"

"反正不怎么来往了。老太太日子过得苦，没菜就上山挖野菜吃，后来全

靠邻里接济吧,你家给点儿粮,他家给点儿肉的,日子就这么推呗。"

说话的时候,刘同的头顶晴空万里,一片片巨大的云朵飞过苍翠的山峰,投下一片片奇形怪状的阴影。门前不远的地方有一棵大榕树,树下有几个竹板凳,刘同三人躲进树荫,坐了下来。

"真是远亲不如近邻啊。"刘同感叹道。

村长点头说:"不过这小子还有点儿良心,每个月都会带些钱和吃的过来,怕老太太不要,他让我送过去,我说是扶贫办的人送来的。"村长嘿嘿一笑,"要不然她饿死也不要。"

"那还真挺犟的。"

突然,不远处传来几声犬吠,村长转头一看道:"哎哟!来了。"

刘同起身,看到一个满头银发的矮瘦老太太用绳子牵着一捆干柴,缓步向这里走来。她满脸沧桑,表情坚毅,直到看见村长时才慈眉善目地笑了起来。她身边的那只小黄狗就像一个小跟班,吐着猩红的舌头走在她的前面。

村长连忙跑去,拎起干柴道:"哎呀……不是说过了嘛,不要再去捡柴了,山上很危险啊。"

老太太一笑,满嘴只剩两颗牙了:"黄仔,你怎么过来啦?"

"有两位警察同志要找你啊!"

"警察同志?"老太太眯起眼睛细细看了看,"哦,好啊。"

"奶奶您好,我们是繁花市的警察。"刘同笑说,"这次来得匆忙,没给您带什么东西,就给您带了两盒茶叶。"

"不用不用,我茶叶很多的。"

老太太的左眼似乎有一层白色的膜,刘同判断,这应该是白内障:"奶奶,上山捡柴累了吧?"

村长说:"我都说多少回了,没柴来找我呀,我给你送过来,偏不听啊你这老太太。"

老太太从怀里掏出钥匙,笑说:"不累不累,跟我来啊,大家泡茶喝。"

老太太视力不好,开锁却很快,原本朱红色的大门,不知饱受了多少年的风雨,如今已斑驳不堪,表面几乎全都成了灰色。屋子左边有一张木床,搭着发黄的蚊帐,右边是一座泥砌的火灶,正中摆着一张木桌,桌上方是一张巨幅毛主席像,两侧各有一把木椅。

老太太说:"坐下坐下,小同志都坐下吧,我去打些井水给你们泡茶!"

村长说:"不用你,警察同志有话要问你,我去打水。"

"哦,那你去啊。"

村长提着水桶离开后,刘同将老太太扶进椅子:"奶奶,我问的事情,跟

罪无赦（二）

您儿子吴德华有关，您别生气啊！"

老太太笑得慈眉善目："不气不气，有什么可气的，你问吧。"

"奶奶，您儿子和魏冬芹的夫妻关系怎么样啊？"

"什么？什么关系？"

"您儿子和儿媳妇的夫妻关系怎么样？就是说，他们的日子过得怎么样？"

"我已经好久没见了，没见他们了。"

"那原来怎么样？"

"儿媳妇家有钱，瞧不上我们农家人。"

"那您儿子和儿媳妇的关系好不好？"

"不好！经常吵架的，我那个儿子我知道，脾气很好的人，那女人老骂他，骂多了也受不了嘛！"

"哦，您儿子最近来看过您吗？"

老太太像自言自语一般低声道："我一个人能过，不需要他。"

城市银行迎春路支行的会议室内，薛菲跟何落正在对全体员工进行轮流询问，一起参加这次询问的还有薛菲请来的特约顾问苏健，她希望这位心理学教授能看出一些她看不出来的问题。

副行长推门而入，笑说："刚才接受询问的都是我们的柜员，现在是客户经理，旭升，进来吧。"

张旭升进门后，朝薛菲等人打了招呼，便坐在了他们对面。

副行长转身离开，何落问道："姓名？"

"张旭升。"

"年龄？"

"三十三岁。"

薛菲接茬："你们行长遇袭的事情，你应该知道吧？"

"知道。"

"你有没有和魏行长一起拜访过张小年？"

"有，我和另外几个同事都去过。"

"在拜访的过程中，你们有没有做过录音录像？"

张旭升眨了眨眼："录音录像应该是有的，你们知道，像这种老赖我们手里有一大堆，上门催息也是家常便饭，有的时候为了取证，我们会录音录像，但是张小年……我忘了有没有做过。"

"你再好好想想。"

张旭升十指相扣在桌上，大拇指不时转动着，沉思片刻后，他笑道："不

好意思,实在是想不起来了。"

"没关系,那我问你,前天晚上八点到九点之间,你在什么地方?"

"我在办公室加班。"

"谁能证明?"

"有几个同事也在,不过呢,这个也不需要证明,我们银行到处都是监控,您调出来看一看就知道了。"

"你们经常加班吗?"

"不是经常,是每天。"

"为什么每天都要加班呢?"

"不加怎么办?活儿干不完要扣工资的,而且行长睡在床上的时候还要打电话到办公室查岗,谁敢在晚上十二点之前离开,第二天绝对没好日子过。"

"有加班费吗?"

张旭升咧嘴一笑:"没有,哪儿来那种东西?不扣工资就算谢天谢地了。"

"你觉得你们行长怎么样?"

"这个问题……有些为难我了。"

"没关系,随便说,我们会为你保密的。"

"我们行长是一个比较……严格的人,对员工都很严格,对工作也认真负责,毕竟是女强人那一类嘛,总体还不错。"

苏健笑道:"从你似笑非笑的表情里我可以看出来,你说这句话的状态和你平时开玩笑的状态应该非常接近,所以这不是真话。"

张旭升叹息道:"那我真不知道该怎么说了。"

薛菲又问:"她经常克扣你们工资吗?"

"差不多吧,扣不扣全照她的心情。比如说她要你今晚加班,导致你很晚回家,第二天你因为睡过头而迟到,这就要看她心情了,心情好的话少扣些或者不扣,不好就多扣些。"

"你挺恨她吧?"

"不恨,干吗恨她呀,我就怪自己不是铁人,你说说,我要是个机器人该多好啊。"

"您结婚了吗?"薛菲笑问。

"结了。"

"您这样的工作状况,妻子没意见吗?"

"她能有什么意见?她和我一样忙得要死要活的。现在城市里的年轻人差不多都这样吧?说什么让生活丰富多彩,让理想照耀未来,我看光为了吃喝拉撒生孩子就够我尿一壶了。"

罪无赦（二）

"现在你们行长这样了，你们可以轻松些了，对吗？"

"这怎么说呢？走了魏冬芹，还有李冬芹、张冬芹、赵冬芹，运气不好的话，还不如这个呢。"

整个询问大概进行了两个小时，调监控用了半个小时，离开银行后，薛菲坐在车上问苏健："你觉得这些人里有没有比较可疑的？"

"这个问题可难倒我了！"

"废话！问题简单我找你干？你推理能力不是很棒吗？"

"我只能说，这些人一提起行长，心里多多少少都有些怨愤，但从各个方面来看，他们并不想惹事情，许多话都有所保留。银行的监控你看过了，案发当晚，有三名客户经理不在办公室加班，这三个人在接受询问的时候，他们的微表情和微动作全被我记在了笔记本上，据我初步判断，他们作案的可能性几乎为零。"

"为什么？"

"因为他们和行长之间没什么深仇大恨。"

"你怎么看出来的？"

"你要知道，仇恨和埋怨是两种截然不同的情感状态，因此展现出的心理活动也能轻易分辨。人可以说谎，但许多微表情和微动作是不会说谎的。"

"难道就不能掩饰吗？"

"当然可以，但那需要长期专业的心理训练，这在特务行业里比较常见，对于几个银行客户经理，我想这应该是做不到的。你要是不相信我，可以根据他们的口供去证实他们的不在场证明，之后……你就会相信我了。"

"好吧。"

"今天晚上一起吃饭吧？"

"苏先生，今天真是辛苦您了。"薛菲笑说，"何落！前面的十字路口放他下车。"

"哎哎哎，你怎么用人脸朝前，不用人屁股朝前啊？"

"我就是这样的人，你服不服？"

第三章

秘 密

1

被害人的丈夫吴德华是"金顺便利店"的老板,店铺就在离魏冬芹所在银行半公里远的地方,当刘同和李亨赶到这里时,店铺正在营业,吴德华坐在香烟展柜的后面,目不转睛地盯着面前的电脑,他在看一部时下很火的古装武打剧,喇叭里"铿锵"的刀剑声让他忽略了进门的人。

"吴先生,你好啊!"刘同大声道。

吴德华转头一看,连忙按下暂停键,起身笑道:"唔,是刘警官啊,凶手抓到了吗?"

"不好意思,目前还没有。"

"哦,那……是有什么新的线索了吗?"

"可以这么说,不过要打扰您一下了。"

"这是哪儿的话!"吴德华从柜子掏出两盒中华烟道,"来,您二位抽烟。"

刘同伸手回绝:"不用客气。"

"那喝点什么吧?货架上有饮料,随便挑。"

"真的别客气。"刘同若无其事地环顾四周道,"您这地方挺繁华的,生意应该不错吧?"

吴德华嘿嘿一笑:"小本儿买卖,谈不上生意。"

"今天没去医院吗?"

"她爸妈都在,我晚上再过去。"

罪无赦（二）

"嗯，您这里面还有间房子吧？"

"没错。"

"仓库吗？"

"不是，是一间卧室，要是营业太晚的话，我就睡在这儿了。"

刘同轻点额头："哦，干吗不回家住呢？"

"她工作太辛苦，我太晚回去的话会打扰她休息。"

"真是模范丈夫啊，是不是？"

李亨接茬道："那必须的，你要是摆地摊儿，估计得睡在马路牙子上吧？"

吴德华咧嘴笑道："那倒不至于。"

"吴先生，您和魏行长的夫妻感情怎么样？"

吴德华愣了一下，转而笑说："很好啊！怎么了？"

"哦，没什么，随口一问。"刘同说，"您母亲一个人住在北郊的落梅村吧？"

"是的。"

"老人也一把年纪了，为什么不把老人接回家住呢？"

"这……母亲她不习惯住在城市里，所以，我也勉强不来的。"

"这倒也是啊，老人嘛，或多或少都有些自己的习惯。对了，您女儿今年上大学了吧？"

"没错，上大二了。"

"读什么专业的？"

"金融。"

刘同打趣地问："这是要继承母亲的事业啊？"

吴德华不由得苦笑起来："怎么说呢？孩子本来不喜欢这个专业，的确是她妈妈一手安排的。"

"孩子好像跟母亲姓啊？"

片刻沉默后，吴德华笑说："跟谁姓不都一样吗？"

李亨笑问："真的一样吗？"

"跟谁姓都是自己的女儿嘛，一样的。"

"可是落梅村的人，包括您母亲会这么看吗？"

"刘警官，你们到底想问什么呀？"

刘同笑道："您别误会，我们没别的意思，既然您不愿意聊这个问题，那咱们言归正传。请问案发当晚八点至九点钟，你在什么地方？"

"我就在店里啊！"

"您店里有监控设备吗？"

"没有,但我的确在店里,大概九点左右我接到岳父的电话,说冬芹被送到医院抢救,我才离开的。"

刘同突然道:"你在撒谎!"

吴德华不无震惊道:"您这是什么意思?我没有撒谎呀?"

"在你店铺对面有一处监控设备,我来之前已经查看过了,案发当天,你是在下午六点多关门离开的,为什么要撒谎?"

吴德华沉默了。

"怎么不说话了?"

"没什么好说的。"

"什么意思?难道袭击魏冬芹的人是你?"

"怎么会?我不知道该怎么说。"

"那你就说说,你六点多离开店铺后去了哪儿?"

吴德华渐渐眉头紧锁:"这……实在是不好说嘛!"

"有什么不好说的?"

李亨一脸怒色:"那你跟我们走一趟,我找个地方让你好好说。"

吴德华起身快步走到门前,将门上的营业牌翻了个面儿,提示"暂停营业",然后从内侧将门锁起,转头道:"刘警官,我有难言之隐啊。"

"哦?什么难言之隐?难道凶手真的是你?"

"当然不是我,我怎么会干那种事呢?"吴德华连忙辩解,"无论怎么说,我们都是夫妻一场,我绝不会做那种事儿的呀。"

李亨不停眨着眼睛道:"吴老板,别跟我们兜圈子,有话快说吧。"

"我可以说,但是请你们务必替我保密,你看成吗,刘警官?"

刘同拍了拍吴德华的肩膀说:"只要不是违法行为,我一定替你保密。"

吴德华挥手道:"好!二位请里面说话。"

刘同心想,到底是什么事情让他如此神神秘秘呢?所谓夫妻一场又是怎么回事儿?难道他和魏冬芹已经离婚了?

吴德华推开那扇紧闭的白色木门,一间三十平方米左右的房子映入眼帘,里面除一张床外,还有一些崭新的家具,包括沙发、茶几、衣柜等,乍一看就像把客厅和卧室结合在一起的样子。明亮的窗户下放着几盆花,花旁边有一个鞋架,上面摆满了各式各样的鞋子。更奇怪的是,窗外的铁栏杆上还晾晒着几件衣服和几条男士内裤。

整间屋子的陈设显然不大对劲儿,照吴德华所说,这里只是临时过夜的地方,可假如真是临时过夜的场所,完全没有必要摆这么多家具。鞋架上的鞋子也显得非常奇怪,若是一两双还说得过去,可眼下至少有十双,既然是临时过

罪无赦（二）

夜，为什么会有这么多鞋子呢？窗外晾晒的衣物也让他的说法显得十分可疑，照理说这么多衣物，应该带回家洗，有什么必要在一个临时过夜的地方洗这么多衣服呢？

刘同说："我看这儿倒像是你长期生活的地方，对吗？"

"果然瞒不过刘警官的好眼力啊！"吴德华在床边坐了下来，"没错，我是半年前从家里搬出来的。"

"为什么要搬出来住？"

"因为我们闹翻了。"

"离婚了？"

"没有，她不会和我离婚的，她最害怕的事情就是我带走她的财产。"

"这倒可以理解，毕竟她挣得比你多嘛。"

"其实我们早就过不下去了。"

"为什么？"

"原因很多，我不知道该怎么讲。"

"那咱们就讲讲别的吧，说说案发当天下午，你离开店铺之后去哪儿了？"

吴德华稍显心神不宁："我……我去找我的情人了。"

"情人？"

"没错，是情人。"

李亨一脸不屑道："原来是小三啊！"

吴德华略显激动："她不是小三，请你不要这么说她。"

刘同连忙岔开话题："你让我们替你保密，是为了不想让魏冬芹知道这件事，对吗？"

"不，我不怕被她知道。"吴德华像挨批的小学生一般低头道，"我怕被我女儿知道。"

"这么说，你是怕孩子伤心咯？"

"这么多年，我忍辱负重，为的不就是女儿吗？在孩子眼里，我一直都是个好爸爸的形象，假如这件事被孩子知道，她会怎么看我？我已经够窝囊了，这世上几乎没人看得起我，我不能让自己最后的精神支柱再倒了吧？"

李亨问道："那据你所知，魏冬芹有没有情人？"

"我才懒得管她呢！但我知道，她早就背着我乱搞男女关系了。"

刘同笑说："算了，咱们先不说这些，我来问你，你说你离开店铺之后去找情人了，对吗？"

"没错。"

"介绍一下你的这位情人吧，还有，你们是在哪儿见的面，后来发生了

什么?"

"她叫李静,在茶花路上经营着一家美甲店,因为她老公是个彻头彻尾的赌徒,所以几年前就离异了。她有两个儿子,都在上小学,一个女人带两个孩子,真的很不容易,一旦在生活中碰到这样那样的困难,立刻就会无助起来。我和她是一年前认识的,她不仅温柔,而且理解我,对于她来说,她需要我这种踏实的男人,对于我来说,她是那种懂我爱我的女人。说实话,我们总有一种相见恨晚的感觉,所以很快就确立了情人关系。"

"她知道你的情况吗?"

"知道。"

"难道她愿意一辈子做你的情人?"

"她说她愿意。"

"好吧,说说案发当天下午的事情吧。"

"她住在茶花路的天美小区。"吴德华十指相扣,"那天下午她打电话对我说,孩子被前夫接走了,晚上只有她一个人在家,我知道她想我了,所以我关了铺子去找她。去的路上,我经过一家珠宝店,看他们正在搞活动,我就进去看了看,最后买了一枚钻戒。"

"不得不说,你还是个挺浪漫的男人哈。"

"谈不上浪漫。"吴德华从兜里摸出钱包,抽出一张纸说,"这是买钻戒的发票,上面有时间。"

刘同接过发票看了看:"嗯,接着说吧。"

"我赶到李静家的时候差不多是七点半,她给我做了一桌菜,我们边吃边聊,当我把钻戒戴在她手上的时候,她哭了。我喝了一瓶白酒,给她倒了一肚子苦水,她知道我这些年活得根本不像一个男人,在魏冬芹和她家人面前,我根本就没什么尊严。她不停安慰我,后来我们上床了,接下来发生的事情,你们应该能想到。再后来我睡着了,不知道过了多久,我听到自己的电话在响,迷迷糊糊爬起来才看见是岳父打来的,他说魏冬芹在医院抢救,让我赶紧过去,这个电话是九点左右打来的。"

"李静呢?"

"我穿好衣服,在屋里找了一圈,发现她并不在家,但魏冬芹的事情又很突然,所以我就先离开了。"

李亨问:"那你现在知道李静当晚去哪儿了吗?"

"知道,她说她去接儿子了。"

"这我就不理解了,明明是趁儿子不在的时候叫你去的,好好的二人时光,为什么又要把儿子接回来呢?"

罪无赦（二）

"听她说，是因为前夫打儿子了。"吴德华眨了眨眼，望着李亨道，"这位警官，你该不会怀疑是李静干的吧？"

"并不是没有可能。"刘同道。

"这绝不可能！"吴德华双目圆睁道，"小静是一个温柔贤惠的女人，她绝不会这么做的。"

李亨说："怎么不会？你可以想想，杀了魏冬芹，一来能帮你出气，二来能让你分一大笔家产，一箭双雕啊！"

"绝对不会，小静不是一个在乎钱的女人，再说她知道我的事情也不是一两天了，要替我出气，为什么要等到这个时候呢？"

刘同淡淡地说："可能是你的钻戒起了作用吧！"

"不，不会是她，魏冬芹不是亲口说过，凶手是她的一个贷款客户吗？"

"那个人，已经排除嫌疑了。"

"我相信小静，她绝对不会是那样的人。"

2

调查工作有条不紊地推进，吴德华和李静在案发当晚的行踪也渐渐浮出水面。

根据天美小区 C 座西侧的监控显示，吴德华出现在画面中的时间是下午七点零九分，离开的时间是九点二十一分，假如吴德华要在这两个小时内作案，方法只有一个：首先，他要躲开监控离开小区；其次，他要在九点二十一分之前避开所有监控，回到李静居住的房子。

C 座东南西北四个角都有监控，无论吴德华从哪个窗户翻下来，都会直接暴露行踪，更别说从正门出来了。所以基本可以肯定，吴德华拥有完美的不在场证明。

奇怪的是李静。

她离开小区的时间是晚上八点零一分，在小区门口打车后便一路向南，而案发现场却在天美小区以北两公里左右的地方，两个方向截然相反。

夜里十点零七分，也就是案发后一个小时左右，李静的两个儿子回到了天美小区，而李静本人却没有出现，直到第二天中午十一点才再次出现在画面里。

刘同觉得这个女人有些可疑。

十月十五日早九点，刘同和薛菲来到了李静的美甲店，这家店位于茶花路中段，人流量并不多。李静这家店不算小，四十来平方米，装修风格比较朴素，由于房屋坐北朝南，屋里显得非常干净明亮，粉色的墙纸上贴着一张价格单，薛菲大致扫了一眼，发现她不光做美甲，还承接化妆的业务，比如新娘妆、模特妆之类的。

店铺里没有人，也不见李静的人影，薛菲提高音量问道："你好！有人吗？"

不一会儿，远处的一扇木门被推开，一个身材匀称、皮肤白皙的短发女人走了出来，怔怔地望着薛菲问："你好，是做美甲的吗？"

"不，我们是警察，你是李静吧？"

"警察？"李静微微一笑，"哦，你们好，快请坐吧。"

刘同在美甲桌前的凳子上坐了下来："有些事情需要跟您核实一下，估计要打扰您了。"

"好的，请等我洗一下手。"

刘同这才发现，李静的双手沾满了黄色的泥渍："您这是在做什么？"

李静打开水龙头，一边冲洗一边道："不好意思，我在做泥塑。"

"泥塑啊！爱好吗？"

"算是吧！"李静来到桌前坐下，甩了甩手道，"没有生意的时候做泥塑，做得好还能卖些钱。"

"原来如此。"

"二位怎么称呼？"

薛菲说："我姓薛，这位是我们的刘队长。"

"啊！你们好。"

刘同细细一看，发现李静面色惨白，眼球里满是血丝："气色不怎么样啊，没休息好吧？"

"哦，这都被您发现了。"李静摸了摸脸蛋说，"的确是有些失眠，没关系的。"

"经常失眠吗？"

"也不会啦，偶尔。"

"是因为这两天有心事吧？"

"心事谈不上，自己也不知道为什么，反正就是睡不着。"

"挣钱固然要紧，身体也很重要啊，抽时间去医院看看吧！"

"好的，谢谢你。"李静嫣然一笑，"请问二位找我有什么事情？"

罪无赦（二）

"你认识吴德华吗？"薛菲问。

李静眨了眨眼，嘴角不自觉地抽了一下，笑道："认识，我们是好朋友。"

"本月十二日晚八点至九点间，吴德华的妻子魏冬芹在百合路的一条小巷内遭人袭击，险些身亡，你知道这件事吗？"

"不会吧？怎么会发生这样的事情？"

"看来你是不知道咯？"

"真的不知道，严重吗？"

"挺严重的。"

"那……我能帮上什么忙吗？"

刘同笑说："那倒不用，我们就是想核实一下，案发当天下午，吴德华是不是来找过你？"

"十月十二日？"

"没错。"

李静沉默片刻道："是的，那天下午我请他来家吃饭，他大概是七点左右到家的吧。"

"嗯，那么你八点多离开小区之后去了哪儿？"

"看来你们都知道了。"

"大概都知道，只是核实一下。"

"我去接孩子了。"

"孩子在前夫那儿，对吗？"

李静轻轻点头："是的。"

"可是据我所知，孩子们是晚上十点左右自己回到家的，而你是第二天中午才回的家，这是为什么？"

"我心里很难过，不知道该怎么说，难过的时候，我就会做泥塑，所以没回去。"

"那就是说，你一整晚都在这里做泥塑？"

"是的。"

"为什么难过？"

"因为他把孩子当牲口一样，想打就打，想骂就骂。"

"为什么要打孩子？"

"他是个虐待狂！"李静陡然热泪盈眶。

"既然这样，为什么要让他把孩子接走呢？"

"不让他带走孩子，他就会来这儿闹的，上个月把我的店都砸了。"

薛菲暗自嘀咕："这人渣！"

"你前夫叫什么名字？做什么工作的？"刘同问。

李静抹去眼角的泪花："他叫张鹏，无业游民，过去是给人开车的。"

"听吴德华说他是个赌徒？"

"没错，他每个月不但不给孩子抚养费，还要从我这拿钱，拿不到钱他就闹，轰走我的客人不说，动不动还会砸坏店里的东西。"

薛菲眉头紧锁："为什么不报警呢？"

"没用的，只要他不进监狱，谁都拿他没办法。"

"把他的地址和电话给我，我帮你收拾他。"

李静连忙道："千万别这样，我怕他报复孩子！"

刘同的情绪就像一团乱麻："两个孩子今年多大了？"

"一个十二岁，一个十岁。"

"听话吗？"

"嗯，都非常懂事。"

"我们能见见孩子吗？"

"可以，不过孩子们去上学了，要不等中午放学你们再过来吧？"

"那倒不用，告诉我们学校和班级就好。"

李静点头道："好的，我写在纸上吧。"

"可以。"

李静将写好学校班级的纸片交给刘同后说："请尽量不要在孩子面前提我和吴德华的事情，拜托了。"

"没问题。能带我们看看您的泥塑作品吗？"

"当然可以。"李静起身道，"请跟我来。"

美甲店后面的这间房子比前面的店铺还要大，光线也非常好，四周陈列了许多泥塑作品，有人物半身像、全身像，还有一些动物像，尺寸最大的与真人等身，有一些上了彩，有一些还是泥巴的颜色。人物像中，除一个鲁迅像和一个希腊神像外，其余都是佛教人物，而且以观音菩萨居多。

薛菲站在一尊观音像前不禁感叹："做得真好啊，这笑容感觉像活人一样！"

李静站在一旁说："这是莲上观音，观音像必须雍容庄严，你看她头戴宝冠，天衣加身，腰束贴体锦裙，这是唐朝泥塑观音的风格。"

"我想问问，观音的眉心为什么会有一个豆豆，是一颗痣吗？"

李静摇头道："不，这在佛教中被称为眉间白毫相，是大成就者的一种异相。"

"这样啊！"

罪无赦（二）

"想不到你还有这门儿好手艺呀。"刘同环顾道，"真是不得了啊。"

"我是学美术出身的，这算是平时爱好吧。"

"原来如此。"

刘同将视线落在屋子正中的一尊观音像上，这也是一尊坐像，但很显然，这是一件尚未完成的作品，身形虽已显现，面容尚很模糊，甚至能看到泥巴里夹杂着许多麦草。"这是什么泥？"刘同问。

"黄泥，黏性比较好的一种黄泥。"

"泥巴里为什么会有麦草？"

"嗯，这是为了增强它的黏性。"

"哦！泥巴里应该有人形的骨架吧？"

"没错，是木头做的骨架。"

"骨架做好之后呢？"

"根据骨架的形状将这种含有麦草的'糙泥'一层层覆盖在它的表面，做出人物的大体轮廓，然后再上'中泥'，这种泥不含麦草，所以比较光滑，用它可以快速勾勒出人物的细微纹理，最后再上'细泥'并反复压光，一座泥塑就基本成型了。"

"很专业啊！"刘同恭维道。

"谈不上专业。"

"这件半成品的轮廓已经很清晰了。"刘同走近一看，鼻子不禁抽了抽，"哎？这种泥怎么有一股臭味儿？"

李静笑道："哦，这些泥拿来的时候就有些味道，等风干一下就好啦。"

"原来如此！好吧，那我们就不打扰了，假如还有别的事情，我们会再来找你的，希望您能够一如既往地支持我们的工作。"

李静的嘴唇微微一颤："请不要客气。"

离开美甲店后，刘同和薛菲开车向繁花市第二小学驶去，路上薛菲问刘同："你觉得怎么样？"

"什么？"

"李静啊。"

"你觉得呢？"

"通过短暂的接触，我觉得她是个挺命苦的女人，而且一个喜欢艺术的人，我认为不太可能为了钱去杀人。"

"有点儿道理，还有呢？"

"假如她确实是去找前夫的，那基本就没什么嫌疑了，她前夫和她关系那么差，怎么会帮她去杀魏冬芹呢？"

"你说得没错,不过现在的问题是,她真的去前夫那儿接孩子了吗?"

"这问问孩子不就得了?那么小的孩子肯定是不会撒谎的。"

将近十一点,薛菲和刘同在教务处办公室见到了六年级的张晓光和四年级的张晓亮,其实当他们刚进门时,刘同就发现了他们脸上的异样。

个头儿稍高一些的张晓光眉骨紫青,眼角有浓重的淤血,下颚和脖颈上布满了指头粗的血痕,张晓亮则更严重,可以说满脸淤青,鼻骨上有明显的挫裂伤。

教务处的周老师是一位打扮朴素的中年女人,她义愤填膺地对刘同说:"警察同志你们看看,这就是张晓亮他爸干的缺德事儿,据我所知这已经不是第一回了,像这种虐待儿童的人渣,难道不应该抓起来坐牢吗?"

"您的心情我能理解,请先少安勿躁,我来问问孩子。"刘同转头说,"你是哥哥张晓光吧?"

张晓光一脸冷漠,怔怔地望着刘同,许久都没有说话,站在他身旁的张晓亮则眉眼低垂,双手微微发颤。

"张晓光,警察叔叔问你话呢。"周老师说。

张晓光这才点了点头。

"你不用害怕,叔叔是来帮你的。"

"我不需要你帮!"张晓光冷冷地说。

周老师一皱眉:"张晓光,你怎么跟警察叔叔说话的?"

"没关系周老师,没关系。"刘同笑说,"晓光,叔叔问你,你身上的伤是你爸爸打的吗?"

"是。"

"晓亮的也是吗?"

"是。"

"挨打那天晚上,是妈妈去接的你们吗?"

"是。"

"大概几点钟你还记得吗?"

"忘了。"

"是吗?那晓亮记得吗?"

张晓亮头也没抬道:"天黑了,我也不知道。"

突然,张晓光一巴掌打在张晓亮脸上,这"啪"的一声,把在场的三个大人都惊呆了。

周老师上前一把推开张晓光道:"张晓光!你在干吗?"

薛菲将抽泣的张晓亮拦到身后,转而看向张晓光,这孩子冰冷的眼神,简

罪无赦（二）

直令人不寒而栗。

刘同问："张晓光，你为什么要打你弟弟？"

"我没让他说话。"张晓光的口气依旧冷若冰霜。

"好，那我问你，你妈妈接你们回家，为什么她自己没回去？"

"她去铺子了。"

"美甲店吗？"

"是。"

"你怎么缺了一块头发？"

"我爸烧的。"

"为什么要烧你？"

"没杀了我，就算不错了！"

3

新楼盘开盘几天后，齐兮兮以不容置疑的骄人成绩再次获得了本周的销售冠军，许多老员工眼红她。她们望着醒目的销售精英排行榜，越来越觉得齐兮兮一定是老板的小蜜。

这种心理变化特别正常，假如这些人不这么想，他们受伤的心灵将无法得到慰藉。所以当你优秀的时候，你一定要想个办法让别人相信，这不是你努力的结果，这是因为你有靠山，那样一来你会少很多敌人。

为什么？因为要让别人相信你比他强，这绝不是一件容易的事情。要让别人相信你的背景比他大，这就容易多了。

齐兮兮正是这么想的，于是她顺水推舟，故意和老板套近乎。渐渐的，那些老员工也服了，他们不得不服，因为他们相信齐兮兮的背景比他们大得多，至于为什么大，他们只能说，谁叫人长得漂亮呢？

李源付光别墅的尾款，齐兮兮收获颇丰，在几位年轻同事强烈乞求下，她决定今晚请他们吃火锅，喝大酒。

夜里十点多，齐兮兮和五个同事来到雪莲路的一家夜店，喧闹的秀台上，几个女孩在大跳热舞，同事们拉齐兮兮去玩，齐兮兮说："你们去玩吧，我一个人喝两杯。"

坐在吧台前，齐兮兮叫了一杯鸡尾酒，然后掏出手机给老公张旭升短信：

"你在哪?"

"我在加班,你回家了吗?"

"怎么还在加班呢?行长不是都换了吗?"

"不是说过了嘛,走了魏冬芹,还有张冬芹、王冬芹啊,无奈。"

"好吧,我在外边应酬,可能会晚点回去。"

"那你少喝点儿酒。"

"知道了。"

"打车回家,要出租车,千万别叫私家车。"

"记住了。"

齐兮兮打开微信,望着李源的头像,她想对他说点儿什么,犹豫了一下,最终还是锁上了屏幕。

就在此时,一个相貌英俊的年轻男人坐在了齐兮兮身旁:"美女,一个人吗?"

"是啊。"齐兮兮淡淡地说。

"能请我喝一杯吗?"

"哦?都是男人请女人喝酒,没听过让女人请男人喝酒的。"

男人咧嘴一笑:"开玩笑的,服务员,来两杯加冰威士忌。"

"这还差不多!不过我不喝威士忌。"

"鸡尾酒有什么好喝的?"

"你想把我灌醉吧?"

"怎么会?万一你酒量比我大呢?"

"那倒也是啊。"

男人伸手道:"你好,我叫陈明外。"

齐兮兮依旧把双手放在桌上:"你好,我不会跟你握手的,那样就不会上你的钩。"

陈明外乐开了花:"我就喜欢你这种不爱上钩的女人。"

"是吗?"齐兮兮举起酒杯,抿了一口,"你这小孩,干吗不去找年轻姑娘呢?"

"我喜欢女人味儿,不喜欢孩子气。"

"哦?很变态的爱好啊。"

"这有什么变态的,现在不是都流行姐弟恋吗?"

"你是干吗的?"

"我在这儿跳街舞,你刚才看见了吗?"

齐兮兮摇头道:"没有,我刚来。"

罪无赦（二）

"那真是太可惜了。"

齐兮兮快速打量陈明外了一番，视线最终落在他健壮的肱二头肌上："跳街舞的人，肌肉都这么发达吗？"

"怎么会？我平时有健身的。"

"嗯，身材不错。"

"姐姐，你结婚了吧？"

"干吗问这个？这跟你有关系吗？"

"当然，结婚的女人更有魅力呀。"

齐兮兮放下酒杯，转头笑问："哦？为什么？你喜欢已婚女人？"

"是啊，已婚女人能让人亢奋，说真的，我现在就很亢奋。"

"小孩儿，你这是变态心理，知道吗？"

"怎么说呢？有的人喜欢吃甜，有的人喜欢吃辣，口味儿不同罢了！再说又不是杀人放火，变态就变态吧。"

"哎哟？你倒挺实在啊。"

陈明外露出了一个天真的微笑："实话实说嘛，干吗藏着掖着呢？你说对吧？"

"证件呢？"

陈明外一愣："什么？什么证件？"

"身份证！"

"干吗要看身份证啊？"

"我怕你把我卖了呀！"

"哦！稍等一下。"陈明外掏出钱包，抽出身份证递了过去，"哝，请看。"

"陈明外，汉族……二十三岁，这么小啊？"

"年纪小罢了，身体器官早成年了。"

齐兮兮捂嘴笑了起来，她将证件放在桌上道："看来你的目的很明确啊！"

"姐姐，你看我怎么样？"

"不怎么样。"

"为什么？长相不满意？还是身高？我身高一米八五，不算低了吧？姐姐你看上去也就一米六五的样子呀。"

"你长得很帅，身材也很棒，但我就是不喜欢比我年纪小的男人，真是没办法。"

"实话实说，我原来碰到过几个姐姐，她们一开始也这么说，后来试过一回，一发不可收拾啊，到现在还联系我呢。"

"真的吗？"齐兮兮笑问。

"骗你干吗？我给你看微信？"

"那倒不用。"

"相信我，试一次你就知道了。"

齐兮兮喝干杯里的鸡尾酒，然后和陈明外对视了一眼："喝酒可以，别的免谈。"

"……那好吧，喝酒。"陈明外端起面前的两杯威士忌，将其中一杯塞进齐兮兮手中，"假如我把你灌醉了，你愿意吗？"

"那要看你有没有这两把刷子。"

"干！"

二人一饮而尽，陈明外又叫了两杯："姐姐，酒量不错呀！"

"我喝酒的时候，你还在学校里背课文呢！"

"年纪和酒量没什么关系，好吗？"

齐兮兮举起酒杯道："废什么话呀？喝吧！"

"喝。"

洋酒穿过喉头，身体渐渐发热，当齐兮兮放下酒杯时，突然感觉一阵强烈的困意袭来，眼前的景象也渐渐模糊。她闭起眼睛，用胳膊挂着脑袋说："这是什么酒啊？"

陈明外朝服务员挤了挤眼睛，然后笑道："姐姐，这是威士忌啊！怎么了？"

"我怎么感觉有些晕呢？"

"看来姐姐的酒量也一般嘛。"

"不对，这个酒应该有问题。"

"不会吧？我怎么好好的？"

齐兮兮似乎失去了浑身力气，趴在了桌上，陈明外上前搂住齐兮兮，低声道："姐姐，我找个地方让你睡一会吧？"

"不用，我趴一会就好。"

"那怎么行？睡在这里，东西都会被偷掉的。"陈明外将齐兮兮的挎包挂在肩上，然后俯身架起齐兮兮离开了夜店。当她的同事回到吧台时，这才发现齐兮兮不见了踪影，他们问服务员刚才坐在这儿喝酒的那个短发美女去哪儿了，服务员除了摇头，还是摇头。

当齐兮兮从迷迷糊糊中醒来时，她发现自己正处在一个四面都是金属墙面的空间里，再定神一看，原来这是一个电梯。随着"叮咚"一声，电梯门缓缓打开，自己的双脚不听使唤地向前迈了步子。她转头一看，才发现自己被陈明外架在肩头。

罪无赦（二）

"你放开我。"齐兮兮有气无力地说。

"姐姐，马上就到了，你再坚持一下，马上就可以睡觉啦。"

"你放开我！"

"姐姐你放心，我不会胡来的，待会让你看看我的身体，要是你不满意，我马上离开还不行吗？"

齐兮兮用尽浑身力气推开陈明外，自己则摔在走廊的地毯上，陈明外连忙去扶，想不到被齐兮兮一脚踢在小腹上。

"唔！姐姐的力气可不小啊！说实话，我就喜欢你这样的。"

"你走开，不要碰我，否则我要报警了。"

"你还有力气报警吗？你舍得吗？"陈明外舔舔嘴唇，一脸坏笑道，"你就放心吧，待一会我保准让姐姐满意。"

齐兮兮用力扶地，缓缓向后退去："别碰我，否则，否则你会付出代价的。"

"别说这么残酷的话好不好？都是出来玩的，不要再装了嘛。"

"别过来！别过来！"

陈明外一把将齐兮兮抱起，就跟抱一只小狗小猫一样轻松。他快步穿过走廊，来到三〇二号房门前，迅速刷开门禁，进入房间，将齐兮兮丢在柔软的床上。

"姐姐，等我去关门啊！"陈明外将挎包丢在齐兮兮身边，齐兮兮瞥了一眼，连忙顺手去摸，虽说浑身发软，但手指还有些力气，她快速打开纽扣，掏出手机。

陈明外回到卧室，脱下外套，亮出了健美的身材，然后望着齐兮兮道："姐姐，你拿着手机干吗呀？想报警吗？"

"嗯，胸肌不错啊！"齐兮兮低声道。

陈明外一听，顿时热血沸腾，大笑道："我说你这个骚女人，最终还是露出原形了吧！"

"我只是说你胸肌好，但我没说要干什么呀。"

"还能干什么？"陈明外迅速脱掉外裤，然后跳上床，骑在齐兮兮身上，双手不停地乱摸。

齐兮兮一手拿着手机，一手不停地反抗："你给我下去，你这是强奸！"

"强奸就强奸，做了再说！"

面对强壮的陈明外，齐兮兮完全没有反抗的能力，于是她再次将手伸向挎包，突然摸到了一把冰冷的水果刀。

第四章

迷 魂

1

昨夜一场滂沱大雨让繁花市的气温降低了不少,这对于那些家里没空调的人来说是非常幸福的事情。

第二天一早,薛菲和刘同来到桔梗路的南湖小区,李静的前夫就住在这里。虽说此处靠近南郊,但附近的住户着实不少,正好又是周末,小区对面的儿童乐园里人山人海,两个打扮成小丑模样的男人攥着一把彩色气球,很快就成了孩子们围观的对象。红色的过山车在空中呼啸而过,一片片尖叫声漫向湛蓝的天空。

魏冬芹遇害的时间是当晚八点半左右,而从天美小区打车到这里,就算在交通无阻的情况下至少也要半个小时。假如李静教唆前夫张鹏去袭击魏冬芹,那至少又得四十分钟,从时间上来看,这显然是不可能的。

其实通过昨天的走访,刘同已基本将李静排除在嫌疑人的范围之外,而让他再次起疑的,是出租车司机的一番话。

据当晚在天美小区门前接李静离开的出租车司机说,那个女人的确是要去南湖小区,但汽车向南开了不到两公里就与其他车辆发生了刮擦,因为忙着与对方争辩,他也不知道女人最后去哪儿了。

南湖小区并不大,楼宇也相当陈旧,负责管理小区的物业公司显然没有把这里当做重点服务对象,除了收取停车费的装置崭新如初,其余的服务简直糟糕透顶,比如小区下水道里不断向上翻滚着褐色的臭水,院里随处可见的生活

罪无赦（二）

垃圾，还有被损毁严重的公共健身器械。

小区南面是正门，北面是后门，正门进出车辆，后门顶多可供两辆摩托车并排通过，物业公司认为后门完全没有安装监控的必要，所以只在前门安装了监控，更糟糕的情况是，小区内的监控只有三处，其中一处被孩子用弹弓破坏后，一直没有维修。

张鹏家似乎没有人，无论怎么敲门都无人回应。正当刘同和薛菲一脸无奈地准备离开时，张鹏家正对门的邻居探出了脑袋，这是一位中年妇女，体形微胖，满头大波浪。刘同笑问："你好，我们是警察，实在不好意思，刚才敲门是不是吵到您了？"

妇女说："你们找张鹏吗？"

"是啊！"

"他已经好几天没回来了。"

"哦？去哪儿了您知道吗？"

"这人赌博，经常有人上门讨债，怕是又出去躲债了。"

"这样啊。"

"你们可以打他电话呀？"

"他电话关机了。"

妇女一脸鄙夷："那肯定是出去躲债了。"

"大姐，那我想问问，十月十二日晚上，张鹏是不是带儿子回来过？"

妇女将一把瓜子扔进嘴里，一边嗑得"啪啪"作响，一边摇头道："不记得了，十月十二号，那都好几天了，我这人记性不大好。"

"没关系，那谢谢您了。"

刘同在保安室调取了案发当晚的监控，结果一无所获。保安说，这女人假如不是从正门进来的，那一定是从后门。望着保安一丝不苟的推理状，刘同实在哭笑不得。

小区周边的围墙足足有两米高，要想从围墙外侧翻进来，对一个女人来说绝对不是件容易的事情。

"可是后门没监控啊？"薛菲对刘同说。

保安接茬儿道："大概几点钟的事儿？"

"八点到九点之间。"

"我给你们介绍一位大姐，这人每天晚上七点钟都会在后门摆个烧烤摊，一直卖到凌晨才收摊，闹不好她看见了，你们去问问她。"

"这大姐住在什么地方？"

"就住在北门旁边那栋楼里，一楼，窗户下面停了一辆手推车。"

"好的,那我们去看看,打扰你了。"

寻找大姐的过程并不复杂,因为大姐的手推车在阳光下闪着耀眼的光芒。二人敲开了青绿色铁门,面前是一个十二三岁的小女孩,扎着麻花辫,眼睛水灵灵地瞪着刘同问:"叔叔,你找谁啊?"

"你好,你妈妈是不是做烧烤的呀?"

"是啊,怎么了?"

"我找你妈妈有事情,能帮我叫一下吗?"

小女孩转头喊道:"妈妈,有人找你!"

向刘同走来的女人约莫四十岁,双手都是白色的面粉。她皱着眉头在刘同和薛菲脸上分别扫了一眼,然后露出了憷然的眼神:"你们是谁啊?"

薛菲掏出警官证笑道:"您好,我们是繁花市公安局的警察,有些事情想跟您打听一下,您看您现在方便吗?"

女人略显迷惑:"和我有关吗?"

"和您没关系,请放心。"

"哦!那二位进来吧,我在和面,等我去洗洗手。"女人对孩子说,"小燕,你让叔叔阿姨坐下,给他们倒杯水。"

"您不用麻烦,我们问几个简单的问题。"

"那坐下说吧。"

"好的。"

刘同在柔软的沙发上坐下来,看了看自己脚下,满含歉意地说:"不好意思,把您的地板踩脏了。"

女人特别实在,嗓门也逐渐大了起来,这是小生意吆喝惯了,低声说话都觉得难受:"瞧您说的,本来也不干净。"

"孩子她爸爸不在吗?"

"他去上班了。"

"周末不休息啊。"

"私人老板的工厂哪儿有休息的时间,再说了,你们不是也没休息嘛!"

薛菲会心一笑:"大姐,我们听前门儿保安说,您每天晚上都会在后门卖烧烤啊。"

女人点头道:"是啊,白天不让卖,只能晚上卖咯。"

"几点收摊儿呢?"

"最迟凌晨两点吧。"

"据我所知,后门那条街上的人并不多啊。"

"没错,但对面不是有一家网吧吗?那些熬夜的年轻人会出来买吃的。"

罪无赦（二）

"原来如此，很辛苦吧？"

"挣钱有什么辛苦呢？挣不着钱才辛苦啊。"大姐笑声爽朗。

刘同笑问："大姐，您认识张鹏吗？"

"张鹏？认识啊，小区里出名的赌徒嘛。"

"他前妻李静您也认识吧？"

"认识啊，她原来也住在小区里，离婚之后才离开的，前几天我还见着了。"

刘同瞥了薛菲一眼，然后接着问："前几天，是夜里吗？"

女人点头道："对啊，是夜里。"

"这么说，她是从后门进入小区的？"

"没错啊。"

"您还能想起当时的具体情况吗？比如说，她大概是几点进入小区的？"

"嗯……应该是九点多吧？那阵子我有些忙，没顾上和她打招呼，但是看见了。"

薛菲转头道："刘队，这下你死心了吧？"

"看来是我多疑了。"刘同心里的石头终于落了下来，"大姐，在那之后，您有没有看到李静的两个孩子？"

"这我倒没注意。"

"我看到了。"站在一旁的小燕说。

刘同微微一笑："哦？你看到了？那你告诉叔叔，你看到什么了？"

"我看到张晓光和张晓亮了，他们满脸是伤，张晓光还在流鼻血。"

"是吗？那你和他们说话了吗？"

"说了，我问张晓光怎么了，他说被他爸打了，他爸可凶了，原来就经常打他们。不过……原来打得没这么狠，那天晚上特别狠。"

女人跟着说："这个张鹏可不只打孩子，过去连李静都打。"

"李静是一个接受过高等教育的人，怎么会找张鹏这样的男人呢？"薛菲问。

"你们不知道，张鹏家原来是有钱人，他爸是水泥厂老板，他爸死后，家产全让这家伙败光了。"

"哦！"薛菲恍然大悟，"原来是纨绔子弟啊。"

"可不是嘛！"

"等我抓住这小子，绝对要好好收拾一顿。"薛菲道，"刘队，那咱们走吧？"

"稍等。"刘同挥手道，"大姐，李静是几点离开的？"

"将近十一点了。"

"也就是说,她在张鹏的房子里待了将近两个小时?"

"差不多吧。"

"两个小时,她在做什么呢?"

"在和张鹏吵架。"

"您怎么知道他们在吵架?"

"李静亲口说的呀!她离开的时候穿了一件风衣,从款式上看像一件男士风衣,应该是张鹏的。"

"她进小区的时候穿的是一件白色衬衣,对吗?"

"是,是白色衬衣,不过要说那个时间,天气也的确有些凉了。"

"但李静和张鹏势如水火,她怎么会穿张鹏的风衣呢?"

"这就不知道了……哦,对了,她手里还拉着一个旅行箱。"

"旅行箱?"

"没错,是旅行箱。我问她这是要出去旅游吗,她说刚刚和张鹏吵架了,把孩子的衣物全都带回去,以后可能再不来了。"

"行李箱是什么颜色的?"

"蓝色的。"

"多大?"

"挺大的那种,具体多大我也说不上来,总之比普通的行李箱要大。"

"嗯,您还看到什么了?"

女人想了想并摇头道:"别的好像没什么了,总之吧,李静是个命苦的女人,院儿里人都知道她过得不容易,尤其是离婚前,那日子简直没法过。《不要和陌生人说话》你们看过吧?毫不夸张地说,和那个电视里演的一模一样。"

"这样啊!"刘同点头道,"那好吧,我们就不打扰了,您接着给孩子做饭吧。"

儿童乐园门前依旧热闹非凡,孩子们在阳光下快乐地奔跑跳跃着,对于他们来说,快乐的童年可能像人的呼吸一样再正常不过,而对于有些孩子,童年可能像一片无边无垠的灰色森林,那里没有蓝天没有温暖,甚至没有变化,一旦走进去,可能永远都走不出来。人的迷失,往往是从踏进森林的那一刻开始的。

刘同清晰地记得张晓光那冷漠的眼神,似乎和他母亲的泥塑作品一般死气沉沉。在他的瞳孔中,几乎看不到任何人的倒影,除了一片无尽的灰色,仿佛什么都看不到。那孩子叫人过目不忘,并非因为外表有什么特点,而是因为他站在人群里,也会给你一种孤独的感觉。

罪无赦（二）

薛菲戴起墨镜，问道："怎么样？我说没什么问题吧？"

"也许吧。"刘同淡淡地说。

"什么意思？你还是觉得有问题？"

"我在想，她为什么会穿着张鹏的风衣呢？"

"好了，不要再想这些与案件无关的事情了，OK？"

"银行那边怎么样？都查清楚了吗？"

"何落已经全部核实过了，每个人都有不在场证明。"

刘同沉思道："难道我们的分析有什么纰漏？"

"现在只能从那些和魏冬芹有利益关系的人查起了。"

阳光正好，二人一路漫步，经过一家早餐店，刘同舔了舔嘴唇说："你也没吃早饭吧？"

"你要请我吃早餐吗？"

"十块钱以内是没有问题的。"

"喂！你谈恋爱的时候也这么抠吗？"话刚一出口，薛菲便觉得不大对劲儿，于是连忙又说，"不好意思啊，我不是故意的。"

刘同咧嘴一笑："一切都过去了。走吧？我请你吃早餐，伙食标准提高到二十块。"

"这还差不多。"

将近九点钟，早餐店里只有零星几个食客，刘同叫了四屉包子，两碗豆浆，二人便吃了起来。

"相亲怎么样？这次有戏吗？"刘同突然问道。

薛菲一撇嘴："有戏！"

"那就好，赶紧找人嫁了吧，要不然真成大龄剩女了，到时候生孩子都是个麻烦。"

薛菲不无揶揄地说："我的个人问题就不劳您刘大队长费心了吧？"

"这是什么话？你是我的人啊！我怎么能不关心呢？"

薛菲脸一红："什么，什么我是你的人？"

刘同大口嚼着包子，支支吾吾地说："我是说，作为你的直接领导，我怎么能不关心下属的生活呢？"

"好啊！那作为您的直接下属，我也想问问，您往后就这么一直单着了？"

刘同沉思了一下，咧嘴一笑："说这干吗？我现在不是挺好的吗？一个人惯了，没什么不好的。"

薛菲丢下手里的包子说："你看你整天邋里邋遢的样子，我看着就来气！"

刘同白眼儿一瞪："怎么了？我怎么邋里邋遢了？"

"你这头发多少天没洗了?还有,自从小落姐走了之后,你一天至少抽三包烟,你想死吗?"

刘同点着头,眼眶里突然湿润起来,除了大口大口地吃包子,他不知道该说什么。

"好了,我懒得说你!"薛菲刚拿起包子准备往嘴里送,兜里的电话却响了起来,"何落,怎么了?"

"薛队,你和刘队在一起吗?"

"在啊!"

"那就好,我们刚才接到报警,说雪莲路上的一家快捷酒店死人了。"

"死人了?"薛菲一脸震惊,"什么情况?"

"好像是被人用刀捅死的,具体情况还不了解,我们也正在赶过去。"

"知道了,我们马上到。"

2

大厅明亮整洁的"花园之家"是一家比较有名的连锁快捷酒店,当刘同和薛菲赶到时,电梯前已拉起了警戒线,酒店员工们整齐地站在一块"宾至如归"的牌匾前正在接受一位中年男人的训话。大厅一侧的沙发上坐满了窃窃私语的顾客,在他们面前堆满了色彩鲜艳各式各样的行李箱。

刘同和薛菲乘电梯上到三楼,刚出电梯便看到警员们全都站在走廊尽头的一间房门前。和大家打了招呼后,二人进入房间,看到了钱华带领的法医组正围在床前。

"刘队,你们来了。"何落手里拿着相机,拭去额头的汗珠说。

"什么情况?谁发现的?"刘同问。

"九点左右,布草间的阿姨来敲门,发现门是虚掩的,她隔着门问了好几遍需不需要打扫卫生,但门里没人回话。她以为顾客退房走了,于是推门而入,想不到刚一进来就看到床上的尸体,吓得大姐差点儿犯心脏病。"

刘同来到床边看了一眼,死者是一位年轻男性,身高在一米八左右,赤裸的身上只有一条蓝色内裤,其余衣物都扔在房间的地毯上。死者肌肉发达,胸前有一片文身,其间缀着几行英文。一把刀斜插在他脖颈上,鲜血几乎已经流干,被褥全部浸透。圆圆的眼珠死死地瞪着天花板,似乎还能让人感觉到他在

罪无赦（二）

临死前所表现出的恐惧和绝望。

"钱华，怎么样？"

钱华唏嘘道："这是一把折叠水果刀，刺入被害人的脖颈之后，有一定幅度的切割动作，这导致被害人左侧颈动脉大出血，是失血性休克死亡。"

薛菲接着问："一刀毙命咯？"

"没错，一刀毙命。"

"何落，受害人信息查到了吗？"

何落掏出怀里的记事簿翻看道："受害人叫陈明外，二十三岁，繁花市本地人。这是他身份证上的信息，目前只知道这么多。"

"他是什么时候登记的房间？"

"昨天晚上十一点刚过。"

"一个人吗？"

"据前台说当时他扶着一个疑似喝醉酒的女人，服务员要求他出示女人的证件，他对服务员说，女人不住在这儿，一会儿就走，所以前台没登记女人的信息。具体什么情况，要等章毅把监控调出来之后才能知道。"

刘同说："从现场情况来看，估计是情杀吧？钱华，刀上有没有指纹？"

钱华点头道："有明显的指纹。"

"很好，现场还有没有其他线索？"

"有一张名片。"

"哦？谁的名片？"

钱华从身边的托盘里拿起这张银色名片念道："天华进出口贸易公司董事长李源，下面有公司住址还有电话号码。"

"何落，让技术队的人抓紧勘查现场，尽快把尸体运回队里，然后联系他的家属。"

"是。"

回到队里，刘同首先按名片上的电话号码打了过去，三声等待音后，一个男人的声音从话筒里传了出来："你好，请问哪位？"

刘同咽了口唾沫道："您是天华进出口贸易公司的李先生吗？"

话音刚落，刘同便听到那头响起了另一个电话的铃声："对不起，您先稍等一下。"

刘同随声附和："好的。"

男人支支吾吾说了几句"买进卖出"之类的话，便再次说道："喂？不好意思，您刚才说什么来着？"

刘同问："您是不是天华进出口贸易公司的李源李先生？"

"对啊！您是哪位？"

"我是繁花市公安局的警察，我叫……"话没说完，对方突然挂了电话，刘同嗓子里像卡了鱼刺般难受。

这家伙该不会把这个电话当成诈骗电话了吧？刘同暗想。

再次拨通后，李源的声音变得激动了许多："听着，我没有任何犯罪记录，也没有喜欢犯罪的亲戚朋友，就算有，我也不会把钱打在你给的银行卡上让你去捞他们。让他们去坐牢吧，好吗？"

"李先生，你先听我说，我不是诈骗犯，也没有心情跟你开玩笑，现在我以警察的身份通知你，请你尽快来一趟市公安局配合我们调查。"

"哦？换套路了？准备在路上结果我，对吗？"

"再说一遍，我没有和你开玩笑……"

李源再次挂断电话，刘同这次是彻底无奈了，眼下想让这家伙乖乖地配合调查，看来只能亲自去一趟他们公司了。

来到会议室，刘同将记事簿放在桌上，拍手道："章毅，你先说吧。"

"好的，大家请看大屏幕，这是我从酒店后台调取的监控画面，监控显示，昨晚十一点零七分，死者陈明外搀扶一个短发女人来到酒店前台登记入住，从身高来看，这名女性大约有一米六五，身形偏瘦，身穿黑色职业装。十一点十三分，二人乘电梯到达三楼，在酒店走廊中，女人推开陈明外，自己摔倒在地，当陈明外走近时，她用脚踢中了陈明外的小腹。"

"她在反抗吗？"薛菲问。

"从画面上看应该是这样，但她似乎处在醉酒状态，所以这个踢人的动作显得非常柔弱。陈明外强行将她抱起，然后向走廊尽头走去，最终刷卡进入三〇二号房间。"

监控视频停止后，刘同问道："就这些了？"

章毅愣了一下："没错，房间里没有监控。"

"我是说他们来酒店开房之前的行踪！"

"哦，这个还没有查。"

"为什么不查？"

"这个……一时没想起来。"

突然，一位年轻女警员推开会议室的门，神色慌张地快步来到刘同身边道："刘队，刚才来了一个女人，说是来自首的。"

"自首？"

"没错，她说'花园之家'里的人是她杀的。"

"长发还是短发？"

罪无赦（二）

"短发！"
"这会儿在什么地方？"
"在接待室，已经被我们控制了。"
"章毅，你先去收集她的指纹，然后进行比对，结束后把她带到审讯室。"
"好的。"
"还有，什么都不要对她讲，明白吗？"
"明白。"

3

什么叫突如其来？什么叫猝不及防？正当所有人准备拉开阵仗大干一场的时候，敌人突然投降了，这就叫突如其来、猝不及防。

对于刘同来说，这可能是运气，也可能是另一个诡计。

面对每一个前来自首的人，刘同都要赔上一百个小心，因为这些人背后的故事，很有可能会是一个令人动容但又与事实不符的故事。

这女人的妆容显得比较清爽，眼神却有种魅惑的灵力，深蓝色的衬衣和黑色紧身裤显得潇洒干练。不用接触也能感觉出来，她绝不是那种废话连篇的女人。要是论气场，如此这般的女人在刘同脑海中也绝不超过十个。

气场这东西，有时候如同佛像给你的感觉一样，就算佛不说话，你也会感到强烈的庄严与肃穆。

刘同和女人之间的距离并不远，只隔着一张厚重的桌子，窗外阳光洒在她的肩头，就像一片拂不去的雪。她的每一个表情都逃不过刘同的眼睛，但从进门到现在，她一直都不温不火的样子，算得上表情的表情屈指可数。

薛菲将记事簿打开放在面前时，刘同开口道："你叫齐兮兮？"
"没错，大风起兮云飞扬的兮。"
"嗯，名字很好听。"
"谢谢。"
"做什么职业的？"
"售楼经理。"
刘同连连点头："哦，最近房子不好卖吧？"
"还不错。"

薛菲不痛不痒地来了一句："刘队，差不多该问正事儿了吧？"

刘同暗想，果不其然是薛菲，对漂亮女人完全没有好感啊。刘同咧嘴笑道："齐兮兮，指纹我们已经比对过了，凶器上的指纹的确是你的指纹。那么我想知道，你为什么要杀陈明外？你和他什么关系？"

齐兮兮望着刘同，又好像望着刘同身后的墙，因此眼神显得有些缥缈不定，但她的神情却一直给人那种从容不迫的感觉："我和他没有任何关系，昨天以前，我从没见过他。"

"既然不认识，怎么会一起开房呢？"

"昨天晚上，我和几个同事去莲花路的一家夜店喝酒，这个叫陈明外的见我一个人坐在吧台上就过来和我搭讪，他请我喝了两杯酒，我产生了头晕目眩的感觉。以我平时的酒量，两杯威士忌完全不可能产生这样的效果，所以我怀疑那酒里有问题。"

薛菲问："夜店叫什么名字？"

齐兮兮的每一个回答都相当果断，连气息都没有拖泥带水的感觉："都灵之夜。"

"后来呢？"

"后来我好像睡着了，等我睁开眼睛的时候发现自己在一个电梯里，但我浑身都没有力气，转头一看才发现我已经被这个陈明外强行拐到了酒店，我在走廊里反抗，让他不许碰我，但这种人渣怎么可能中途放弃？他说我越是反抗，他就越亢奋，那个时候我终于意识到，自己恐怕是难逃魔爪了。"

"他和你搭讪的时候，难道你没有一丁点儿心理防备吗？"

"我以前和陌生人喝过酒，也聊过天，从未碰到过这种情况。而且那些酒是从服务员手里出来的，我没有看到陈明外做什么手脚。"

"进入房间后呢？"

齐兮兮掏出手机道："我录了视频，你们自己看看吧。"

视频中的陈明外一副张牙舞爪的样子，能看到齐兮兮在用一只手反抗，但动作却显得非常柔弱，齐兮兮喊道："你给我下去，你这是强奸！"

陈明外哈哈大笑，脸上尽是难掩的兴奋之情，手底下不停地忙着，似乎在扒齐兮兮的衣服："强奸就强奸，做了再说！"

镜头一晃，手机应该落在了床上，一片漆黑，只听陈明外发出几声悲怆的惨叫，大概十秒钟后，手机镜头被翻转过来，刘同看到衣衫不整的齐兮兮胸口满是鲜血，而陈明外则躺在床上，不停地抽搐着，那是身体的机能在死神面前作出的垂死挣扎。

视频在一阵晃动后结束了，刘同问道："这把刀是哪来的？"

罪无赦（二）

"在我包里。"

"为什么要带一把水果刀？"

"我喜欢吃苹果，所以这把刀常年带在身上，同事们都知道。"

"这么看来，陈明外是在准备强奸你的时候被你一刀毙命的。"

齐兮兮第一次露出了微笑："这应该很清楚了吧？我想二位警官不难看出当时的紧迫性和防卫的必要性！说实话，但凡有一丁点儿力量我都不会出此下策，因为在我意识里，杀人这种事情简直就像神话传说一样。可在那个时候，我毫无办法，假如我默默承受这个畜生的糟蹋，我不知道未来该如何面对自己的老公。你们也许知道，有的男人对这种事情非常在意，就算短时间内他们装作理解，可内心深处也会觉得你特别肮脏。"

这番话似乎有千钧之势，令人不容置疑，刘同点头道："我表示理解，在我看来，你的防卫具有正当性，也是必要的。"

齐兮兮云淡风轻地说："谢谢你。"

"有一件事我想问一下。"

"什么？"

"我们在勘查现场时发现了一张名片，是天华进出口贸易公司李源先生的，请问这是你掉在现场的吗？"

齐兮兮的眼神闪烁了一下："应该是吧……不，应该说就是我落下的。"

"你和这位李先生什么关系？"

"他是我的客户，前些天在我这里买了一栋别墅。"

"有钱人啊，难怪那么不可理喻。"

"什么？"

"哦，没什么，这件事儿你老公知道吗？"

"目前还不知道，我不打算让他知道。"

"你老公是做什么的？"

"他是银行客户经理，负责放贷。"

"好的。"刘同起身道，"那么请您先留在这里配合我们调查，有些事情我们还得搞清楚再说，午饭会有人给你送来，可能不太合你的胃口，将就一下，您看怎么样？"

"没关系的。"齐兮兮起身，嘴角轻轻一扬，露出了第二个微笑，"真是谢谢你了。"

"不客气。"

离开审讯室，薛菲二话没说自顾自地向前走去，刘同倒是为难了，只能快步追上去问："喂，你怎么了？"

"刘队真是怜香惜玉啊。"

"一个柔弱的女人面对这样的暴行,怎么可能不产生一丁点儿同情之心呢?"

薛菲一脸孩子气:"那你就接着同情吧。"

"这是什么话?你对我有什么意见吗?"

"我能有什么意见?您是队长,我哪儿敢呀!"

"好了,别生气了!喂,我说你是不是吃醋了?"

薛菲停下脚步道:"你以为你是谁?"

"好了,咱们去一趟那家夜店,要是服务员和陈明外事先串通在酒里下了药,那强奸的行为基本就坐实了。"

薛菲脸上拂过一丝纳闷的表情:"不知道为什么,我总觉得这个女人有些怪怪的。"

刘同眼睛像灯泡一瞪:"哦?为什么?"

"碰见这么大的事儿,有多少女人会表现得如此冷静?"

"那倒也是,不过也不是不可能,心理反应也是因人而异的。"

"你想想,在当时那么紧迫的情况下,有多少人会想起打开手机把当时的情况录下来呢?假如是我,我绝对做不到。"

"没错,能这么冷静处理突发事件的女人的确少见。"

"你在夸她吗?"

"我没夸她呀。"

"刘同,我万万没想到你是这么一个见色起意之徒!"

听完这句话,刘同瞬间呆若木鸡。

这家名叫"都灵之夜"的夜店门头上挂满了绿色藤蔓,颇有一股田园气息,门前永远都停着一辆法拉利跑车和一辆奔驰越野车,这纯粹是为了吸引人们的眼球,而且效果十分显著。天黑之后,跑车附近会安排几位秀色可餐的美女站街,届时庸俗的气息会像臭豆腐的味道在整条雪莲路上弥漫开来。

中午一点钟,这里显得死气沉沉,但夜店的门半开着。

刘同、薛菲和李亨见到了夜店的大胡子老板,不知道为什么,他竟然认得刘同,于是又发烟又赔笑,站在吧台前摇头晃脑地说:"您说的是昨天夜里在这里侍酒的服务员吗?"

"有几个?"

"两个。"

"他们轮班吗?"

"哦不,都是通宵的。"

罪无赦（二）

"那就都叫过来吧。"

"成，您稍等一下，我估计这两个家伙还在睡觉呢。"

大胡子老板离开后，李亨环顾四周，脸庞上闪过一丝诡异的笑容道："薛队，我听说这地方晚上可不得了啊。"

薛菲在旋转凳上坐了下来，跷起二郎腿望着刘同道："没错，对你们这些臭男人来说，这儿就是天堂。"

刘同连连咋舌："你干吗对我说啊？我能像李亨那样吗？我从呱呱坠地那一刻起就是一个脱离低级趣味的人，你难道不知道吗？"

看来薛菲还在为齐兮兮的事情斤斤计较，刘同也纳闷，过去从未见薛菲如此睚眦必报，他心里暗自嘀咕，这丫头到底怎么了？

李亨指着吧台里五光十色的酒瓶道："这些酒的价格估计能吓死我。"

"待会让老板请你喝一杯。"刘同说，"他肯定不收钱。"

"那我这不是仗势欺人吗？"

"你仗谁的势？"

"那不是你的吗？"

"滚蛋！"

老板领着一胖一瘦两个服务员走了过来，刘同大致扫了一眼，这瘦子似乎还没睡醒，不停地揉眼搓脸打哈欠，胖子一副八风不动波澜不惊的样子，乍看就像一颗人肉炮弹。刘同没有废话，直截了当地问："陈明外死了，你们知道吗？"

瘦子的眼珠儿像被大气压强给挤了出来，惊声道："什么？死了？"

胖子拍了拍瘦子的胳膊，懒洋洋地说："什么陈明外，你认识呀？"

大胡子老板说："这个名字挺熟的，怎么就是想不起来呢？刘队长，这人是谁啊？"

刘同对老板说："叫这位胖兄弟回去接着睡吧。"

老板眨了眨眼，对胖子挥手道："你回吧。"

"哦！"

瘦子眉头一锁，一副没好气的样子。"警察同志，那我呢？"瘦子问。

"你的生活很精彩嘛！"刘同笑道，"来，过来坐下，我有话问你。"

瘦子怯生生地在刘同身边坐下，一脸苦笑道："什么话呀？我什么都不懂啊。"

"哎？我看你刚刚还打瞌睡，这会儿怎么精神了？不过脸色有些难看啊，是不是哪儿不太舒服？"

"嘿嘿，我睡不好觉容易胸闷啦。"

"胸闷啊,胸闷的时候你得发自肺腑地问问自己,到底有没有做亏心事儿啊?"

瘦子忙擦额头的冷汗:"警察同志,这不关我的事儿啊,我也是拿人钱财,替人消灾啊。"

"哦?"刘同乐了,"这我还是头回听人说干了丧尽天良的事儿也算替人消灾呢,兄弟,你几年级毕业?"

"三年级。"

"哦,你这是病句啊。我问你,陈明外你认识吧?"

瘦子连连点头:"认识。"

"你们是不是串通好了给女顾客的酒里下东西?"

"我不是故意的啊,警察同志。"瘦子一脸苦涩,眼泪都要出来了,双手频频作揖道,"我是一时糊涂啊,求求你,别让我坐牢啊。"

李亨怒道:"少跟我这儿扯犊子,你就说有没有往酒里下东西?"

"有,有下。"

"东西呢?拿出来!"

"哎!这就拿。"瘦子从侧面的格挡进入吧台,在客人看不到的酒柜里取出了一个茶色小玻璃瓶,像极了装药的瓶子。

大胡子老板一看怒了,气得满脸通红,宛若杀人前的关公:"你这个烂泥扶不上墙的东西,真是无药可救啊!"

刘同顺口道:"老板,你监管不力,这也有你的责任啊。"

"是,您说的是,该承担的责任我一定会承担。"

薛菲接过药瓶,瞪着眼睛问:"这里面是什么?"

瘦子支支吾吾地说:"这,这……这我也不知道是什么东西,听陈明外说,这东西叫迷魂水,好像是一种催情药啊。"

"喝了之后会怎么样?"

"听说喝多了会死人,所以每次用棉签棒蘸一点放在酒里,喝了之后,人就会迷迷糊糊浑身没劲儿,跟喝醉了差不多。"

"你为什么要帮陈明外?"

"他每次会给我两百块钱。"

薛菲一拍桌,瘦子被吓矮了半截儿:"你个王八蛋,干了多少回?"

"差……差……差不多有十次了,原来都好好的呀,没一丁点儿问题的!我还听陈明外说,那些被他睡掉的女人十有八九都会回来找他。"

老板再次喊道:"你可真是个王八蛋啊!你还有没有人性了?"

刘同让老板少安勿躁,接着问道:"那你昨天晚上是不是给一位短发美女

罪无赦（二）

下了药？"

"什么短发美女？"薛菲的这句话让刘同目瞪口呆，"就一短头发女的。"

瘦子连连点头："是，是给一个短头发女的。"

刘同掏出手机，迅速翻出齐兮兮的照片给瘦子看："是这个美女吗？"

瘦子眯眼儿一看："对对对，就是她。"

"她是一个人来的，还是和朋友一起来的？"

"和朋友一起来的，她那几个朋友去舞池玩了，她一个人坐在这儿喝酒，否则陈明外也没搭讪的机会。"

李亨毫无征兆地掏出手铐，大胡子老板的心似乎被金属的碰撞声强烈地撩拨了一下："刘队长，你们要把他带回局里吗？"

"没错，他是共犯。"刘同轻轻点头。

"那……我没关系吧？"

"和你无关，不过你要注意了，合法经营，我不希望再有这种事儿在你店里发生。"

"好的，刘队长，谢谢你啊。"

看着被铐住双手、泪流满面的瘦子，刘同说："还有什么需要给你们老板交代的？"

"老板！"瘦子抽泣着，"我老婆就要临产了，请把我这个月的工资交给她。"

"早知今日，何必当初呢？"老板一脸丧气地说，"行了，工资我会给她的，你放心吧。"

　　刘同在办公室的沙发上打了个盹儿，醒来已经是下午三点多了，章毅敲门而入，刘同连忙抹去嘴角的口水道："怎么样？化验出是什么东西了吗？"

"出来了，所谓迷魂水，其实是一种管制类精神药品，对人的中枢神经系统有抑制作用，喝了之后会产生浑身无力的感觉，还会产生记忆缺失，如果服用的剂量过多则会出现呕吐、昏迷等症状。"

"知道了，薛菲呢？"

"薛队说她下午不来了。"

"为什么？"

"她说她要出去购物。"

"好，知道了。"

"齐兮兮怎么办？立案还是不立案？"

"实实在在的正当防卫，没有立案的必要，待会我去找李局汇报情况，下

午和陈明外的家属见一面吧。"

"知道了。"

第五章

深藏

1

十月二十三日下午三点多,苏健再次见到了让他一见钟情的硬汉派女神薛菲,这位恃才傲物的心理学副教授,已经许多年没有一只小鹿在心里乱撞的感觉了,这是一种久违的感觉,程度不亚于初吻。他将这种特殊心理现象称为"死灰复燃的奇迹",又名"觉醒"或"癞蛤蟆的心跳"。

苏健认为薛菲能主动约他,十有八九是因为薛菲对他的好感度有所增加,而且从薛菲略显烦恼的面容来看,今天的她应该非常需要一位治愈系心理导师。

但苏健确实想多了,薛菲今天约他出来喝咖啡,目的只有一个,那就是想让他帮忙分析一下临危不乱的齐兮兮。

薛菲像喝毒酒那样一口喝干了杯里的咖啡,苏健不禁笑道:"这样喝咖啡可不好,太粗鲁了,会给人留下很差的印象。"

"要什么好印象?我又不跟你结婚,你要不乐意……等我问完话,你再滚蛋。"

"我不是这个意思,能不能不要用敌对眼光来分析我说的话呢?又不是阶级仇人。"

"我有事儿要问你。"

薛菲的眉头终于舒展开来,苏健这才偷偷松了口气,伴着咖啡店里悠扬的钢琴曲,苏健缓缓闭起眼睛,满脸惬意地说:"那你问吧,关于哪方面的?"

薛菲一拍桌:"你能不能把死鱼眼儿给我睁开?"

苏健吓了一跳,差点从椅子上站起来:"你平时就是这么和别人接触的?"

"我拿你当朋友,别给我上杆子。"

苏健一脸尴尬:"好好好,你说吧,我睁着眼睛还不行吗!"

"你帮我分析一下,为什么一个看上去娇弱无力的女人杀了人后却特别淡定,说话的时候就像在菜市场买菜一样。不,买菜也有吵架的,比买菜还要淡定。"薛菲右手潇洒一挥,"好了,开始你的分析!"

苏健眉宇凝重:"你这……这算什么问题?你只告诉我性别和娇弱无力,这叫我怎么分析?能不能详细描述一下这位女士的人物信息和家庭背景呢?"

"三十来岁……"

"三十几岁?"

"这重要吗?"

"三十一岁和三十九岁的女人完全不一样,当然重要。"

"三十二三岁,行了吧?"

苏健满脸无奈,但又开罪不起,于是淡淡一笑:"你说行就行。"

"长得挺漂亮,一般漂亮吧。"

"那究竟是漂亮还是不漂亮呢?"

薛菲略显怒目,发出了低沉的磨牙声:"漂亮,漂亮行了吧?"

"你说行就行。"苏健坚定道。

"有老公,传说比较幸福……"

"传说?"苏健一个没忍住,哈哈大笑,"你要讲神话故事呢?那到底是幸福还是不幸福呢?"

"我警告你,你要是再无缘无故打断我说话,我会让你很难看。"

苏健神色一暗,立马收敛:"请说。"

"父亲早逝,母亲再婚,从小跟奶奶长大,现在是一名房产销售经理。"

"卖房子的?"

"对。"

"那口才一定很好吧?"

"气质也不错,听说经常得销售冠军。"

"这么厉害的女人,我倒想见识见识。"

"闭嘴,我还没说完呢。"

"哦,那你接着说。"

"几天前在夜店被一个年轻男子在酒中下药,男子在酒店试图强奸她,结果被她用刀捅死,大概就是这样,开始你的分析吧。"

罪无赦（二）

苏健深沉地点了点头，若有所思道："首先呢……我怎么觉得你有些嫉妒她？"

薛菲眨着眼睛，露出了一个狠戾的表情："我让你分析她，你分析我干吗？"

"好好好！你别生气嘛，我分析，这就分析。"

薛菲瞥了一眼手表道："抓紧时间，我还忙着呢！"

"根据仅有的线索，我的分析如下，仅供参考。三十二三岁，长相漂亮，气质、口才绝佳，销售冠军，这说明她是一个情商很高的人。"

"为什么？"

"卖房子这种事情搞来搞去都是那几个套路，智商再高，你也不能把公寓说出别墅的感觉，对吗？"

"有道理。"

"房地产商这么多，盖的小区一个比一个好，用楼盘品质和营销策略把顾客吸引过来，你也不一定能把房子卖出去。这里不是一二线城市，房子并不抢手，而且买家的选择又很多，想要快速回笼资金，销售工作是非常重要的环节。情商高的人善于社交，顾客与她沟通时会产生很好的服务体验。撇开别的因素不说，情商高低会直接影响到销售业绩，情商高的人，销售成绩往往会更好一些，这应该是一个比较普遍的现象。在我们出生的时候，情商并非一个定值，每个人的情商天生没有多少差异，它的高低程度基本取决于后天培养。我这么说，你能理解吗？"

"少说废话！"

"情商中最主要的一个部分是对情绪的控制，情商高的人可以让原本不能自控的情绪变为可控情绪，比如愤怒、绝望、激动、恐惧等等。除此之外，情商高的人理解他人的能力也要强于普通人，这样一来，与他人相处的能力也要强出许多。那么让我们来看看，你说她杀人之后为什么会那么淡定，正是因为她可以将一切负面情绪控制起来。在你看来，这就叫淡定。你说她是销售精英，这是为什么？因为她能够理解客户的想法，这是提高客户满意度的不二法门。三十二三岁与老公幸福度日，这是因为她能妥善处理婚姻关系中产生的各种问题，听明白了吗？"

"接着说啊！"

苏健抿了一口咖啡，笑道："父亲早逝，母亲再婚，从小在奶奶的身边长大，我们不能说这样的孩子童年不幸福，但至少在心理的某些方面一定存在缺失。你知道，孩子们具有强烈的攀比心理，在没有父母的环境中，虽然奶奶在一定程度上能起到角色替代的作用，但随着时间推移，这种作用会越来越弱，

心里的平衡感会逐渐被打破。这导致有些孩子会变得早熟，有些孩子会失去安全感，进而对社会产生恐惧，为了保护自己，他们会变得多疑冷漠甚至暴戾。你说的这个人，可能是一个比较早熟的女孩，用一般社会评价来讲，是一个懂事的孩子。"

"好了，你的废话太多了。"

"对了，还有一点，你说她父亲早逝，母亲再婚，这是她几岁时发生的变故？"

"不知道！"

苏健像孩子似的吐了吐舌头："成，那我来分析分析你，怎么样？"

"不许分析，我知道自己没情商！"

"不，你错了，你的情商高得惊人。"

薛菲疑神疑鬼地说："你在骂我吧？"

"你想想，从我进门到现在，你能把这种吃枪药的情绪控制在同一个水平线上，这情商能不高吗？"

薛菲咬牙道："别惹我，这是我最后的忠告。"

"行！惹不起你，再来杯咖啡吧？"

薛菲起身道："不喝了，我要走了。"

"这就走了？"

"啊！不然呢？"

"你真拿我当心理咨询师啊？"

"那是给你面子！"薛菲拿起外套，微微一笑，"钱我付了，不用谢。"

薛菲回到队里的时候，何落和李亨抓了一个入室盗窃的年轻人，薛菲问这小子偷了些什么，何落说他偷了人家女孩的两条内裤，这个答案不仅荒唐，而且具有强烈的传奇色彩。年轻人的打扮中规中矩，衬衣长裤黑皮鞋，完全一副上班族的样子，长相也老实巴交的，鼻梁上的金边眼镜甚至给人一种斯文的感觉。这样一个人，怎么会干出这么变态的事情呢？薛菲不动声色，观察了半天，试图像苏健那样进行一番分析。

李亨让年轻人老老实实坐在办公区南侧的长椅上，双手被反铐在身后的他，脸上的表情不知道是难受还是懊悔。薛菲拽了一把椅子坐在年轻人对面，笑道："多大年纪？"

"二十六。"

"不小了啊，何苦要去偷人家女孩的内裤呢？自己买两条不行吗？"

年轻人低下头，摆出沉默的姿态。

罪无赦（二）

"那女孩你认识吗？"薛菲又问，"喂喂喂！说话呀！"

"认识。"年轻人点头。

"同事还是朋友？"

"同事。"

"为什么要偷内裤？"

"我……喜欢她。"

"喜欢就说出来嘛，为什么非要这样呢？你知不知道入室盗窃的后果？"

年轻人摇着头，一脸懵然的样子："我喜欢她身上的味道，内裤上全是她的味道。"

"你怎么会这么变态？第几回了？"

"第二回。"

"怎么被发现的？"

"算错时间被她碰着了。"

薛菲不禁咋舌："偷内裤这种事儿一旦传开的话，你往后该怎么办呢？"

"只要不坐牢，换个工作呗。"

"你倒真心想得开呀，我都不知道该怎么说你……"

李亨伸了个懒腰，打着哈欠道："他这变态心理可不是一两天能练出来的，这是一个渐变的过程，想要再变回去，我看得拔根儿！"

年轻人脸上掠过一丝震惊的表情："拔根儿？"

"对啊，拔根儿！这可是一个千载难逢的机会。既然进来了，我们就得让你健健康康地出去。"李亨口若悬河，嘴角漾起几缕诡异的笑容，"你说对不对？"

拔根儿这话要是放在古代，估计这年轻人早尿了。

薛菲跷起二郎腿，正准备再盘问几句，不料刘同突然从走廊里探出脑袋，一本正经地喊道："薛菲，你过来一下。"

薛菲快言快语道："找我干吗？"

"有正事儿。"

"什么事儿？"

"你来办公室，抓紧时间。"

来到刘同办公室，薛菲装傻犯愣，机智地保持了沉默。刘同坐在椅子上，无可奈何地说："你这几天到底怎么了？"

"没怎么呀？"

"那你站着干吗？快坐呀！"

"不好意思，我减肥。"

刘同一声冷笑:"好,我算怕了你。叫你来是要告诉你一件奇怪的事儿。"

薛菲一听,原本冰冻三尺的面容立马鲜活了许多:"哦?什么奇怪的事儿?"

"终于来劲儿了。"

望着刘同欲语还休的架势,薛菲不禁皱眉道:"少啰唆,快说吧。"

话说到这分上,刘同也不好意思再吊她胃口,于是起身笑说:"这件奇怪的事儿和李静有关。"

"李静?李静又怎么了?是不是那个混蛋张鹏又去砸铺子了?"

"砸什么铺子。"刘同将手里的铅笔丢进面前的笔筒道,"人都不见了。"

"什么?人不见了?你这话什么意思?"

"半个小时前,张鹏他妈去桔梗路派出所报警,说张鹏失踪了。"

"失踪了?他妈不知道自己儿子在外面躲债吗?"

"他妈说这小子往常出去躲债,每隔一两天就会打电话给她,这次一连十天都没信儿,电话也打不通,老太太觉得不对劲儿就去报警了呗。"

薛菲好像瞬间失去了兴趣:"我看也没必要找他,说不定在什么地方花天酒地呢。"

"我是觉得有些不大对劲儿。"

"有什么不对劲儿的?"

"还是因为李静。"

薛菲终于坐了下来,定了定神,沉着冷静地说:"因为那天晚上她穿了张鹏的风衣吗?"

刘同端起自己的茶杯喝了一口,沉思道:"没错,我就是想不通,李静本来就和张鹏势如水火,更何况那天夜里张鹏还动手打了孩子,并且打得不轻,李静怎么可能愿意穿张鹏的衣服离开呢?"

薛菲有意无意地说了一句:"这男女之间的事情,谁能说清楚呢?"

"这倒也是,不过人家报案了,咱么总得走一趟吧?"

薛菲叹了口气,扭了扭腰,感觉浑身不舒坦:"喂!我说这种失踪的案子就不劳您去了吧?派出所那边又不是解决不了,瞎操哪门子的心呢?"

刘同缓缓来到薛菲身旁,胳膊自然而然地搭在薛菲肩上,一副卑躬屈膝的样子缓缓展现出来:"我说,能不能陪我去一趟啊?"

薛菲一把甩开刘同的手,双眉向上一挑,轻声笑道:"你这是在求我吗?"

"当然!"刘同一脸谄媚,"怎么听都不像命令吧?"

"我有一个条件,你答应了,我就去。"

"好啊!说说看?"

深藏

罪无赦（二）

"今晚你得约我吃饭！"
"没问题，沙县小吃怎么样？"
"你上辈子是抠死的吗？"

2

就算占尽天时地利人和，该倒霉还得倒霉，该闹心还得闹心。在许多人眼里，像李源这样的人生赢家，哪儿会有什么烦恼？可生活毕竟是自己的，酸甜苦辣个中滋味只有自己心知肚明，能拿出手让别人欣赏的，都是伪装起来的浮华。

卢思美站在别墅阳台上，她已经独自在此看了四个日落，算上即将来临的这次，正好一个巴掌。小的时候，爸爸在院子里一棵大苹果树下教她下象棋，关于如何排兵布阵，卢思美早已忘得一干二净，但爸爸的一句话却随着时间的流逝越发清晰：孩子，人生和下棋一样，不能悔棋，这是它们共同的规则。

卢思美知道，有的规则是人定的，需要的时候尽可以改；有的规则是天定的，除了后悔，没有任何办法。

今天的海面无比平静，那一道道海浪宛若画家用笔尖轻轻掠过后留下的线条，再过一个小时，血红的夕阳便会沉入海底。那些在海边嬉戏的人们也会离开沙滩，留下一些色彩鲜艳的垃圾让工作人员去打扫。

李源的电话仍然打不通，就算打通，卢思美也能想到他会用怎样冷漠与敷衍的态度和自己对话。这些天来，李源仿佛变了个人，虽然他还是用"工作很忙、事情很多"之类的话来搪塞，但卢思美早已察觉到来自李源的一股股敌意。这和女人的第六感没什么关系，也不是李源隐藏得不够深邃。这种突变的感情就像秋天的脚步一般难以察觉，而卢思美却是一片敏感的银杏叶。

她想给远在西班牙的爸爸妈妈打个电话，却不知从何说起。她不停地翻动手机通讯录，最后还是打给了陈明外。这个帅气的小伙子已经许多天没接电话了，现在依旧处于关机状态，微信也毫无动静，这不禁让卢思美开始质疑陈明外过去经常挂在嘴边的那些甜言蜜语、海誓山盟。

卢思美拿起酒瓶，向那只五光十色的玻璃杯中注满红酒，然后一饮而尽。一股酒力涌上心头，她决定等李源回来，告诉他自己想要回西班牙住一段时间的想法。也许在时间的冲刷下，一切都会好起来的。

是夜,刘同和薛菲在张鹏母亲带领下再次来到张鹏的住处,这位头发花白的老太太左手一直在哆嗦,精神状态却不错。入秋的天气渐凉,她倒没怎么添衣,仍旧穿着一件轻薄的玫红色V字领老年衫。刘同将手里那半截儿烟丢在地上后,张鹏的母亲终于拧开了那扇贴满电话号码的绿色铁门。这间两室一厅的房子弥漫着一股难闻的气味,初步判断应该是下水管道里泛上来的臭气。

老太太喊了几声张鹏的名字,声音却像石沉大海,毫无反应。打开室内灯,昏黄的光线让整个客厅显得死气沉沉,再加上沙发、茶几上摆满了乱七八糟的东西,不用证实也能猜出这间屋子的主人肯定是一个邋里邋遢的单身汉。窗台上摆满了啤酒瓶和方便面的纸箱子,看来张鹏的生活状态应该不会太好。

老太太把几个屋子的窗户全都打开,偶尔飘来的晚风终于将恶劣的空气质量提高了不少。刘同站在客厅中央,环顾四周,突然发现厨房门前的冰箱似乎有些不大对劲儿。照理说,冰箱应该贴墙安放,看上去也会自然许多,但此刻冰箱的左侧稍稍向外倾斜,视觉效果叫人心里十分别扭。

"阿姨!"刘同问老太太,"厨房门口的冰箱平时就这么放吗?"

老太太瞥了一眼:"你不说,我还没注意,这冰箱怎么放歪了?"

打开冰箱上层的冷藏室,一股浓浓的腐臭味儿从黑漆漆的空间里喷了出来,呛得薛菲连忙捂嘴,老太太皱起眉头猛扇鼻子。

"冰箱的内灯没亮,是不是坏了?"薛菲问。

刘同看了看冰箱背后,望着空荡荡的电插座道:"没插电。"

薛菲打开手机灯光照亮一看,发现冷藏室里根本没几样东西,只有一个绿瓷盆儿里放着半只腐坏的白斩鸡。打开冷冻室的门,一股更加浓烈的腐臭扑鼻而来。

"都是些什么呀?"老太太有些扛不住了,急声问,"怎么会这么臭呢?"

灯光从冰箱的塑料上反射进薛菲的眸子,她眨了眨眼低声问刘同:"是不是那个?"

刘同摇了摇头说:"不知道。"

薛菲显得更加谨慎:"要不要戴双手套?"

"你有吗?"

薛菲立马从裤兜里摸出一双白手套递给刘同,刘同下意识向后退了半步,眼下的情况的确有些尴尬,要是打开抽屉让老太太看见自己儿子的脑袋枕在里面,后果估计是不堪设想的,要知道这个年纪的老人多多少少都有些身体疾病。但当着老太太的面儿,刘同又不能把话说得太清楚,于是转头一脸傻笑道:"薛菲啊,让阿姨带你到客厅看一看,我怕这里面有什么影响身体健康的气体喷出来,咱们年轻人没关系,老人身子弱,可不一定能扛住啊。"刘同说

罪无赦（二）

罢，连连眨眼。

"对啊，我怎么没想到呢？"薛菲立刻听懂了言外之意，于是将手机交给刘同，转身笑道，"阿姨，你带我到别的屋子看看吧。"

望着眼前这三层神秘又暗淡的抽屉，刘同心里多少有些忐忑，按理说，身为刑警队长也算身经百战，不是没见过大场面，可说不上为什么，此刻他额头上却还是渗出了一层细密的汗珠。

他顿了一下，重拾精神，然后将手指抠进抽屉的凹槽，往上轻轻一顶，向后拉开，一片腐烂的猪肉缓缓映入眼帘，真是令人浑身不适。刘同没有放松，接连打开第二个和第三个抽屉，里面分别装着一袋腐烂的猪大肠和两袋速冻水饺。

看来是多心了！

刘同立马合起抽屉，关上箱门，快步来到门口点了支烟。他深深吸了几口，心里的恶心劲儿才勉强被一点点压回去。说句实在话，能在弥漫尸臭的环境中不戴口罩面不改色的人，刘同还真没见过。电视剧里那些捡起尸块凑近鼻子闻来闻去的家伙，刘同认为不是嗅觉失灵就是脑子有毛病。

薛菲和老太太从卧室里走了出来，见刘同倚在门框上吞云吐雾，便问："有情况吗？"

"没有。"刘同扔掉烟头，走进客厅，"卧室里有什么发现？"

薛菲摇头道："没有。"

"厕所呢？"

"也没有。"

老太太皱眉问："警察同志，冰箱里是什么东西啊？"

刘同淡淡一笑："哦！是几块放坏的猪肉和两袋速冻水饺。"

"猪肉？"

"对啊！有什么问题吗？"

"他一个人的时候从来都不买肉的，除非孩子来了。"

"您的意思是，假如张晓光和张晓亮来的话，他会给孩子做饭？"

"没错。"老太太点头道。

"可据我所知，他经常对孩子动粗。前些天，我们在学校见到孩子的时候，两个人都被他打得鼻青脸肿，您说他给孩子做饭，我真是有些不敢想象。"

"谁家不打孩子？"老太太说，"难道你爸爸妈妈没打过你？"

刘同知道老人思想守旧，所谓棍棒底下出孝子，也不好争辩："您说得也是。"

"我这儿子能落到今天这般田地也不能全怪他，赌博固然不对，但那个臭

女人也不是好东西！"

当妈的护犊子，刘同也能理解，但眼下都成了这种人渣，再护短就是自私了。可刘同不好做道德上的评判，只能装傻充愣地问："哦？您说的臭女人是李静吗？"

"还能有谁？"老太太的口气霸道了许多，"她第三者插足也就罢了，教儿子不许认爹，这算什么？简直是孽畜！"

"孽畜"这个词，刘同似乎很久都没听过了，只记得电视剧《西游记》里会经常喊到。刘同细声细语说："阿姨，您别生气，我再看看房子，您先歇一会儿。"

"这人都不在，还有什么可看的？"老太太话里话外都显得不大高兴。

薛菲连忙帮腔："阿姨，这人失踪了，留下线索的地方往往就是居住地，帮您找人，我们不得仔细点儿吗？"

"好吧，那你们找吧！"老太太转头向沙发走去。

"老话讲得好，慈母多败儿啊！"刘同暗自嘀咕，视线却不停在地面和墙上搜索。突然，他无意间发现餐桌一侧的墙面上有几块区域明显要比别的地方白。

"薛菲，你来看！"刘同的声音略显激动。

"怎么了？"

"你看这几块地方，像是不久前用什么东西蹭过。"

薛菲的视线上下左右扫了个来回："没错，可能是砂纸。"

"可是墙角下却没有一丁点儿白粉。"刘同脑海中浮起了许多个词汇，然后若有所思地说，"你想想，他为什么要蹭墙？"

"有脏东西？"

"一个生活如此邋遢的人，真的会在意墙上的脏东西吗？而且客厅里的墙也很脏，为什么偏偏选择蹭这儿呢？"

"说不定这地方泼了很脏的东西，实在看不下去，所有就单独蹭了蹭？"

"有这种可能？那问题是泼了什么呢？"

"这谁知道？"

刘同收回思绪，笑眯眯地看着薛菲："你有没有发现，这个屋子整体显得又脏又乱，但我进门前发现唯独一样特别干净，你发现了吗？"

"特别干净？"薛菲眼珠一翻，嘴角一扬，"我可真没看出来，你说说？"

"地板！白色的地板砖十分干净。"

薛菲的视线在地上画了个半圆，然后又向客厅远望："你这么一说我才发现，的确如此。"

罪无赦（二）

"你不觉得奇怪吗？"

"有一些。"

刘同蹲下身子，估计是因为看不清，索性直接双膝跪地，薛菲循着刘同的目光看去，发现墙角下那条咖啡色的踢脚线上仍有一点点白色的粉末："薛菲，手机灯光！"

"好！"

强光之下，白色的粉末更加清晰，刘同在地上爬来爬去，最后低声道："薛菲，这儿有一丁点儿微红色的粉末，你猜是什么？"

薛菲沉思片刻："……不会是血吧！难道是那两个孩子的血？"

"再猜？"

"别卖关子了，你认为是什么？"

"我也不知道。"

"那怎么办？"

刘同挺起身子，长长松了口气："你去卧室的枕巾上收集一两根头发，我打电话叫章毅他们过来。"

"好。"

3

所有不期而遇都可能是另一个故事的开始，李源和齐兮兮似乎都非常清楚，这个故事正在悄然发生。他们内心对彼此的感情极为复杂，凌乱的回忆像白毛风一般猛烈地刮过脑海，从激动到憯然，最终连感慨的余地都没有留下。

繁花市东林塔，号称"小东方明珠"，顶层的旋转餐厅此刻回响着阿姆斯特朗的经典爵士歌曲 What a wonderful world，室内的金碧辉煌与窗外的五光十色相互杂糅，好在视野开阔，倒不会叫人感觉太过压抑和拘谨。

夜幕之下，齐兮兮和李源坐在窗边的一张圆桌前，这些秀色可餐的美味佳肴，齐兮兮却难以下咽。这个角落的灯光稍显昏暗，望着齐兮兮泛着浅浅光晕的侧脸，李源就像在欣赏一尊精美的雕塑，他卸下一切防备，内心深处的安全感莫名增进了不少。

齐兮兮将视线从城市的霓虹里收了回来，露出了一个似乎有些勉强的笑

容:"我想我们以后还是少见面的好,你说呢?"

"单纯想请你吃饭而已,真的,没有任何别的企图。"

"真的吗?"

李源连忙道:"不知道怎么说,我就是想见你。"

"为什么?"齐兮兮淡淡地问,"为什么想见一个已婚女人呢?"

"已婚和未婚有什么区别吗?"

"当然,我现在和你坐在这里吃晚餐,心里就很有负疚感,我会想到自己的老公还在银行的办公室里喝着廉价咖啡,忙得头晕目眩,难道你没有吗?"

"当然没有,只是一顿晚餐而已,为什么要有负疚感呢?"

"是啊,这就是女人和男人的区别吧!"

李源笑得无奈:"兮兮,别把事情想得太复杂,好不好?"

"我杀人了,你相信吗?"

"什么!"李源满脸震惊,连忙环顾四周低声道,"杀人?"

齐兮兮又眺望窗外,然后转头微微一笑:"是啊!杀人。"

李源嘴角微微一扬:"兮兮,又在和我开玩笑了吧?"

"你好好想想。"齐兮兮握起面前的高脚杯缓缓转动着,"前些天有没有接过一个警察的电话?"

"警察的电话?"李源不禁坐直身子,眼神直勾勾地望着齐兮兮,眨了眨眼道,"你这么一说,我好像有点儿印象,那个人叫我去警局配合调查,我以为是诈骗电话就给挂了。难道是真警察?"

"当然!"

"但是……为什么要我配合调查呢?"

"因为我杀人之后,不小心把你的名片留在现场了。"

"兮兮,你没和我开玩笑吧?"李源仍有些难以置信。

"你认为这种事情,我会和你开玩笑吗?"

"那你杀的人呢?"

齐兮兮的脸上绽开了一个孩子般的微笑:"你这个问题好奇怪呀,你是想问他去天堂还是去地狱了吗?"

"死了?真死了?"

"当然。"

"那,那……那警察为什么没来抓你?"

齐兮兮抿了一口红酒,靠着沙发道:"因为我自首了。"

"自首?"李源不禁一声哼笑,"兮兮呀,你又跟我闹着玩,要是自首的话,你还能坐在这儿吗?难道不应该在看守所里?"

罪无赦（二）

"你知道那个死人是谁吗？"

"谁？"

"陈明外。"

"什么？"李源像压缩后的弹簧一样从沙发里蹦了起来，"怎么是他？"

"干吗这么激动？"

李源愣了一下，又缓缓坐了回去，"兮兮，上次我只是随口一说……没错，我是恨他，但我没让你去杀他……"

"你想多了，他在我酒里下药试图强奸我，我不得已才下的手。不过下手之前，我的确有一点儿为你泄愤的想法。"

"可是他喜欢在女人酒里下药的事情是我告诉你的……"

"好了，我不想说这件事了，总之你现在又可以和卢女士共度幸福的夫妻时光了。"齐兮兮嫣然一笑，"怎么样，别墅还满意吗？"

"那……你真的没关系吗？"

"都说了，我不想再说这件事了。"

"兮兮！"李源突然握住她的手道，"今晚别回去了，好吗？"

他们十指相扣，相对无言。

凌晨十二点半，头晕脑涨的张旭升终于回到家中，他卸下肩头沉重的电脑包，一阵灼热的酸痛感在脖颈上来回游走。近一个月来，辞职的同事已经排成长龙，他不知道是什么能让自己如此坚持，也许是信念，不，什么狗屁信念，还不是为了多挣些钱好让老婆在家里踏踏实实地生孩子。这是一个不可抗拒的理由，是这个理由让张旭升在无数次即将被恶毒的行长压垮时，再度闪出坚毅的眼神。

为了这个家，张旭升是一个可以粉身碎骨的男人。

客厅里没有留灯，张旭升悄悄来到卧室，却没有在床上发现齐兮兮的身影。他看了看另一个卧室，又看了看厨房厕所，还是没有妻子的踪迹。他回到客厅，刚刚掏出手机，突然看到茶几上放着一张彩色纸条，拿起细读：" 老公，我要出差去趟广州，明天下午回来，照顾好自己哟！爱你的老婆。下午四点三十七分留。"

"我说呢，原来出差了。"张旭升不放心，还是打了一个电话，想不到齐兮兮处在关机状态，于是他在微信里留了一句话，"我刚回来，看到你的纸条了，打电话想问候你一下，估计你已经睡着了。出差记得多喝水，别忘了吃早餐，你不用担心我，明天见。"

齐兮兮不在家，张旭升也不想立马睡觉，正好明天休息，而且凌晨有一场

082

球赛，张旭升是那支球队的铁杆粉丝，所以立马又精神起来。

他打开电视，从冰箱里取了几瓶啤酒，然后摆出一个最佳姿势卧进沙发，试图将自己调整到最放松的状态。

电视屏幕停留在繁花卫视，一位女记者正在采访一位中年男人，他身后的背景应该是东林塔顶层的旋转餐厅。张旭升之所以能分辨出来，是因为几年前他正是在那儿将钻戒戴在了齐兮兮手上。

记者问道："像我们这么高档的餐厅出现甜点发霉的事情，您认为主要问题出在哪里？"

男人支支吾吾说了一大堆，总之把责任统统推给了后厨，最后才轻描淡写地向投诉顾客致以了所谓最诚挚的歉意。

"这么高档的餐厅居然也会坑爹啊？"张旭升暗自嘀咕，镜头一闪，餐厅的整体格局出现在眼前，不远处角落里一个短发女人张旭升十分眼熟，但镜头又一闪回到了记者面前。

"是兮兮吗？应该不会吧？"张旭升确信自己看花了眼，所以并没有在意，拿起遥控器转到体育频道，绿茵场上两支球队正在入场，张旭升痛饮一口啤酒，有滋有味地看了起来。

第六章

镜 子

1

第二天一早,当李源回到别墅,卢思美闷声不吭地坐在桌前吃早餐,李源放下手里的西服往桌上扫了一眼,看到两杯牛奶便知这是一顿双人早餐。气氛似乎有些尴尬,但李源又不知尴尬在什么地方,卢思美的沉默与微笑并存,让李源的心里更加别扭。

"今天起这么早?"李源平时沉稳的声调竟出现了些许颤音,"还不到七点啊,干吗不多睡会儿呢?"

"昨天睡得早。"卢思美剥开一枚鸡蛋放进李源的盘子道,"也不知道你回不回来,但还是做了两份儿,快吃吧。"

"昨天太忙了,晚上又是应酬,所以就……"

卢思美好像没有一丁点儿不悦,反而嫣然一笑,抢过话茬儿道:"没关系的,我知道你忙,不用解释。"

卢思美一副与世无争的样子让李源气不打一处来,但窗外的阳光轻轻柔柔地洒在桌上,一切都显得那么和谐与自然,李源不由得把怒火又吸了回去。他用湿纸巾擦了擦手,然后抓起一块烤面包看了看:"这是你自己烤的吧?"

"对啊!在西班牙的时候不是经常烤给你吃吗?"

"我说怎么这么眼熟。"李源咬了一口,边嚼边点头,"昨天烤的吧?"

卢思美笑道:"对啊。"

"昨天就在准备今天的早餐了?"

"很奇怪吗?"

"那倒不是,不过总觉得你今天心事重重的。"

"是吗?怎么看出来的?"

"感觉吧,一种感觉。"李源用筷子扎开鸡蛋,将蛋黄挑出来丢进脚下的垃圾桶,说道,"这个鸡蛋可真大,像鸭蛋。"

卢思美那双仿佛能穿透人心的眸子微微一闪,似乎突然想起了什么,她将面前的牛奶杯移开,双臂叠在桌上,像小学生那样挺直身子道:"记得咱们刚同居的时候,好像也是个秋天吧?"

"好像吧?西班牙的秋天。"

"所有的山脉、草原、峡谷一夜都变了颜色,五彩斑斓的风景就像魔法变出来的样子。"卢思美用手拄着下巴,露出了一个久违的天真微笑,"你还记得费尔南多叔叔的葡萄园吗?"

"当然!摘完葡萄,叶子都变成红色,黄昏的平原就像被烈火拥抱了一样。他的酿酒厂永远飘着一股淡淡的果香,咱们在酒窖里躲了整整一夜。"

"对啊,咱们偷酒喝,都喝醉了,你说你爱我,抱了我整整一夜。"

李源淡淡地说:"怎么突然想起这些了?"

"还记得那片金色森林吗?"

"记得。"

"你牵着我从这头走到那头,从那头又走回来,你说要是能永远这么走下去该多好啊。你采了一堆毒蘑菇准备给我做菜,还记得吗?"

"当然。"

"那个时候你吃鸡蛋,吃了蛋白,会把蛋黄给我,你知道我喜欢吃蛋黄,没错吧?"

"……不好意思,我刚才忘了。"

"没关系。"

"小美,你是不是想回西班牙了?想你爸妈了?"

"我可以回去住一段时间吗?"

李源不温不火地说:"当然,需要我给你订机票吗?"

"……我回去的话,这里就你一个人了。"卢思美若有所思地说,"要不你和我一起回去,咱们住半个月再回来,好不好?"

李源轻描淡写地说:"你回吧,这边的市场鱼龙混杂,没人照顾肯定出乱子。"

"哦,那好吧。"卢思美轻声道,"你能照顾好自己吗?"

"你就放心吧,回去好好玩。"李源冷冷地说。

罪无赦（二）

虽然卢思美没有察觉到这句话更深层的含义，但李源一副无所谓的表情让她实在不太舒服，从热恋到结婚再到今天这番景象，李源的形象在卢思美眼中不断发生着变化，就像同一具肉体在不同的时期装载着不同的灵魂。

李源又拿起一颗鸡蛋剥了起来，然后同样用筷子挑出蛋黄，并再次丢进了垃圾桶："小美，给你说一件特有意思的事儿，想听吗？"

卢思美眯起眼睛，微微一笑："想啊！"

李源将蛋白放进嘴里，接着用纸巾擦了擦手，点头道："我也是昨天晚上听说的，特别有意思，你听了肯定会特别惊讶。"

卢思美心里猛地一跳，不禁忐忑起来："那你快说呀！"

"昨天晚上在一家叫'都灵之夜'的场子里应酬客户，那儿的服务员给我们说了件新鲜事。"李源一阵冷笑，转而镇静地说，"前些天有个跳街舞的小伙子，串通酒吧服务员往女顾客的酒里下迷药，准备强奸女顾客，谁曾想刚到酒店就被女顾客用刀给捅死了，啧啧啧，真是想不通，现在这些江湖卖艺的怎么这么坏，真是死有余辜啊，你说对不对？"

卢思美一脸僵笑："是啊，真是坏透了。"她拿起牛奶杯抿了一口。

"小美，像这么混乱的地方你可千万不要去，知道吗？"

"知道了。"

"现在想一想这小子倒是挺可怜的，二十来岁正当年就这么挫骨扬灰了。"李源连连咋舌，嘴角轻轻一扬，"……不过名字倒是挺特别的，听服务员说好像叫陈什么外。"

卢思美手里的牛奶杯顷刻倒在桌上，洒了一桌牛奶。李源连忙抽出一堆纸巾盖在牛奶上，笑道："小美，你这是怎么了？"

"对不起，手滑了一下。"卢思美低头忙擦。

望着卢思美方寸大乱，李源笑得津津有味："说什么对不起啊？咱们之间有什么对得起对不起的，好了，快别擦了。"

卢思美起身道："你吃吧，我上楼收拾些衣服，下午就走。"

"这不行啊小美，最近几天你还不能走。"

"为什么？"

"是这样的，繁花市商会会长发了邀请函，过些天在玫瑰庄园有一场企业家晚宴，你一定要陪我去的。"

"过几天？"卢思美的笑容彻底消失了，原本暖意盎然的声调也变得冰凉彻骨。

"好像是四天后吧？你不去的话，我会很尴尬的。"

"好吧，我陪你去。"

李源起身，迈着华尔兹一般的步伐来到卢思美身旁，一把搂起卢思美的腰肢，在她耳畔柔声细语地说："谢谢老婆，我爱你。"

卢思美的表情谈不上难过，也算不上喜悦，她迅速挤出了一个十分勉强的笑容，低声道："我也爱你。"

说罢，卢思美缓缓推开李源，独自上楼去了。当她的脚步声彻底消失在静谧的客厅里，李源回到餐桌前，把剩余的四颗鸡蛋全都剥开，然后将蛋黄统统丢进卢思美的牛奶杯，自言自语道："你不是爱吃蛋黄吗？吃啊？好好吃啊？"

2

李静在薛菲心里已然树立了一个孱弱可怜与习惯向暴力妥协的女性形象，无论如何，她都无法相信张鹏的消失与李静有什么关联，刘同却隐隐觉得这女人的心里也许藏着一个巨大的秘密。

这种感觉并非无源之水，它来自许多已经掌握的线索。

十月二十四日下午两点多，刘同和薛菲再次来到李静的美甲店，与上次不同的是，今天的生意看起来非常不错，四五个女孩坐在店里有说有笑，气氛显得非常活跃。李静面色绯红，说话时也妙语连珠、笑声不断，气色比第一次见面时好出太多。

刘同进门打了招呼，李静让他和薛菲在椅子上稍作等候，约莫十分钟，她做完指甲，然后客气地让其他女孩先行离开。

刘同略带歉意地说："其实让她们等等就好，我们用不了多长时间。"

李静笑道："没关系，她们都是老顾客，明天再来也一样。"

"那真是不好意思了。"

"您千万别这么说。"李静倒了两杯水放在二人面前，然后坐在对面问，"二位今天找我，有什么需要帮忙的吗？"

"帮忙谈不上，就是问几个问题。"

李静略加思索："还是与吴德华有关吧？"

刘同摇着脑袋，轻描淡写地说："不，和你的前夫张鹏有关。"

李静的眼神左右晃动了一下，然后十指相扣，轻声问道："他……怎么了？"

薛菲沉着冷静地说："张鹏失踪了！"

罪无赦（二）

"你们也许不太了解他。"李静一脸苦笑，斩钉截铁道，"在我没和他离婚之前，他为了躲债，有时一两个月都不回家，电话也打不通的。您说他失踪了，也许是去躲债了吧。"

"关于他躲债的事情，我们通过走访大致了解一些，你说得没错，张鹏以往出去躲债的确会关闭手机，半个月不回家也是正常现象，这次和以往却有所不同。"

李静连问："有所不同？有什么不同？"

薛菲说："以往出去躲债，他每隔两天就会打电话给他母亲，也就是您的前任婆婆，而这次却连续十天杳无音信，到现在仍处于失联状态，张鹏的母亲感觉有些反常，所以去派出所报了失踪。"

"会不会是电话欠费？"

"张鹏的母亲早就给张鹏充过话费了。"

李静憎然一笑："那我就不知道了，这些天他也没来找过我。"

"是吗？"刘同意味深长地笑道，"你上次说魏冬芹遭袭击当晚你在小区门外打车离开，是去张鹏的住所接孩子了，这没错吧？"

"没错。"

"在去往张鹏家的路上，出租车司机与另一辆汽车发生了刮擦，有这回事儿吗？"

"是的，刮擦之后司机和对方车主吵得天翻地覆，我问司机还走吗，他说不走了，所以我重新打了一辆车。"

"你是从张鹏家小区的后门进入的，对吗？"

"是的。"

刘同端起水杯喝了一口，接着问："为什么不走前门要走后门？"

"小区里有很多人都认识我，我怕碰见熟人。"

"为什么？"

"许多人都知道我们离婚了，要是被他们看见，我怕又传出什么闲言碎语，所以每次去张鹏那儿的时候，我都从后门进去。"

刘同微微点头："这倒也是，有些人说话的确不好听，明明是这样，非要说成那样，无中生有的事情传起来比高铁还快，我能理解。"

"谢谢刘警官。"

"那么当你赶到张鹏家的时候，具体是什么情况？他还在打孩子吗？"

"不，我赶到的时候，孩子们把自己反锁在厕所里，张鹏一个人在喝酒。他满脸是血，后来我才知道他打孩子的时候，晓光用餐桌上的烟灰缸砸了他的鼻子。"

"哦?你的意思是孩子还手了?"

"没错。"

"那你当时有没有看到餐桌一侧的墙上有好几片血迹?"

李静略微思考后摇了摇头:"这我倒没注意,因为我看到孩子满脸是伤,脑子里一片空白。您说的血迹是什么?"

"那面墙有好几片地方可能被砂纸打磨过,我们在墙角下发现了一些大白粉,其中掺杂了血液,我们在张鹏枕头上和刮胡刀中提取了一些DNA样本进行比对,发现它们来自同一个人。"

"您是说墙上的血是张鹏的?"

"十有八九。"

"会不会是孩子用烟灰缸砸他的时候溅在墙上的?"

"应该吧,但奇怪的是我们没有在现场发现带血的烟灰缸。"

"我去的时候那只烟灰缸已经摔碎了,估计被张鹏丢了吧。"

"原来如此。"刘同深深地点着头,"看到孩子被打,你和他吵架了吗?"

"没有,我知道吵架毫无作用,所以我没有吵。"

薛菲的表情渐渐凝重起来,她停下手中的笔录,问道:"后来呢?"

"后来我让孩子们先回家了。"

"那你呢?"

"我准备和张鹏好好谈一谈。"

"所以你没有和孩子一起回家,而是留在了张鹏的住处?"

"对,我想心平气和地跟他聊一聊。"

"聊什么?"

李静哽咽了一下,缓缓泪目道:"我让他不要再来见孩子,他说可以,只要我给他一笔钱,他保证以后不会再来打扰我们生活。"

"他要多少?"

"五十万。"

"你答应了?"

李静点头道:"是的,我答应了,但我对他说这笔钱只能分期给他,每年给他八万。"

刘同接茬儿问道:"你们聊了多久?"

"大概一个多小时。"李静抽了张纸巾,轻轻拭去眼角的泪花,"他简直是一个恶魔,有时候我真想杀了他!"

刘同瞥了薛菲一眼,道:"你们聊完之后呢?"

"我想如此一来,孩子们应该不会再来了,于是我找了一只行李箱,把孩

罪无赦（二）

子们留在卧室里的衣服全都装了起来。"

"之后呢？"

"之后我就回来了。"

"你没有回家，而是直接到美甲店做了一晚上泥塑？"

"是的。"

刘同放松身体靠在了椅子上："还有一个问题我比较好奇。"

"请讲。"

"据后门卖烧烤的大姐回忆，你离开的时候穿着一件特别宽松的风衣，看上去像一件男式风衣，请问是张鹏的吗？"

"当然不是，我怎么可能穿他的衣服呢？"李静长长出了口气，然后晃了晃纤柔雪嫩的手腕道，"那件风衣原本是要送给公公的生日礼物，没想到公公突然离世，就一直放在孩子们的衣柜里，我也是收拾衣服的时候偶然发现的。正好那几天有些感冒，将近凌晨气温又不太高，所以离开时就穿上了。"

"行李箱拿回家了吗？"

李静摇头道："没有，还在这儿。"

刘同一本正经地问："能拿出来给我们看看吗？"

"当然。"李静起身从美甲桌下抽出了一只蓝色的行李箱，正如后门卖烧烤的大姐所说，这是一只挺大的行李箱，"就是它了。"李静将行李箱放在刘同面前。

"这是多少寸的行李箱啊？"刘同问道。

"二十九寸吧。"

"怪不得这么大，能打开看看吗？"

李静的表情突然凝重起来，她怔怔地望了刘同三秒钟，然后释然一笑："没问题啊。"李静将箱子放平，然后拉开拉链揭开盖子，映入眼帘的是一些牛仔裤之类的衣物。

"衣服并不多嘛，为什么要用这么大的箱子呢？"薛菲问。

"这本来就是我的行李箱，所以就一并带走了。"

刘同的视线在箱子里来来回回扫了好几遍，并没有发现任何异样之处，于是道："那件风衣在哪儿？能给我看看吗？"

李静在箱子里翻了翻，最后抽出了一件米黄色的衣服递给刘同道："就是这件了。"

刘同摊开一看，果然是一件崭新如初的男式风衣，风衣品牌是CYT，尺码为一八〇。

刘同笑道："您公公……不，您前任公公的个头儿很高吧？"

"是的,他年轻的时候有一米八四。"李静露出了一脸怅惘的表情,"公公去世前对我很好,他是一个好人。"

"他是哪年去世的?"

"快四年了。"

"不好意思,又勾起你的伤心事儿了。"

"没关系的。"

"不过这件风衣倒是很不错,我能把它的款式照下来吗?"

薛菲侧目道:"刘队,你想干吗?"

"我都很久没买衣服了好吗?"

李静眯眼一笑:"我知道警察忙,没时间出去买衣服,照下来吧。"

刘同拍好照将风衣叠好,轻轻放回行李箱道:"你那尊观音完工了吗?"

李静合起行李箱,淡淡一笑:"您记性可真好,差不多吧,只剩最后的上色了。"

"完工之后送去哪儿呢?"

"已经被一个老板预定了,他母亲住在农村,想在家里供一尊菩萨。"

"这有钱人家到底不一样哈。"刘同打趣地说,"这尊像能挣些钱吧?"

"这事情很少谈钱的,讲究缘分。"

薛菲道:"刘队,你怎么老是钱呀钱呀的?真俗气!"

"俗人一个嘛!您别见怪。"

李静温声细语道:"怎么会呢?"

"今天真是打扰了,搞得您几笔生意都黄了,实在是不好意思。"

"千万别客气,这都是应该做的。"

"至于那五十万,你千万不要给他一分钱,等我找到他,让我帮你解决。"

李静立马捂起嘴,热泪盈眶道:"谢谢,谢谢你。"

"别难过了,这也是我们应该做的。"薛菲笑道。

刘同起身说:"好,那我们告辞了,再见。"

离开美甲店后二人回到车上,刘同左思右想也没能从刚才的谈话中找出漏洞,大体来看,李静在整个谈话过程中的表现都算从容得体,看不出哪个节点上有心虚掩饰的样子。倒是张鹏这家伙的形象在刘同脑海里又黑化了半截儿,面对李静这样一个勤奋踏实、含辛茹苦的女人,刘同真想不通五十万这个数字是怎么从一个男人嘴里冒出来的。什么人渣?简直就是渣霸。假如可以,刘同真想立马找个地方把张鹏揪出来,然后带回队里好好教育一番。

薛菲摇下车窗,戴起墨镜道:"我都说了李静肯定没问题,你看吧?现在死心了吧?"

罪无赦（二）

刘同掏出手机，拨通后等了几秒钟，道："章毅，你在电脑前吗？"

"在。"

"帮我查个人。"

"好的。"

"张鹏的父亲，户口应该在注销状态。"

"稍等……张雪威，没错，二〇一三年二月份注销的。"

刘同点了支烟，吸了一口道："说一下身高信息。"

"一米八二。"

"知道了。"

挂断电话后，薛菲下意识地皱起眉头道："看来你还是怀疑她。"

"不是怀疑，是证实一下，这总没错吧？假如老爷子身高只有一米六五，那李静是不是撒谎不就一目了然了吗？"

"现在相信了？"

"张鹏所在小区后门和美甲店附近是李静上下车的地点，两处都没有监控，我想知道这难道是一个巧合吗？"

薛菲一声叹息道："刘大队长，你不是说过监控不是万能的吗？"

"我是说这是巧合。"

"你还是有想法，没错吧？行李箱你也看到了，虽然大到能装下一个人，但箱子里干干净净的，没有一丁点儿血迹……"

"你想想，这么多天过去了，难道就不能清洗干净吗？更何况某些死亡方式根本就不用流血。"

"你怀疑它装过尸体，那尸体去哪儿了？"

"菲菲，我怎么觉得你跟我有仇呢？"

"并没有，我只是觉得你为什么老抓着李静不放呢？"

"薛菲，我再强调一遍，我和李静无冤无仇，没有必要和她过不去，我的怀疑不夹杂任何感情因素，作为一个警察，戴着有色眼镜去办案，这绝对是大忌。我的一切怀疑只来自于已经掌握的线索和基于线索做出的推理。"

薛菲转头望着窗外道："好！又是大道理，那你说说还有哪些疑点？"

"墙上被打磨过的地方一共十一处，其中有八处的面积大于我的手掌，从分布状况来看，几乎遍布整个墙面，假如那些地方真的是张鹏的鼻血，你认为谁的鼻血会喷满整个墙面？"

"也可能是他在打孩子的过程中无意间蹭上去的。"

"没错，李静当时不在场，所以这个疑点还得问问两个孩子。"

薛菲点头道："这还算讲点儿道理。"

"另外,张鹏买了那么多猪肉和水饺准备给孩子改善伙食,你想想,一个从来不做饭的人准备给孩子做饭吃,他为什么又要打孩子呢?"

"这有什么可费解的?我小时候挨了打,我妈照样给饭吃,这再正常不过了好吗?况且张鹏这个人渣本来就有家暴倾向,那还不是说打就打?"

刘同点开手机图片道:"CYT这个品牌你知道吗?"

薛菲点头道:"当然,这是一家很有名的男装店,万花商城那家最大,估计是总店吧!"

"走。"

"现在?你让我陪你买衣服?"

刘同满脸窃笑:"妹妹,你什么时候见我穿过风衣?"

"就知道你没安好心。"

由于是星期一,万花商城并不像周末那样人山人海,但也算不上冷清。刘同在薛菲带领下来到二楼男装区,很快就找到了这家CYT专卖店。二人大致向女店长说明来意后,刘同在手机上翻出风衣的照片问:"您看,这件衣服你们有吗?"

店长只看了一眼便说:"有,这是我们的经典款风衣。"

"经典款风衣?那四年前你们有卖吗?"

女店长稍加思索道:"假如我没记错的话,这个款式已经卖了八年。"

"八年了?"刘同愣了一下,"八年里都没有变过样子吗?"

"基本没有,除了内衬和用料可能会稍作调整,大体款式基本没有变过。"

"假如我想知道这件衣服是什么时候买的、在哪儿买的,你们能查到吗?"

"可以,但您需要提供当时的发票。"

"哦!"刘同长叹道,"那估计是没戏了。不过我想问一下,最近几天你们卖过这个货吗?"

"卖过,上周差不多卖了十件。"

薛菲问道:"有留下顾客的姓名吗?"

女店长笑道:"刷卡的顾客会在票据上签字,但现金顾客不存在这个情况。"

"能让我看看近期的刷卡票据吗?"

"从哪一天开始?"

"从本月十二号吧。"

"好的,这边请。"

刘同和薛菲来到前台耐心等待店长找出票据。从十二号到今天,购买经典款风衣的单子一共有十七张,其中十二人刷卡付账,在这十二个签字中并没有出现李静的名字。其余五人现金支付,姓名无处可查。

"您这儿的监控能保存几天?"刘同问店长。

"七天。"

"请帮我调一下这几位现金客户当天的交易视频,可以吗?"

"没问题。"

3

孩子会撒谎,但在大是大非面前撒谎的可能性非常小,刘同深信这个想法只是大人们对孩子的一个误解罢了。有些孩子完全想象不到谎言带来的危害有多大,有的孩子甚至在谎言里找到了糖果,无论精神上或物质上,谎言让他们一次次得到满足,于是他们开始沉溺并着迷于撒谎,久而久之便成了习性。所谓大是大非在他们眼里根本就不存在,你怎么可能指望让一个孩子去理解什么叫大是大非呢?

因此对于孩子的话,刘同一直保持着高度的清醒与理性思考。

当刘同和薛菲离开最后一家 CYT 分店后,那件经典款风衣的来路永远罩在了一片迷雾之中。

下午将近五点钟,刘同和薛菲在繁花市第二小学的教务处里再次见到了笑容温醇的周老师,她说张晓光和张晓亮这两天和同学打架,被学校通报批评了。

刘同满脸好奇:"为什么打架?"

周老师若有所思地说:"有的家长传他们妈妈的嫌话,被孩子听到后传到了学校,大概就是这样。"

"这些家长为什么要给孩子说这些呢?"薛菲面露愤慨。

"你哪儿管得住那些嘴碎的人呢?"周老师说着说着也思绪万千起来。

几分钟后,门外传来了孩子的"报告"声,周老师喊了声进来,张晓光便推门而入,跟在他身后的张晓亮依旧低着头,像刚犯了什么错误一样。

"张晓光,还是这位警察叔叔找你们问话。"周老师说,"要说实话,知道了吗?"

张晓光依旧满脸冷漠,不置可否。

"晓光。"刘同笑问,"叔叔想问你,那天你是不是用烟灰缸打你爸爸了?"

"打了。"

"当时烟灰缸放在什么地方?"

"餐桌上。"

"你在什么地方打的他?"

"餐桌附近。"

"他鼻子流血了吗?"

张晓光斩钉截铁地说:"流了。"

"那他的鼻血有没有溅在餐桌附近的墙上?"

"是我把他推到墙上的。"

"晓亮,你哥哥说的是真话吗?"

张晓亮畏畏缩缩地说:"是。"

"你不相信我?"张晓光冷冷地问。

刘同淡淡一笑:"我当然相信你。"

"那你为什么要问他?"

"因为你弟弟也在场啊,我只是核实一下,你不要多想。"

薛菲笑问:"晓光,上次阿姨没有问,我想知道你爸爸为什么要打你们?"

"他想打就打,不想打就不打,没有原因。"

窗外夕阳西斜,橘红色的光芒洒在张晓光的脸上,却丝毫没有温暖的感觉。对于这样的回答,薛菲除了唏嘘之外,不知道再说些什么。

离开学校的时候,孩子们放学了,欢声笑语在刘同身旁此起彼伏。回想起张晓光,刘同不知该如何形容,这孩子脸上似乎永远都没有微笑,假如非要找一个合适的词汇对他的表情加以描述,刘同想到的只有"面具"二字。

薛菲的面庞被夕阳染得绯红,她的脚步似乎没有来时那般轻快,走出学校大门,她稍带愁眉,轻声道:"童年不该是这个样子。"

"是啊,童年当然不该是这个样子,可每到春天的时候,人们看到的只有欣欣向荣,谁又会在意那些一夜枯萎的花呢?"

"饿了吗?"

刘同笑道:"我想吃烧烤。"

"烧烤?"薛菲满脸疑惑,"你从来不吃乱七八糟的东西啊?今天怎么了?"

"我想再去趟张鹏的住处。"

薛菲恍然大悟,撇嘴道:"真是一只老狐狸。"

来到张鹏家楼下时,他的母亲已等候多时,老太太不管三七二十一,迎面就激动地问刘同:"怎么样?你们找到他了吗?"

刘同微微一笑:"阿姨,我们一直在找,请你放心。"

罪无赦（二）

"那……有什么消息吗？"

"目前还没有。"

"那你们今天来是？"

"我们想再看看现场，假如您方便的话。"

"方便方便，你们跟我来吧。"

房间里依旧那么昏暗，但整洁了不少，原本乱七八糟堆在沙发上的东西，如今全都不见了踪影。刘同猜测，房间应该被老太太规整过了。刘同来到南面的小卧室问老太太："阿姨，这原本是孩子们的卧室吧？"

"没错。"

刘同打开身边的衣柜扫了一眼，里面空空如也："张鹏和李静离婚之后，有没有把孩子的衣服全都拿走？"

老太太直截了当地说："都拿走了，什么也没留下。"

刘同偷偷瞄了薛菲一眼，而薛菲呆若木鸡的表情似乎正在浮想联翩。刘同接着问："您再好好想想，难道就没留下几件临时换洗的衣物吗？"

"她和孩子搬走的那天我也在，都拿走了，不会有错的。"

"可是前些天李静来接孩子的时候带走了一只行李箱，箱子里装着孩子的衣服，这该怎么解释？"

"是吗？"老太太想了想，"那我也不知道了。"

"会不会是离婚之后又拿来的？"薛菲问。

"那倒有可能。"老太太点头道，"这两个孩子可淘了，动不动就和院里的孩子打架，弄脏衣服也是家常便饭。"

刘同来到另一间卧室，床头正上方那幅巨大的婚纱照颇为醒目，从照片背景来看，取景地应该是繁花市附近的海边，拍摄时间大概是黄昏，李静那洁白的婚纱上覆满了金色的余晖，可以看出那时的她满脸洋溢着幸福的微笑，也许当年的摄影师会坚定地认为，这对新人一定会甜甜蜜蜜地生活下去。张鹏一身笔挺的西服，完全是一个精神焕发的少年模样。当年来参加婚礼的人们也许谁都不会想到，这小子会在不久之后走上一条彻底堕落的黑色小路。

整体来看，你不得不相信照片里这对笑容灿烂的年轻人将带着白头偕老的决心生活下去，而就照片本身来说，虽然经年已久，但完全没有粗制滥造的感觉。

床脚斜对面有一张精美的银色梳妆台，椭圆形镜框是带有金属光泽的巴洛克风格的浮雕，如今却落满灰尘，只有几瓶东倒西歪的化妆品证明了这里曾有一个女人在某个美好的清晨，对着镜子一边微笑一边用淡淡的口红轻点绛唇。梳妆台正中有一层精致的抽屉，刘同问老太太能不能打开看看，老太太点了

点头。

　　抽屉里有一些散落的棉签棒，除此之外还有一个倒扣的相框，拿起一看，照片里的人竟是张鹏和两个孩子。那时的张晓光身高要比现在矮很多，张晓亮就更矮了，这是刘同第一次看到两个孩子灿烂的笑容，他们手上都牵着一颗彩色气球，分别站在张鹏的两侧。对于张家父子来说，那应该是非常快乐的一天，橙色的阳光轻柔地环绕在他们身边，背景里的儿童乐园正如周末一般人山人海。

　　刘同突然注意到张鹏的打扮，他穿着一件淡蓝色无领衬衫，外面套着一件米黄色风衣，风衣的胸前有一个黑色的"C"字。

　　刘同指着照片问老太太："阿姨，张鹏经常穿这件风衣吗？"

　　老太太定神一看，慢声细语道："秋天的时候他偶尔会穿这件。"

　　"薛菲，你来看看这张照片。"

　　薛菲看着看着，表情里露出了一丝迷惑，又有一丝顿悟的感觉："刘队，你是说？"

　　"我也是猜测。"

　　薛菲想了想道："假如真是这件风衣，卖烧烤的大姐一定会有印象。"

　　"就算没有印象我也敢肯定这绝非一个巧合。"

　　"你为什么总不相信巧合呢？"

　　"因为巧合的概率几乎可以忽略不计，这是数学告诉我的真理。"

　　老太太一脸懵然："你们这到底在说什么呀？"

　　刘同微微笑道："阿姨，能把这张照片暂时借给我用一下吗？"

　　"哦，可以的，你拿去就是了。"

　　"屋子里还有别的相册吗？"

　　"没有了，相册都被孩子他妈带走了。"

　　"您多久没见孙子了？"刘同拆开相框问道。

　　老太太不无失落地说："两三个月了，你们呢？见到孩子了吗？"

　　"见到了。"

　　"他们怎么样？"

　　"都挺好的。"

　　"那……你们还会再去吗？"

　　"应该会吧。"

　　老太太连忙从裤兜里摸出一个装餐巾纸的塑料包，从包里抽出几百块钱道："你们要是再去，能不能把这个钱交给孩子们？"

　　"这……您干吗不自己去呢？"

罪无赦（二）

"那女人不愿意见我，拜托你了刘警官。"

"那好吧。"刘同接过钱，勉强答应。

道别老太太后，天已经黑了下去，刘同和薛菲来到小区后门，卖烧烤的大姐已经出摊，小小的烧烤车前围满了前来觅食的男男女女，看样子生意不错。大姐的女儿小燕站在车旁忙着收钱，时而举起一张百元大钞迎光一瞥，看来验钞的本领已然炉火纯青。

"吃烧烤一定要放开吃。"刘同对薛菲讲，"千万别给我省钱，明白吗？"

薛菲一笑置之，根本就不想和刘同多说一句话。

"大姐！"刘同钻进人群喊道，"我来给您顶场子，先给我炸几串鸡柳。"

大姐见刘同乐滋滋地说："哈，您来了，想吃什么随便挑吧。"

"好。"刘同转头道，"菲菲，吃什么随便挑，千万别跟我客气！"

薛菲狠狠白了刘同一眼，此时小燕给薛菲送来了一个铁盘子："大姐姐，给你盛菜。"

"谢谢小燕。"

刘同和薛菲在烧烤车后的圆桌上开餐了，烧烤的味道非常不错，香辣十足勾人味蕾。有的客人现场开吃，大多数打包带走，刘同见大姐闲暇连忙道："大姐，今天生意不错啊。"

大姐笑说："每天这个时候人最多了，你们今天怎么有空来这儿啊？"

"想吃您的烧烤啊！"刘同打趣地说。

"开玩笑吧？"大姐走近圆桌，低声问道，"还是为张鹏的事儿吧？"

刘同掏出张鹏的照片递给大姐，问道："您帮我看看，这张照片您眼熟吗？"

大姐在胸前的褂子上蹭了蹭手，然后接过照片，迎着光细细一看："这不是张鹏和他的两个孩子嘛！"

"没错。"刘同狼吞虎咽道，"您觉得张鹏身上那件风衣眼熟吗？"

"这件风衣？"大姐摇头道，"不太眼熟，好像没见他穿过。"

"您再想想，那天晚上你看到李静离开时穿的男士风衣是不是照片上的这一件？"

"嗯……好像是，又好像不是，我有点儿想不起来了。"

刘同来到大姐身旁，指着风衣胸前的"C"字说："有没有这个？"

"哦！"大姐似乎恍然大悟，"有有有，我想起来了，李静穿的那件胸前的确有一个英文字母，就是这个。"

薛菲登时睁大了眼睛，努了努嘴问道："大姐，您确定吗？"

"确定确定，跟这件一模一样。"

"怎么样菲菲?"刘同接过大姐递回的照片笑道,"出问题了吧?"
薛菲又问:"大姐,李静当时拎的行李箱您看到了吧?"
"看到了。"
"行李箱是轻是重?"
"这我还真没在意。"

第七章

离奇

1

空虚像幽灵一样,永远纠缠着那些生活无味的人。卢思美意识到自己再也不能这样空虚地活下去,否则她会疯掉甚至死亡。她决定逃跑,这不是说她要从中国逃回西班牙那么简单,她要从李源的世界中逃走,彻彻底底地逃离这个枯燥而无味的世界,不留任何来过的痕迹。

十月二十五日下午两点左右,别墅外一派鸟语花香,卢思美坐在卧室里正在给远在西班牙的爸爸打电话,言语中充满了委屈和迷惘:"爸爸,我已经想好了,等我回去之后就和李源离婚。"

父亲不置可否:"难道真的没办法挽回了吗?"

"我已经不想挽回了。爸爸,我太累了。这些天我一直在想,也一直在犹豫。虽然还是很难过,但假如再这样下去的话,我们都不会幸福,这一点我非常清楚。"

"好,爸爸尊重你的选择。"

卢思美说话的时候完全不知道李源早在卧室里安装了窃听器,只需几秒钟,这些话便会逐字逐句地飘进李源的耳朵。

"爸爸,我很想你,也想妈妈。在这里我几乎没睡过一个安稳觉,爸爸,我都要忘了家是什么感觉了。"

"宝贝女儿,那就回来吧。"

卢思美泪眼婆娑:"马上就回来。"

"这件事,你的公公婆婆知道吗?"

"不知道,我想等回去后再说吧。"

"也好,这么大的事情最好还是当面说。"

"你会去机场接我吗?"

"当然啦!我的宝贝女儿,爸爸当然会接你。"

"好,那过几天见哦。"

"没问题。"

"爸爸再见。"

挂断电话,卢思美仿佛打开了心里最大的结,一场噩梦终于要结束了,她这样想着,嘴角浮起了一丝轻松的笑意。但不知为什么,她和李源曾经相处的美好回忆却在脑海中油然而生,这本该是要彻底忘记的事情,此刻却有增无减环绕不绝。

过了几分钟,她再次举起电话,问道:"你好,是天成美容医院吗?"

"是的女士,请问您有什么需要?"

"我昨天预约过瘦腿针,今天能做吗?"

"请稍等,我帮您查一下。"话筒里传来了敲击键盘的声音,"你好卢女士,您的预约信息我已经看到了,昨天的体检报告没有异常,您现在就可以过来。"

"好的,谢谢你。"

"不客气。"

卢思美是一个极其爱美的女人,她懂得时光流逝,女人会毫无征兆地衰老,想要最大限度地留住青春只有一个办法,那就是小心呵护、小心打理。再过几天,她要陪李源去参加商会晚宴,在她心里这肯定是最后一次和李源进出充满"面具"的会所。既是最后一次,那索性就把"面具"做得精致漂亮些,就当为这夫妻一场做一个完美告别吧。

卢思美穿戴整齐后便离开别墅,打着太阳伞在小区外等了几分钟,专车呼啸而来,又呼啸着开往地处中心广场的天成美容医院。

这是繁花市最最正规的美容医院,口碑一直极佳,医院入口安装了豪华电子旋转门,室内装修风格以清爽为主基调,外加些许高档软装饰,不仅令人舒心,也在视觉上提高了医院的档次。

卢思美见到了首席整形医师张大夫,这是一位腼腆的中年女人,从医履历和获奖经历可谓夺目,她服务的对象主要以钻石卡会员为主,具体来说就是那些挥金如土的阔太太们。

简单交流后,卢思美签署了服务合同,张大夫拿出一张彩色药品宣传单,指着其中一种药剂,笑说:"卢女士你看,稍后将要给你注射的药物是这种肉

罪无赦（二）

毒素，人们也叫瘦腿针，它可以使小腿肌肉萎缩松弛，如此一来小腿会显得修长匀称。这个药物是有批准文号的，我给你开出的注射剂量完全在人体可承受范围之内，请不要紧张、放心使用，好吗？"

卢思美笑道："好的。"

张大夫和颜悦色道："那么请你跟护士先去 VIP 室稍作等候，我马上就到。"

注射过程分两次进行，第一次注射由护士与医师联合作业，约莫半小时后，医师独自一人进行了第二次注射。注射结束后，医师让卢思美在床上歇息两个小时，将近下午六点钟，卢思美打电话给李源："老公，能来接我一下吗？"

李源轻声道："没问题，你在哪儿？"

"我在天成美容医院。"

"天成美容医院？是中心广场附近那家吗？"

"是啊。"

"你怎么去那儿了？"

卢思美毫不遮掩地说："我打了瘦腿针，大夫说这两天要少走路。"

"好吧，稍后我来接你。"

李源将卢思美接回家时，夜幕已然降临，李源对卢思美打瘦腿针这件事儿没有多加评论，因为卢思美说这并不是为了自己，而是为了在"面具"晚宴中给李源增加信心。多么贴心的语言，照往常一定会让李源心生暖意，但此时此刻却显得像一个笑话。

来到卧室，李源问卢思美想吃些什么，卢思美说有些头晕，随便吃些水果就好。李源来到厨房给卢思美拼了一个果盘，然后端到卧室低声细语地问："小美，现在吃吗？"

"放在桌上吧，我等会吃。"卢思美闭着眼睛喃喃道。

就在此时，楼下的门铃响了起来，卢思美眼睛微微一睁，问："是谁啊？"

"哦！是那个房产经理，我约她谈个事情。"

"好的，那你快去吧。"

"你一个人行吗？"

"没问题的。"

李源下楼将齐兮兮请进客厅，柔情蜜意地问："喝咖啡还是别的？"

"不用了。"齐兮兮从文件包里掏出一张规划图道，"这是我们新开发的一片别墅群，邻海的户型比现在这栋要好很多，但价格也高出不少。我想问问，为什么还要买别墅？是投资吗？"

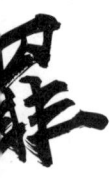

"投资谈不上。"李源来到咖啡机前,微微一笑,"自己住。"

"这套别墅还不够你住吗?"

"……是给你的。"

齐兮兮眉头一皱,小声说:"喂!你老婆不在吗?"

"在啊!她在楼上睡觉。"

"那你不要胡说八道,好不好?"

李源将一杯咖啡放在齐兮兮面前,然后撇嘴道:"干吗这么紧张?给你买套别墅,咱们就不用出去开房了,这不是很好吗?而且能和你一起站在阳台上看日落,难道你不想吗?"

"李先生,想不到你今天找我来是故意寻开心的。"齐兮兮迅速将规划图塞回文件包,然后冷冷地说,"要是没别的事儿,我先走了,再见。"

李源一把从背后将齐兮兮抱住,激动地说:"我没有和你开玩笑,我说的都是真心话,真心的。"

"李先生,咱们不是说好了吗?以后尽量少见面,最好不见,你怎么能食言呢?"

"我怎么能不见你?怎么可能不见你?"

"请你放开我,好吗?"

"我不想放开你,一分一秒都不想。"

"你先放开我,万一被你老婆看见怎么办?"

李源将齐兮兮转过身,并直视她的眼睛,笑道:"去吃饭吧?我知道一家很好的日料,怎么样?"

齐兮兮满脸无奈,皱了皱眉,轻声问:"这是最后一次吗?"

"不,这只是开始。"李源再次将齐兮兮紧紧拥入怀中。

第二天一早,李源拎着早餐回到别墅,没有在一楼看到卢思美,于是便走进厨房将油条、包子和豆浆全都盛在盘子里,悉数端上餐桌并码放整齐。来到二楼,李源喊了声"老婆,出来吃早餐了",却听不到任何回应。卢思美有睡懒觉的习惯,李源也不觉得奇怪,但当他推开卧室大门时,眼前的一切令他毛骨悚然。

台灯、被子、枕头、梳妆台上的插花、玻璃杯和床脚桌上的果盘全都像垃圾一样丢在地板上,而卢思美像一条死去的软体动物侧卧其间,李源彻底陷入了不知所措的境地,他快步来到卢思美身旁,将她抱进怀里并竭尽全力地呼唤她的名字,结果毫无反应。

卢思美头发上粘满了黄色呕吐物,一股淡淡的腥臭若有若无。她的眼睛半闭半睁,只能看到白眼珠,原本婀娜柔韧的身体也已稍显僵硬。李源吓得冷汗直冒,他将卢思美抱上床,然后迅速拨打120,在等待救护车的十几分钟里,李源无数次想到了最坏的结果。其实,卢思美的身体已经没有了温度,但在救护人员赶来之前,李源的心里仍然残存着一丝希望。

听到救护车的鸣笛声,李源似乎镇定了许多,他下楼开门,和救护人员一齐回到卧室。身穿绿衣的抢救医生用射灯照了照卢思美的瞳孔,然后又摸了摸脖颈,问道:"什么时候发现的?"

李源忙道:"不到一个小时。"

"有什么疾病史?"

"阑尾炎?但那是很久以前的事情了。"

大夫一声长叹,道:"不好意思,人已经死亡了。"

"什么?"李源顷刻间热泪盈眶,"怎么会这样?怎么会这样呢?"

"她最近有没有用过什么药,比如安眠药之类的?"

"她昨天下午去美容医院打过瘦腿针,回来之后……回来之后就觉得有些头晕。"李源几乎泣不成声,"我以为是正常反应,这才回公司加班,想不到今早回来……就……就成这样了。"

"瘦腿针?是肉毒素吗?"

李源摇头道:"不知道,我只知道是瘦腿针,您说的肉毒素会要命吗?"

大夫环顾四周后,正眼望着李源说:"先生,我建议你赶紧报案,你妻子的死因极有可能与昨天注射的瘦腿针有关。"

"真的吗?"

"从死者的体征来看,极有可能。"

2

"真是不好意思,又来打扰您了。"刘同走进美甲店,嬉皮笑脸地说,"希望您不要嫌烦。"

"怎么会呢?"店里没有人,李静见刘同和薛菲临门而入,连忙合起手里的书,起身笑道,"二位快请坐。"

薛菲瞥了眼桌上的书,神采飞扬地说:"太巧了,我也喜欢读这个作家的小说。"

"是吗?"李静似乎找到了知音,心花怒放道,"您也喜欢悬疑推理?"

"当然啦,这本《怨念》我几乎都能背下来,结局真是出人意料。"

"好了薛菲,咱们不是来开书友会的。"刘同轻咳两声,示意薛菲差不多该进入正轨了,"李静,这是你婆婆要我们捎给孩子的钱,你替孩子收下吧。"

李静看了看,露出一个非常刻意的笑容:"请你送回去吧,我不需要。"

"你和你婆婆之间的事情我们不想管,也管不了,毕竟是你们的家务事。这是老太太的心意,要是让我送回去,我们也没那么多的时间,不是吗?"刘同将钞票放在桌上,一本正经地说,"收下吧。"

"是啊,收下吧。"薛菲语重心长,"老太太挺想孩子的。"

李静犹豫再三,道:"好吧,那我收下了。"

"这不就得了?"薛菲嫣然一笑。

李静将钱放进抽屉,转而将视线落在刘同脸上,问道:"刘警官,今天来是因为什么?"

"哦,也不是什么大事情。"刘同从怀里掏出张鹏的照片递给李静道,"您看看这张照片,眼熟吗?"

李静看了一眼,直截了当地说:"这是我拍的,在儿童乐园门口,应该是四年前吧。"

"嗯,张鹏这件风衣你眼熟吗?"

李静猛然看了刘同一眼,愣了一下,又缓缓将视线落回照片,笑意温存地说:"这件风衣是我送给张鹏的情人节礼物,怎么,有什么问题吗?"

"原来如此!"刘同唏嘘不已,"看来你们过去也挺幸福的。"

"算是吧。"李静将照片放在桌上,似乎感慨万千,"但在许多人的生命里,幸福并不是主旋律,这就叫生活吧。"

刘同淡淡一笑:"假如下午不上班,真想立马请你喝一场大酒。"

李静逗乐地说:"您有时间的话,我随时奉陪。"

"好,那就这么定了。"刘同说,"给你看这张照片,是有这么一个问题。"

"请讲。"

"据小区后门做烧烤的大姐回忆,你在十月十二日当晚离开小区时所穿的风衣与照片里张鹏所穿的风衣基本一样,胸前都有一个黑色的字母'C',而你给我展示过的那件风衣胸前并没有东西,对此你作何解释?"

李静又愣了一下,笑容再次浮上嘴角:"会不会是大姐记错了?我当晚穿的风衣真的是我买给公公的生日礼物,胸前不可能有字母。假如你们不信,可以去张鹏的衣柜里找找,绝对能找到这件带字母的风衣。"

"我们找过了,没有。"

李静略显激动:"那肯定被他穿走了。"

罪无赦（二）

"这么说，你认为是卖烧烤的大姐看走眼了。"

"天那么黑难免会看走眼，这很正常。"

"嗯！"刘同点头道，"也不是没有道理啊。"

"我有些想不明白，刘警官三番五次来我这里，是不是因为怀疑我干了什么？"

"你不要误会，我只是对常理无法解释的现象比较好奇罢了，再说假如我真的怀疑你做了什么，我不会三番五次来找你，而是会直接把你请到队里问话。"

李静微微一笑，摸着自己的胸口道："这我就放心了。"

刘同将照片装回内兜，咧嘴笑问："哎？你那尊观音做好了吗？"

"已经运走了。"

"哎呀，真是太可惜了，我还想好好欣赏一下呢。"刘同摸了摸额头，"那……这几天有新的作品吗？"

"最近生意太忙，我想歇一阵再说。"

"也是，毕竟不是专业做泥塑的。假如不介意的话，我可不可以再去您的工作室欣赏一番？"

李静喜笑颜开："想不到您这么喜欢泥塑，当然可以，请跟我来吧。"

李静将美甲店的大门锁上，然后带二人进入工作室，正如李静所说，原本放在屋子正中的那尊观音的确被人运走了，只留下一地碎泥。与上次来时稍显不同的是，四周陈列的泥塑中多出了几个动物形象，金色的阳光下，两只白色的天鹅栩栩如生，薛菲不禁赞叹："唔！简直和真的天鹅一模一样啊，不介意的话，我能拍张照吗？"

"当然可以。"

薛菲掏出手机像个懵懂的少女一样说："我最喜欢天鹅了，姐姐能不能卖我一只？我们家客厅空荡荡的，除了我妈炖排骨的味儿，一点儿艺术气息都没有。"

李静捂嘴笑道："既然你这么喜欢，我可以送你一只。"

薛菲满脸惊喜："真的吗？"

"当然，不过这两只已经卖出去了，我给妹妹做一只更漂亮的，好吗？"

"好好好，但我一定要付钱，否则我就不要了。"

"你说了算。"

刘同指着房间里唯一一尊观音道："我记得这尊观音上次来的时候就完工了，被运走的那尊当时只是半成品，为什么不先把这尊卖掉呢？"

"这是我留给自己的。"李静说，"希望她能保佑我和孩子们平平安安、健

健康康。"

刘同会心一笑:"心里有美好的愿望,生活才会努力奋斗,不错。"

"刘警官喜欢什么?我可以为你做一个。"

"不用了,我们家有很多艺术品,根本没时间欣赏,放在我那儿就是暴殄天物。"刘同沉思片刻道,"不过我真的特别想看看您做的那尊观音,不知道上了颜色是什么样子。"

"假如真想看,我可以把那个地址给您,买泥塑的老板是我朋友,报我的名字就行了。"

"真的吗?这不太好吧?"

"没什么不好的。"

薛菲知道老谋深算的刘同又在打别的主意,于是接茬儿说:"我也特想看看,刘队,你准备什么时候去?"

"抽时间吧!这阵子太忙。"

"那你一定要带我去啊。"

"哪儿都少不了你!"

离开美甲店,二人回到车上,薛菲望着一脸沉思的刘同,问道:"你觉得那尊泥塑有什么问题?"

"还记得咱们第一次去美甲店吗?我闻到那尊泥塑有一股淡淡的臭味儿,当时我就有些怀疑,因为泥巴绝不可能有那种气味儿,但又不敢肯定。"

"你怀疑是尸臭?"

"没错,咱们第一次去美甲店的时间是十月十五日,而李静去接孩子的时间是十月十二日,将近三天的时间,按照美甲店的室温,尸体一定会有味道。"

"这么说,你现在直接怀疑是李静杀了张鹏?"

"我认为卖烧烤的大姐不会看错,因为那个字母实在太显眼了。那么,她为什么要穿张鹏的风衣?为什么又要撒谎呢?"

"这都是毫无证据的推测。"

"要是有证据,我就不会在这儿浪费时间了。"

"杀了张鹏之后,用行李箱把他拖回来,然后将尸体藏在泥塑里,你是这么想的吧?"

"没错!一个人熬夜做泥塑,这不是很奇怪吗?"

薛菲点头道:"那倒也是。"

刘同掏出李静给他的纸条,望着上面的地址信息,轻缓而坚定地说:"看来,咱们真得去拜拜菩萨了。"

罪无赦（二）

联系过买泥塑的老板后，刘同又打电话给何落，让他和李亨一同前往北郊的竹海村。驱车半小时，城市的喧嚣渐渐隐没，伴着车内的调频音乐，二人穿过一片片早已收割完毕的稻田，最后在一条岔路口驶下国道。

沿着狭窄的水泥路继续开了五分钟左右，刘同看到早已等候在村口的何落二人，李亨扔掉手里的烟头笑问："刘队，来这儿旅游吗？"

"废话怎么那么多？开车跟我走！"

"是！"

两辆车一前一后驶进竹海村，刘同打了电话，老板让他们在竹海村小学门口稍等。不到两分钟，一个体形消瘦、西装革履的中年男人向他们走来，刘同下车问候："您好，是邓老板吧？"

"没错，你就是李静的朋友吧？"

"实不相瞒，我们都是警察！"

"警察？"邓老板有些不解，迷惑的眼神在四个人身上快速扫了一圈，轻声问道，"那你们和李静什么关系？"

"朋友啊。"

邓老板释然一笑："喔！那还是朋友嘛。"

"当然是朋友。"薛菲拎着一只黑色皮包笑道，"否则也不会介绍我们过来。"

刘同问："邓老板，塑像是昨晚运回来的？"

"对啊！昨天晚上八点多，天黑以后。"

"为什么要天黑以后呢？"

"你不知道？"邓老板双目圆睁，"这神仙不能白天请，白天请就不灵了。"

李亨噗嗤一笑："照你这么说，那神仙都是夜猫子啊？"

"这……这这小兄弟怎么说话的？"

刘同连忙赔笑："邓老板，这孙子没文化，您千万别生气，赶紧带我们去看看吧。"

邓老板顿时没了笑容："跟我来吧。"

老板家的院子的确不小，差不多两百来平方米，院子东西各有一棵大榕树，树冠遮天蔽日，树下芳草萋萋、花香馥郁。四人随邓老板来到东侧的一间房子，一进门儿便闻到浓郁的香火气息，整间屋子一派中国风，正中有一方褐色石台，观音坐于其上，正下方有一张香案，摆着一盏香炉、供品若干。

邓老板说："我们家老太太信佛，一直想供一尊大观音，昨天见面可高兴了。"

"邓老板，实不相瞒，除了这个女孩，我们三个最近都特别不顺。"刘同指

着李亨道,"这孩子前天刚死了爷爷。"

"这样啊!"邓老板感慨道,李亨一脸憷然。

刘同又指着何落说:"这孩子半个月前配偶疯了,我呢,上星期买彩票不中,所以能不能给点儿时间让我们好好拜一拜?"

"那没问题。"

"我看您院子里花卉繁多,这姑娘就喜欢养花,估计有许多问题想跟您讨教,是不是菲菲?"

"对对对。"薛菲连忙说,"您养的花实在太好了,能不能带我参观一下?"

邓老板笑道:"成,那你们在这儿拜,我们出去了。"

刘同双手合十:"太感谢您了。"

"不客气,都是朋友嘛!"

刘同抢过薛菲手里的皮包说:"这是我们自带的香火,那你们去吧。"

邓老板和薛菲离开后,刘同立马锁了门,从包里掏出两柄钢锯,分发给何落和李亨,急声道:"快,抓紧干活。"

"刘队,这……这是干吗?"何落眨了眨眼,一脸不知所措。

刘同转头凝视色彩艳丽栩栩如生的泥塑,不禁压低了声调说:"我怀疑这泥塑里有一具尸体。"

"什么?"李亨惊声。

"喊什么?抓紧时间把头给我锯下来。"

"这不好吧刘队?这里面是不是有什么误会呀?"

"少废话,抓紧时间!"

何落长叹一声道:"别磨叽了,干活儿吧。"

刘同来到香案前点了三支香,自顾自地呢喃道:"大慈大悲观世音,原谅我们的鲁莽吧,为保护人民的财产和生命安全,我们实在是被逼无奈,千万不要责怪我们,阿弥陀佛阿弥陀佛……"刘同把香插进香炉,再看李亨、何落傻呵呵地望着自己,于是厉声道,"都愣着干吗?动手啊?"

"您这祈祷管用吗?"李亨冷声问道。

"管用管用,快动手!"

"哦。"

二人挥动钢锯,粉尘一丝丝飘落,不到两分钟,泥塑脑袋被锯了下来,刘同上前一看,顿时目瞪口呆。

"刘队,好像什么都没有啊?"何落打开手机灯光照向泥塑体内,"似乎只有木头,没别的东西。"

"这怎么可能?"刘同哑口无言。

罪无赦（二）

"现在怎么办？"李亨抱着泥塑脑袋，拍了拍刘同的胳膊低声道，"刘队，现在怎么办？"

刘同将皮包里的一管玻璃胶递给何落："快，粘回去！"

何落一脸无辜："这不好粘吧？有的地方都裂了。"

"好粘我用你干吗？把裂的地方补回去。"

"哦。"

刘同又从包里掏出一块湿抹布，转手将泥塑身上和石台上的粉尘全都擦拭干净。大概五分钟后，门外传来敲门声，刘同开门笑道："菲菲，学了不少经验吧？"

"那当然。"薛菲满脸堆笑，"邓老板可是花卉界的老司机。"

邓老板谦虚不已："交流罢了，交流罢了。你们怎么样？拜完了吗？"

刘同转头望着跪在香案前的何落和李亨，不禁皱眉道："喂！你们差不多了吧？"

李亨义正辞严地说："我今日罪孽深重，让我再拜一拜吧。"

"好了好了，差不多行了。"

邓老板来到香案前说："平时多做善事，不用拜佛也会一生平安啊。"

"真的吗？"李亨一脸苦笑。

"当然。"

见二人起身，邓老板看了观音一眼，稍加端详后突然自问："哎？我怎么才发现，这塑像的脑袋好像是歪的？"

刘同连忙笑说："应该是这个造型，您看，庄严中带几分悠闲，肃穆中含几分灵气，李静的艺术天赋真是非同寻常啊。"

"你这么一说倒也是啊。"

"邓老板，今天真是谢谢您了。"

"都是朋友，不客气。"

"那我们就不打扰了，再次感谢。"

3

问题到底出在哪儿了？刘同百思不得其解。许多疑点如大雨一般在刘同脑海中倾泻而下，将原本若隐若现的目标再次遮蔽起来。难道墙上的血真是张鹏

蹭上去的?难道真的是烧烤大姐看花了眼?难道那只行李箱内真的只装了孩子的衣物?难道李静熬夜做泥塑真的只是为排解心中苦闷?难道张鹏还活着?

薛菲边开车边问:"刘队,这下死心了吗?"

"你真的认为李静没问题吗?"刘同深深吸了口烟,缓缓吐出窗外。

"我觉得眼下必须搞清楚的问题是,张鹏到底去哪儿了?"

"没错。"

"既然是失踪案件,还是交给受案的派出所去查吧。"

"你说,会不会在另一尊观音里?"

"你还是怀疑她?"

"我问你会不会?"

"咱们第一次去美甲店的时间是案发后的第三天,那尊泥塑当时已经完工了,在那么短的时间内,我认为不大可能。"

"实话实说,我还是认为有许多可疑的地方。"刘同感慨道,"这个女人不简单呢!"

将近正午,刘同一行人回到队里,看到章毅正在办公桌前和一个男人说话,刘同喊道:"章毅,你过来一下。"

章毅快步走来,说:"刘队,我正想找你呢,李静在案发后几天内的行踪已经全部调查清楚了。"

"怎么样?有异常吗?"

章毅摇头道:"基本没有,除了去菜市场和超市购物之外,她的活动范围很小,不是在回家的路上就是在去美甲店的路上。哦,只有一天,她去了一趟天路皮具广场。"

"她去那儿干吗?"

"不清楚。"

"买什么东西了?"

"什么都没买。"

"那个皮具广场主要是销售皮鞋没错吧?"

"是的。"

刘同急问:"在哪一天?"

"十月十六号下午三点多。"

"这就怪了?什么都没买?章毅,你今天下午去一趟皮具广场,把当天商场里的监控全给我调出来。"

"下午可能没时间。"

"为什么?"

章毅指了指坐在远处的男人说:"刚接的案子。"

"什么情况?"

"可能是医疗事故。"

"怎么搞的?"

"这男人的配偶昨天去美容院打瘦腿针,今天一早被发现死于家中,据钱华初步推算,死亡时间大概是今天凌晨两点到三点之间。"

"与瘦腿针有关吗?"

"应该有关。"

"现场怎么样?有没有他杀的迹象?"

"目前还不好说,许多线索还在收集。"

"叫钱华来我办公室一趟。"

"是。"

当钱华推开办公室大门时,刘同和薛菲正在讨论李静去天路皮具广场的事情,通过种种揣测,又一一否定,二人更是一头雾水。

"钱华,坐下说吧。"刘同随口道。

"好的。"

"瘦腿针是怎么回事儿?死亡原因和瘦腿针有关吗?"

钱华思忖片刻道:"这个瘦腿针应该是肉毒素,是一种强力毒素,被人体吸收后会破坏人的神经系统,从而出现肌肉无力、呼吸困难、头晕恶心等症状,再严重的话还会导致呼吸肌麻痹,直接引发呼吸功能衰竭致死。"

"等等!"薛菲眉头紧锁道,"既然是毒素,为什么会用来美容呢?你说的这些全是副作用,怎么能起到美容的效果?"

"一般美容院的使用剂量非常小,大概只有致毒量的几千分之一,注射后肌肉会出现一定程度的萎缩,对于腿部肌肉发达的女性来说,这是一个不错的选择。"

刘同问道:"那这个人是怎么搞的?"

"死者生前有呕吐症状,死因是呼吸功能衰竭,初步判断是过量注射肉毒素所致。"

"能确定吗?"

"还不能确定,因为有些人对这种药有过敏反应,这都需要进一步排除。"

"过敏反应?"刘同犹豫了一下,"是体质问题吗?"

"没错,比如肝功能有问题的人就会出现不良反应。"

薛菲问道:"那美容院在给消费者注射之前难道不进行体检吗?"

"这就不知道了,不过据我所知,大多数正规美容院都会在手术前进行体

检，毕竟他们也要规避风险嘛。假如有体检报告的话，就可以排除过敏致死的原因。说实话，我对这方面也不太了解，所以请了几位这领域的专家下午过来看看。"

"好的。"刘同点头道，"薛菲，这个案件交给你跟何落。"

"那你呢？"薛菲问。

"我和李亨下午去一趟天路皮具广场。"

"你真的要把李静查个底儿朝天啊？"

"怎么说话的？我这是为了还她清白。"

下午三点刚过，薛菲跟何落来到位于中心广场的天成美容院，并在一间豪华办公室内约见了首席整形医师张大夫。由于她知道二位警官此行之目的，于是也没有什么遮掩，一张嘴便开诚布公地谈起了卢思美注射肉毒素的前因后果。

薛菲翻开记事簿问道："天成美容医院是经过繁花市医疗管理部门认证的合法医疗机构，这没错吧？"

张大夫笑道："当然，我们不仅手续齐全，而且从开业至今的七年多时间里没有发生过一起医疗事故，这个是可以查到的。"

"那对于这次医疗事故，您作何解释？"

"我不认为这是一次医疗事故。"

"那是什么？"

"从医学角度来讲，对于一个身体健康、对肉毒素没有过敏反应的人来说，我们注射的剂量完全可以正常代谢，且离致毒量还有很大的差距。就整个注射过程来说，由我全程操作，在我将近十五年的职业生涯中，注射瘦腿针的次数没有上万次至少也有几千次，没有发生过一次事故，这也是可以查到的。"

"那我想问，卢思美在注射肉毒素之前，体质达标吗？换句话说，她是不是您所说的那种身体健康、对肉毒素没有过敏反应的人？"

"当然。"张大夫将一沓 A4 纸递给薛菲，道，"这是卢思美在手术前一天做的体检报告，项目包括血常规、肝功能、免疫系统、心脏功能以及肾功能检查，从各项指数来看，她完全具备注射肉毒素的条件。"

薛菲大致扫了一眼，接着问："这个药是不是合格品？"

"这点请你放心，我们医院使用的所有药物均来自合法渠道，假如使用假药、劣药，对我们来说是得不偿失的事情，完全没必要那么做。"张大夫嘴角漾起了一丝骄傲，"每种药物都有合法批文，假如您不信，可以请药监局的同志过来彻查一遍。"

"当然，我们已经联系了药监局，估计稍后就到。"

罪无赦（二）

张大夫顿时感慨万千："My God！"

"怎么着？"何落义愤填膺地说，"你好像很不耐烦啊？"

"当然没有，这只是我的口头习惯。"

"我警告你，别以为你是什么首席医师就觉得自己了不起，我们薛队已经很客气了，说白了你现在就是个犯罪嫌疑人，给自己留些余地吧！"

"犯罪嫌疑人？"张大夫八风不动，依旧满脸笑容，"什么犯罪嫌疑人？你们警察就是用这种恐吓手段来办案的吗？我告诉你，我在美国留学的时候修过法学的所有主干课程，在没有任何证据的情况下做出有罪推定等同污蔑，我将保留一切诉讼权利。"

"你搞清楚，这里不是美国！"

"不是美国就没有公民权利了吗？"

"何落！你给我冷静点儿。"薛菲笑说，"张大夫，我们这位同事有些冲动，我替他向您道歉，对不起。"

"您别这么说，怪我刚刚有些心急，不该说那句 my God，您也千万别往心里去。"

"好，那咱们言归正传，既然药物都是合规合法的，会不会是剂量上出了问题，比如过量注射？"

"这绝不可能，我们对注射剂量有严格的审批制度，一般需要三层审批，分别由药物主管、手术医师和院长进行把控，在签署审批表时，药物的种类、剂量以及使用途径都会被详加查看，由于责任明确，审批也非常严格，毕竟没有人愿意为自己的疏忽而承担责任。"

"除了审批，还有其他防范措施吗？"

"顾客用过的空药瓶我们都会短期内保存下来，不知道能不能作为证据？"

"可以给我看一下吗？"

"当然，请稍等。"

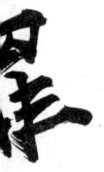

第八章

破 碎

1

一个去皮具广场闲逛将近两个小时的女人居然会空手而归,这不得不让刘同的内心再次充满好奇。当然,在商场里闲逛一个下午却什么都不买的女人也不是没有,只不过天路皮具广场距李静的美甲店并不算近,坐公交车要十二站路的距离,大老远跑去一个专门卖皮具的地方逗留许久后直接回家,要说是为了闲逛,刘同无论如何也难以相信。其实刘同也知道,自己这种看法仍是基于李静身上的可疑之处,假如换作别的女人,刘同大概也不会觉得这有什么难以置信的地方。

上世纪九十年代,繁花市的皮具已然闻名遐迩、远销海外,在改革开放大潮中,不少繁花市本地老板就是靠皮具发的家,现在那些叫得上名字的本土房地产商,三个中至少有一个拥有皮具起家的背景。

天路皮具广场见证了那个欣欣向荣的时代,如今它依然屹立在风雨中,只不过早已没了昔日那人流簇拥的景象。

刘同和李亨来到皮具广场监控室调取了十月十六日下午三点到五点的监控录像,正如章毅所说,身穿蓝色长裙的李静于下午三点零七分进入商场,四点五十二分离开,其间光顾了三家皮衣店、六家皮鞋店和两家皮具饰品店,行踪遍布一楼到六楼的每个角落。

"她到底在找什么?"李亨饶有兴致地问。

刘同望着监控视频道:"这谁知道?女人逛街是一个全世界都解不开的

罪无赦（二）

谜啊。"

"那倒也是！"李亨指着监控说，"她在这家皮鞋店待的时间最长，从时间轴来看，足足有半个小时。"

"没错。"

"可是从门头来看，这家皮鞋店的面积应该没多大，怎么可能待半个小时呢？"

"你把名字记下来，等一下重点排查。"

"好嘞。"

这家叫"Alice"的皮鞋店的确不大，也就三十平方米左右，主要批发零售各式女款皮鞋，男士皮鞋和皮凉鞋也有一些，但相对较少。老板娘是一位精明能干的中年女人，一口地道的吴侬软语，听她说话，李亨的脊椎骨就像过电一样。

刘同一番客套后亮出身份，旋即问道："您帮我好好想想，十月十六日下午三点半左右，一个身穿蓝色连衣裙的短发女人在你这里逗留了将近半个小时，有印象吗？"

"哎哟，那么久的事情啦，这谁能记得呀！"

"拜托您再想想。"

"蓝色连衣裙？短头发啦？"

"没错，短头发。"

"好像有一些印象！"老板娘努了努嘴，眼珠儿朝上翻了翻，细声细语说，"哎，叫什么名字你知道啦？"

"叫李静！"李亨道，"安静的静。"

"李静啊，这个真不认识的，不过我倒有一些印象，你们想不想听啦？"

李亨急得眼睛都快出血了："大姐，我服了你呀，拜托你就快说吧。"

"哎哟！小伙子火气不小的嘛！我想想啊，好像是有这么个人，她要买皮鞋嘛，刚开始说要给孩子买，看来看去又要给自己买，老麻烦的一个女人啦，试来试去都说不满意……嘶……倒是满会聊天的一个人呀。"

"你们都聊什么了？"刘同问。

"哎呀，记不大清啦，总之就是家长里短东拉西扯的，我都不知道自己在聊什么。哦，她说我皮肤保养得好啊，问我用什么化妆品，对，还问我用不用面膜。当然要用啦，像我这个年纪再不用面膜是要被老公踢出去的呀！"

"您再想想，有没有聊别的事情？"

"就这些了，别的实在想不起来，人家说这一孕傻三年，我都傻了二十来年了，记性老差的。"

刘同无可奈何:"好吧,那谢谢您啦。"

二人又走访了几家李静去过的店,没一个老板对李静有印象,然而在三楼的一家皮具饰品店里,男老板说:"没错,那天的确有这么一个短发女人。"

刘同一阵激动,问:"她在您这儿待了多久?"

"没怎么待。"

"没怎么待?那你怎么记住她的?难道是因为人家长得漂亮?"

男老板咧嘴一笑:"嗨!每天光顾我这儿的漂亮女人可不少呢,当然不是因为这个。"

"那是为什么?"

"是这样的,我这个店不到二十平方米,隔壁那家店也是我的,两个店原本是一个,这几年经济不景气,我老婆提议把店面一分为二,我在这边卖饰品,她在那边卖皮包,效果也的确不错,但后面的仓库是共用的。当时那女人一进来说是我老婆的朋友,要去隔壁买皮包,我还挺纳闷的,心想买皮包去隔壁呀,干吗跑我这儿来呢?而且既然是我老婆的朋友,也全然没必要跟我说嘛。"

"后来呢?"

"我又一想,是不是我老婆不在,隔壁的售货员又不认识她,所以不给她优惠?于是我问她是不是我老婆不在,她说假如方便的话,她想从后面的仓库去隔壁,因为正门上有几个熟人她想躲一下。我想既然知道我们的仓库是通的,那估计应该是认识我老婆的,说实话,没几个人知道我们后边是通的。"

"你让她过去了?"

"是啊,我把她送过去的。"

"能让您妻子过来一下吗?我有几个问题想问她。"

"当然。"

男老板站在门前叫了几声,少顷,一个化了浓妆的烫发女人走了过来:"叫我干吗?没见我那儿一堆客人吗?"

男老板皱眉道:"这两位是警察,有事儿要问你!"

老板娘在刘同和李亨脸上迅速扫了一眼,不咸不淡地问:"找我干吗?"

"你还记得前些天有个女人自称是你朋友,通过咱们仓库去你店里的那个。"男老板说,"短头发,穿一身蓝裙子,记得吗?"

老板娘不假思索地说:"记得啊,她怎么了?"

刘同笑问:"她去您那儿干吗了?"

"当然是买东西啊!还能干吗?我们都是合法经营的,什么坏事都没做过噢。"

罪无赦（二）

"她在您那儿买东西了？"

"买了呀。"

"买什么了？"

"买了一只行李箱啊！"

"什么？行李箱？"

听到这句话，刘同的眼珠儿差点蹦出来。

"大姐，你没搞错吧？"李亨怔怔地问，"据我所知，那女人离开的时候手里什么东西都没有啊！"

"有什么好奇怪的？她让我给她送货上门的呀。"

"送货上门？"刘同惊问，"什么样子的行李箱？要是方便的话，可以带我去看看吗？"

"好的呀，跟我来吧。"

来到隔壁，老板娘从脚下陈列的行李箱中拽出一只天蓝色拉杆箱道："就是这个了。"

刘同翻来覆去看了好几遍，嘴里喃喃道："一模一样！"

"什么？"女老板问。

刘同微微一笑："哦！没什么。这么大的行李箱，多少寸的？"

"二十九寸。"

"为什么要让你送货上门呢？"

"这我上哪儿知道去，反正她加了五十块钱。"

"你们不是朋友吗？"

"什么呀？"老板娘噗嗤一笑，"我根本不认识她。"

"是吗？"

"要是朋友，我哪儿好意思收这五十块钱呢？"

"送货地址在哪儿？"

"哎哟，她写的那张纸条被我扔掉了。"

"大概有印象吗？"

老板娘思忖片刻道："在茶花路上，好像是一家美甲店。"

"能确定吗？"

"当然，箱子是我亲自开车送的，就是一个美甲店，那股指甲油的味道特别浓。"

"你们是现金交易还是刷卡或者电子支付？"

"电子支付，通过微信。"

"能让我把交易凭证拍下来吗？"

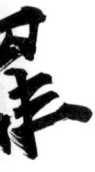

"好的呀！"

离开皮具广场，刘同立马打电话给薛菲，问道："你那边怎么样？"

"章毅请来的专家已经检测证实，卢思美确系过量注射肉毒素致死。"

"那就是医疗事故咯？"

"应该可以肯定了。"

"你现在带人迅速赶到李静的美甲店。"

薛菲愣了一下，问："为什么？又发生什么事情了？"

"到了再说吧。"

"到底怎么了？是不是张鹏回来闹事儿了？"

"我现在怀疑张鹏已经被李静弄死了。"

"什么？"薛菲语带震惊，"这怎么可能？"

"到了再说吧。"

"好，我马上到。"

"别忘了带法医。"

"好的。"

挂断电话后，李亨扭动方向盘，一脸不解地问："刘队，就凭一个行李箱，真的能锁定嫌疑人身份吗？"

"那要看李静的反应了。"

"我怎么觉得这个推理过程有些荒诞呢？"

"没错，因为许多时候，现实比我们的推理过程还要荒诞。"

当刘同和李亨赶到美甲店时，夕阳的余晖已洒满街道，下班回家的人渐渐多了起来，有的孩子背着书包，欢声笑语间跑得无影无踪。薛菲一行七人站在美甲店一侧的路上，见刘同走来，薛菲快步上前，锁眉便问："刘队，到底什么情况？"

"李静在吗？"

"在，两个孩子也放学了，正在店里写作业。"

"李亨！"刘同转头道，"你负责把孩子控制在外边，听到了吗？"

"明白。"

"薛菲你跟着我，钱华，你和技术队跟在我后边，何落，你和其余干警把门看住，不许其他人进入，明白了吗？"

"明白！"

李静正在给孩子辅导功课，只觉一片黑压压的人影走了进来，抬头一看原来是刘同等人，于是笑问："刘队长，您这是？"

"李静，让孩子们在这儿写作业，咱们去你的工作室聊吧。"

罪无赦（二）

李静顿时懵然："这……到底怎么了？"

"进去说吧！"

李静长叹道："好吧，请跟我来。"

2

这是刘同第三次站在泥塑之间，他的眼神里已然没有了欣赏的意味，每一次注视都变得犀利无比，在他身旁的观音像也成为整间屋子里最可疑的神迹。张鹏的尸体、张鹏的罪恶以及李静的仇恨，似乎都藏在这一丝普度众生的微笑里，刘同能感觉到，现在唯一要做的就是证实。

刘同下令让钱华带领技术队开始勘查现场，李静无可奈何，只能笑问："刘队长，您到底想做什么？"

"你既然这么问我，那我就直截了当地告诉你，我怀疑是你杀了张鹏。"

"你凭什么这么怀疑我？"李静睁大眼睛，轻声问道。

"我们第一次来美甲店的时间是十月十五日，而你就在第二天去天路皮具广场买了一个行李箱，蓝色，二十九寸，这难道是一个巧合吗？你现在能把从张鹏住处拿来的行李箱和你十六日购买的行李箱全都摆在我面前吗？"

"你在说什么呀？我听不明白。"

刘同掏出手机，翻出一张图片道："这是你的付款记录，你还不承认吗？"

李静瞥了一眼，轻轻点头道："好吧，我承认，这箱子的确是我买的。"

"就是你给我们展示的那一个吧？"

"没错！"

薛菲满脸的不可思议，连忙问："那你从张鹏住处带回来的那一个呢？"

"我扔了，因为我嫌脏。"

"扔哪儿了？"

"扔在垃圾箱里了。"

"什么地方的垃圾箱？"

"小区外边的。"

刘同淡淡一笑："李静，我现在只想知道，这尊精美的观音像里，是不是藏着一个天大的秘密？"

李静一声冷笑："刘警官，你真的这么认为吗？"

"薛菲,去车上把钢锯拿过来!"

李静连声大笑道:"刘队长,不用那么麻烦,我帮你!"她快步来到观音像前,一把将泥塑推倒在地,只听"啪"一声,泥塑粉碎开来,除了木架和散落一地的泥疙瘩外,泥塑里空无一物,"刘队长,这下满意了吗?"

刘同蹲身细看,顿时哑口无言。薛菲皱眉道:"刘队,你!哎呀……姐姐,您别生气,我们刘队也是在排除你的嫌疑,希望你能够理解。"

刘同起身,冷静地盯着李静的双眸,问道:"钱华,有什么发现?"

"好像没什么。"

"李静,我再问你一遍,张鹏是不是被你杀了?"

"欲加之罪,何患无辞。"

"既然箱子已经扔了,为什么又买一个新的?"

"因为我需要行李箱,不行吗?"

"好,很完美的解释,可你不认为这理由很牵强吗?"

"本来如此。"

"那今天实在对不住了,这尊泥塑多少钱,我来赔给你。"

"不用了,我只希望你以后少来骚扰我和我的家人!"

刘同点了点头,再次环顾四周,突然看到远处的工具桌上放着榔头、钢锯和几把刻刀,便问:"钢锯是干吗用的?"

"泥塑的骨架是木条,当然要用钢锯。"

钱华缓步走向刘同,低声道:"刘队,没有任何发现。"

刘同的笑容缓缓绽开:"好,今天是我冒昧,改日一定登门致歉。"

李静撩起额前凌乱的头发,冷声道:"不用了!我不需要任何人道歉。"

"薛菲,你不是想买一尊天鹅吗?不如今天就买了吧,我一起付账。"

"实在对不起,那两尊天鹅已经卖出去了!"

"卖出去了?那我想知道,买家为什么不来拿货呢?"

李静笑道:"刘警官,你问的问题为什么都这么可笑,我怎么会知道买家为什么不来提货呢?也许正在装修房子,也许最近太忙没时间,你说我该怎么回答你?"

刘同深深点头道:"说得也是啊,等房子装修好了再来拿货,没毛病。那我能问一下,这个买家是谁吗?"

"是一位姓冯的先生。"

"能把他的联系方式给我吗?"

"恐怕不能。"

"为什么?"

罪无赦（二）

"我凭什么要向你透漏买家的隐私呢？"

"因为我是警察。"

"警察就很了不起吗？张鹏打我们的时候，你们警察只会说家庭矛盾！家庭矛盾！家庭矛盾！"李静泪眼婆娑，大声喊道，"你们感受过我心里的苦痛吗？你们体会过每天活在家暴中的恐惧吗？你们听到过午夜梦回的时候一个喝醉的男人狠狠踹开你卧室大门的声音吗？你们没有，你们只知道人死了是什么后果，不知道心死了是什么感觉。"

"李静，你不是已经离婚了吗？既然已经摆脱了，为什么不放下过去好好生活呢？"

"放下过去？怎么放下，刘警官你教教我？你的妻子、你的儿子都死在坏人手里，你能放下之后好好生活吗？反正我不能。我忘不掉那些糟糕的过去，它们就像我的影子一样，永远都不会离开我。现在，我只想好好挣点儿钱，让孩子有饭吃有学上，这就是我最后的尊严。"

刘同目瞪口呆。

"家暴并不可怕，可怕的是人心。我的婆婆，那个慈眉善目的老太太，她认为男人打女人是很正常的事情，是天经地义，你能相信吗？你能相信吗？"

"李静，我现在不想和你讨论这些事情，请告诉我那个买家的联系方式好吗？"

"我不会告诉你的，请你们现在就离开。"

"天鹅里有什么？"

薛菲问道："刘队，你什么意思？"

"李静，天鹅里有什么？"

李静抹去眼角的泪花，笑道："好，我帮你砸还是你自己砸？"

"你为什么不告诉我买家的信息？"

"行！我告诉你。"

"现在就打电话给他，我来接。"

"好啊！"李静掏出电话，拨出号码后交给刘同。

"喂！是冯先生吗？"刘同挂了免提。

"是啊！您是？"

"我是李静的朋友，想问问你，你是不是在李静这儿买了两尊天鹅的泥塑？"

"没错，是我买的。"

"为什么不过来提货呢？"

"怎么？放不下了吗？"

122

"哦不，就是想问问您为什么没来提货。"

"最近很忙啊，把这事儿给忘了，我明天过来拿，你看行吗？"

"好的，那就不打扰了，再见。"

刘同将电话还给李静，笑道："这不就完了，我只需要证实一下。"

"那刘警官这下满意了吧？"

"当然不满意！"刘同绕过李静，快步来到天鹅前，举起一尊狠狠摔在地上，薛菲定睛一看，登时惊得毛骨悚然，那天鹅的脖子里，竟然镶嵌着一支人的手臂。那只皮肤已然苍白的手紧紧攥在一起，摆出了天鹅头部的形象。

钱华快步来到近前，戴着手套摸了摸，点头道："没错，是人体组织。"

李静瞪大了眼睛，眼泪夺眶而出，身体一动不动，似乎自己也变成了一尊泥塑。刘同问道："李静，解释一下吧，这是什么？"

"为什么？为什么你要和我过不去？"李静淡淡地说，"我哪里得罪过你，你为什么要和我过不去呢？"

"李静，我差点就要放弃了，要不是刚才那个电话，我今天真的会放弃对你的追查。"

"为什么？那个电话有什么问题？"

"那个电话里的人根本就不是什么冯先生。"

薛菲惊问："那是谁？"

"你没听到我刚才和他说话的时候，有一个微弱的声音说了句'给我一条口香糖'吗？"

"超市？"

"那个声音难道你不熟悉吗？"

"你是说吴德华？"

"李静，假如没错的话，对方就是吴德华吧？"见李静不置可否，刘同长长出了口气道，"说说吧，这是不是张鹏的尸体？肢解后的其他部分在哪些泥塑里麻烦你指认一下，我不想把它们全都砸碎。"

李静一脸淡漠，有气无力地说："都砸了吧！"然后她缓缓走向远处的工具桌。

刘同见势头不对，立马喊道："薛菲，快抓住她！"

李静脚下生风，抓起桌上的一把小刀狠狠刺进了自己的脖颈，又狠狠拔了出来，鲜血顿时洒了一地，她的身子一软，趴在桌上，右手依旧紧握小刀似乎准备再来一下，却被薛菲一把握住。

刘同掏出手机，整只手都在哆嗦，在一阵慌乱中终于拨通了120，钱华连忙开口："刘队，要是切到动脉，120恐怕来不及了。"

罪无赦（二）

"那怎么办？"
"我先处理一下，然后抓紧往医院送。"
"能行吗？"
"我试试吧。"
"那赶紧啊！"

　　隔着抢救室门前的窗户向外看，一弯月牙悬在天空，这是霜降后的第三天，对于南方小城繁花市来说，却没有一丝寒意。刘同的心七上八下的，他看看窗外，又看看手机，这一天的新闻并没有什么值得关注的，随手翻来翻去，似乎只看到意大利中部发生了5.9级地震，并且无一人死亡，刘同喃喃道："没死人就好啊，李静你也要活着出来，拜托了。"

　　此时，薛菲从走廊另一头走来，轻声道："你猜对了，尸块儿全都在泥塑里。"

　　"有几块儿？"刘同问。
　　"一共六块儿，四肢、头颅和躯干。"
　　"躯干在哪个泥塑里？"
　　"在一只老虎的肚子里。"
　　"头呢？"
　　"鲁迅半身像。"
　　"钱华有没有看出她分尸用的是什么工具？"
　　"应该是钢锯和砍刀。"
　　刘同感慨万千："可怕的女人啊！"
　　薛菲点头道："但也很可怜，不是吗？这些年经手的杀人案，有太多与家庭矛盾和家暴有关，我真的无法理解，怎么会有这么多可恶的男人？"
　　"你没听李静说吗？她婆婆认为男人打女人是天经地义的事情，这是什么思想，到底有多少人还有这样的思想？我倒不担心李静，最让我担心的是那两个孩子，本该在阳光下茁壮成长的种子，内心却埋下了黑色的刺。"
　　"是啊，他们活在恐惧里，也许早就对整个世界充满了厌恶和敌意，他们会不相信社会，孤立自己，最后甚至变成一颗定时炸弹。"
　　"孩子说什么了？"
　　薛菲摊开双手，无可奈何道："没有，一句话都不说。对李静杀害张鹏的事情，他们既不承认，也不否认。"
　　"那就不要问了，假如……"
　　话没说完，抢救室的门被推开了，李亨等人连忙迎了上去，火急火燎地

问:"大夫,这怎么样?活了吗?"

大夫揭开口罩,情绪如古井无波,淡淡地说:"幸好没有伤及气管和动脉,而且来时做过急救处理,没什么大碍,直接送普通病房吧。"

刘同感激道:"真是谢谢您了,大夫,那她什么时候能醒过来?"

"麻药过了自然会醒。"

"谢谢您。"

"我劝你们还是看紧点儿,这病人手术前一直在说不让我们救她,让她去死的话。你们可得注意了,别再出什么岔子。"

"您放心,不会的。"

3

夜里十点左右,精疲力尽的薛菲回到家,五岁的外甥小壮迎门而来,眨着雪亮的大眼睛道:"大姨,我想要一台遥控赛车,你买给我好不好?"

薛菲换了鞋,捏了捏小壮的脸蛋说:"好啊,想要什么样子的?"

薛菲的妹妹薛婷撑着大肚子缓缓走来:"姐,吃饭了吗?"

"吃过了。"薛菲放下手里的车钥匙问,"你怎么今天来了?妹夫又出差了?"

"怎么说话的?我过来看看你和妈都不行啊?"

"行,我的小公主!快找个地方坐下吧,挺个大肚子就别来回瞎晃啦。"

薛妈的声音从客厅里远远传来:"菲菲,快来,帮我把猕猴桃切一切呀,你妹妹要补充维C的。"

薛菲白眼儿一翻,低声对薛婷说:"看看,你一来我就成奴隶了。"

小壮仰着脑袋喊道:"大姨,咱们明天去买好不好?"

"田小壮给我闪开!"薛婷一把揉开孩子,厉声道,"要什么遥控赛车?整天就知道要这个要那个,学几句外语比上天都难。"

小壮骤然哭了起来,薛菲蹲身搂住孩子,眉头紧锁:"薛婷!你不要这样和孩子说话好不好?小男孩要玩具很正常啊,干吗动不动就扯上学习呢?"

"姐,你别惯着他,这几天都要上天啦。"

"好啦,不哭了啊,大姨明天带你去买遥控赛车,买最大最好的,怎么样?"

罪无赦（二）

小壮擦着眼泪说："嗯！那咱们拉钩钩。"

薛菲将妹妹扶进客厅坐下，然后帮薛妈切水果，电视里正在播动画片，小壮抹干眼泪，目不转睛地看了起来。

薛妈将一片火龙果塞进薛菲嘴里，说道："待会把你的手机交出来我检查检查。"

"妈！你想什么呢？我有隐私的好不好？"

"什么隐私不隐私的？我不检查你要上天的呀！"

薛婷笑道："妈想看你和那个教授最近有没有聊天。"

"哎呀妈！"薛菲侧目，心急火燎地说，"我们聊得可好了。"

"有情况了？"薛婷急问。

"有啦！"薛菲没好气地说，"下个月就结婚！"

薛婷扔下手里的橘子皮道："真的吗？你没骗我和妈吧？"

薛妈一声冷哼："你真是猪脑子呀！你姐姐这又是缓兵之计，晓得吧？"

"姐，我听妈说那人挺不错的，长得帅，工作又稳定，抓紧结了吧。"

"薛婷，你给我闭嘴，今天相亲的话题到此为止。"

"大姨，我想吃葡萄。"小壮喊道。

"哦，不许把籽儿吐在地上哦，否则你姥姥要收拾你。"

"知道啦。"

"妈，我想问你个事儿。"薛菲转头道。

"说吧！是不是又跟人家小苏掰了？"

"没有啊，我就是想问问，你和爸年轻的时候打过架吗？"

薛妈微微一笑，手底下的半个果盘已然成型："好端端的，问这干吗？"

"就想问问呗！"

"谈不上打架的，我和你爸爸过了四十六年，吵架倒是家常便饭呀。只有一次，我抽过他一巴掌。"

"为什么？"

"嗷呦，还不是为了你呀，你就跟小壮一样要东要西的，那个不倒翁你还记得吧？你爸爸花了两块五给你买的，那时候他工资才二十来块钱呀，我们要喝西北风啦，气得我狠狠抽了他一巴掌，哎呀，你爸跟你一样不要脸的，挨了打还偷着乐呀。"

薛婷捧腹大笑："妈，这还是头回听你曝我爸跟我姐的黑料啊！"

"看来你跟爸爸挺幸福的。"

"过去不懂什么是幸福的，只知道油票粮票大肉票，现在想想应该算幸福吧，因为遇到了一个永远对你善良的人，不容易的。就是这老头不争气啊，一

个心脏病都扛不住。菲菲,妈妈活一天少一天,现在最大的心愿就是看你穿上婚纱呀,那妈妈就更幸福了。"

"又来了!"

"我觉得妈今天说话特有人生哲理。"薛婷接茬儿。

"薛婷,我问你,你们两口子打架吗?"

"打呀!我上次发火把电视都砸了。"

"人家没揍你呀?"

"他敢?我姐是刑警队副队长,分分钟弄死他的呀。"

"你看看你又给我扯淡,就你打人家,人家不打你,这也算打架呀?"

"这还不算呀?我打得他都流鼻血了。"

"薛婷,我警告你,你这是家暴,以后你对人家好点儿。"

"家暴?女人打男人还算家暴呀?"

薛菲淡淡一笑:"总之你给我收敛些。"

"哎呀!这个薛婷我真是不想说她。"薛妈无奈地摇着脑袋,"学什么不好,非得跟你姐姐学得像个花木兰呀,真是愁死我啦。菲菲,你今天怎么了?干吗问这些呀?"

"碰到一个家暴的案子。"

"男人打女人呀?"薛婷问。

"嗯,一喝醉就打。"

"这种男人就该吊在椰子树上狠狠地抽!"

"这女人把这男人给……"薛菲转头看了看小壮,然后轻声道,"肢解了。"

"天哪!真的吗?"

"菲菲,不要给你妹妹讲这些乱七八糟的事情。"

"哎……我想听我想听。"

"这女的平时喜欢做泥塑,你猜怎么着?她把尸块儿全都封在泥塑里了。"

"妈呀!"薛婷目瞪口呆,"这得是多恨他呀。"

"你不懂家暴的感受,所以你无法理解。"

"看来我以后真得悠着点儿了,万一我们家小田……"

"你胡说八道什么呀?"薛妈一本正经地说,"你们都给我闭嘴呀,不许再说这些乱七八糟的事情。"

"姐,你说被家暴的女人多吗?"

"很多。"

"我平时怎么没听谁说过呢?"

"有了家庭,尤其是有了孩子的女人,一般都会选择隐忍。"

罪无赦（二）

"要是我，我才咽不下这口气呢，我拼了命也要打回去的。"

"行了行了，就你能！"

第二天一早，薛菲来到医院，李亨和刘同正在病房门前啃油条，薛菲撇了撇嘴，笑问："就不能在早餐店吃完再回来吗？"

"守在这儿，心里踏实！"李亨说。

"病房里没人看吗？"

"章毅在，刘队怕她跳楼自杀。"

"刘队，人醒了吗？"

"醒了，但有些神志不清。"刘同用纸抹去手上的油，"走吧，争取今天解决战斗。"

薛菲推开病房大门，轻声道："刘队，注意你的措辞，不要太激烈。"

"说什么呢？我又不是泼妇。"

"我怕你激怒她。"

"我心里有数。"

进入病房，刘同大致扫了一眼，躺在病床上的李静似乎清醒了许多，只是两只眼睛直勾勾望着天花板，有种不似绝望胜似绝望的感觉。刘同来到病床前，酝酿了半天才挤出一个勉强的笑容，轻声道："李静……"

"我的孩子呢？"李静突然冷冷地问。

"去上学了，你放心，这些天我们来照顾孩子。"

"谢谢你们。"

"应该的。"刘同打开录音笔，"李静，伤口还疼吗？"

"不疼了。"

"你想过万一你死了，孩子们怎么办吗？"

"他们会长大的。"

"谁都会长大，可问题是他们的未来能幸福吗？"李静一时无语，刘同接着问，"为什么要杀了张鹏？"

"刘警官，这还用问吗？"

"例行公事，请你理解一下。"

"他对我怎么样都无所谓，他可以打我骂我，甚至可以杀了我，但谁都不许碰我的孩子，谁都不许！"

"将心比心，我可以理解你的感受。可我现在只想知道，十月十二日那天夜里到底发生了什么？"

"张鹏赌博，这你们应该知道吧？"

"当然，周围邻居都知道这件事。"

"他输了钱,有时候连饭都吃不起。"

"没错,我看到他经常吃方便面。"

"一个月前,张鹏要接孩子出去玩,第二天孩子回来后,我看他们脸上惨白惨白的,于是我问晓光是不是晚上没睡觉,孩子支支吾吾地说,他爸爸昨天带他们去抽血了。"

"抽血?"薛菲万分讶异,"为什么要抽血呢?"

"说白了就是卖血。"

"怎么卖的?"

"南郊有一个血站,是献血的地方,你们应该知道,献血后会得到一张献血证。"

"没错,我们局里都献过。"薛菲点头道,"可据我所知,未成年人是不能献血的。"

"他们抽了孩子的血,然后用成年人的身份开一张献血证,这个证可以在医院门口倒卖。"

刘同深深吸了口气:"以前从没听过,献血证还能倒卖吗?"

"当然,那些准备手术的人需要用血,出示献血证才会优先供血。"

"原来如此。"

"抽了孩子的血,血站站长会给张鹏一笔钱,然后转手再把献血证卖给血贩子,从中赚取差价。"

"这帮疯子!"

"十月十二日晚八点左右,我和吴德华正在家里吃饭,突然接到张鹏打来的电话,接通后才发现是晓光,他说张鹏又要带他们去抽血,我对晓光说,你们拖延一下时间,我马上去接你们。"

"为什么是晚上?那个血站晚上开门吗?"刘同问。

李静嘴角轻轻一扬:"像那种见不得人的勾当,只能在晚上做。据我所知,晚上带孩子去卖血的人都得排队。"

"都是父母吗?"

"当然不是,许多孩子是被骗去的,也有被强迫的。只有张鹏这个畜生舍得送自己的孩子去卖血!"

"卖血的事儿咱们稍后再说,现在讲讲你赶到张鹏家之后的事情吧。"

"我赶到之后,孩子们把自己反锁在厕所里,我开门一看,他们已经被张鹏打得鼻青脸肿。张鹏像没事儿人一样坐在沙发上,还说快把那两个小牲口带走,他不想再看见。我问他为什么要打孩子……"李静哽咽道,"他说因为是婊子生的,因为是智障,所以他就要打!"

破碎

129

罪无赦（二）

"因为孩子们反抗，所以卖血计划搁浅了。"

"没错，这让他很生气，我进门后看到地上扔着钢筋条和皮带……"李静泪流满面，"孩子那么小，怎么能下这种毒手？那可是他的亲生儿子呀！"

"后来呢？"

"我一气之下去厨房拿了菜刀，张鹏一点都不害怕，居然还嬉皮笑脸地凑了过来，支着脖子让我砍。他知道我是一个懦弱的人，但是他错了。"

"你砍了？"

李静眉头紧锁，恶狠狠地说："是的！我砍了，我砍了不止一刀，我砍得满墙都是血，我想把他的脑袋砍掉，十几年了，我要把这十几年的愤怒和恐惧全都还给他！"

"好了，说后面的事儿吧。"

第九章

无 畏

1

事情的经过大概是这样的。

李静杀了张鹏之后,先打发孩子们回家,然后迅速清理现场,包括墙面和地面的血迹,墙面的处理过程与刘同的推理吻合,李静的确使用了砂纸。收拾干净后,她用衣物将张鹏的伤口包住,最后找来行李箱,把身高不足一米七且体形消瘦的张鹏塞了进去,其他染血的物件能擦洗的擦洗,不能擦洗的统统丢在了门外的垃圾箱中。

大体收拾完毕后,李静打开手机灯将每个角落又反复检查了好几遍,确认不留痕迹,她才松了口气。为避免被熟人看到自己身上的血迹,她从衣柜里翻出张鹏的风衣穿上,最后拖着行李箱匆匆离开。

回到美甲店后,她镇静了许久,内心完全没有罪孽深重的感觉,恰恰相反,望着张鹏扭曲的尸体,她倒真想找几个人来好好庆祝一番,这感觉类似于囚犯挣脱牢笼、砸开枷锁、重获自由。

分尸的过程远没有想象中的复杂,也没有预计中的费力,砍刀和钢锯的完美配合,在那个寂静的深夜顶多持续了二十分钟。而清理血迹的工作量倒是出人意料地大,这使得美甲店中的洗手池发挥了极致的作用。

一股股黑红的血液顺着下水道向城市的深处奔流,最后被臭气熏天的生活废水裹挟,消失得无影无踪。

"然后,你将尸块儿封进了大小不同的泥塑,总共用了多长时间?"刘同

罪无赦（二）

轻声问道。

李静抹去眼角的泪，淡淡一笑："你们第一次来店里的时候基本完工了。"

"从十月十二日晚到十月十五日清晨，两天多的时间，速度可够快的！"

"除了吃饭上厕所的时间，我几乎没怎么睡觉。"

"真厉害。"

"是啊，我也觉得很厉害！"李静转头，目不转睛地望着刘同，笑道，"不知道为什么，我感觉那些作品似乎充满了灵魂，真的好美，简直无与伦比。我从来没有过这种感受，当我欣赏它们的时候，被它们深深吸引，那种和死亡一样鲜明的美感，让我几乎忘了泥塑里藏着那些肮脏的东西。"

李亨听了这些话，浑身不自在，于是轻咳两声道："你这……是不是有些心理变态啊？"

"是啊！我早就变态了。"李静无所顾忌地说，"从他第一次打我的时候开始，从婆婆的第一次冷漠开始，从一个黑色的噩梦开始，我的人生就已经脱轨了，它开进了一条隧道，一条很长很长的隧道，仿佛再也没有出来过。"

刘同问道："李静，我们第一次去美甲店的时候，那尊观音有一股淡淡的臭味儿，是尸臭没错吧？"

"那不是观音身上的，只不过是顺风让你闻到了而已。"

"后来为什么闻不到了？"

"多亏你提醒，我才做了更好的密封处理。"

"原来如此，现在可以说说那只蓝色的行李箱去哪儿了吧？"

"在我卖掉的那尊观音像的底座里。"

薛菲面露震惊："天哪！"

刘同说："所以当我们第一次走访结束后，你产生了危机感，这才去天路皮具广场买了一个新的。"

"没错。"

"你杀张鹏时用的菜刀现在在哪儿？"

"扔掉了。"

"什么地方？"

"小区门外的垃圾箱里。"

"李静啊，现在回头看看，你觉得这样做值吗？"

"值啊！为什么不值？那一刀砍下去的时候，我好像从噩梦里醒来了，看着他的血咕噜咕噜地冒出来，我有种前所未有的喜悦感，就像孩子看到烟花喷出来一样，真的好美。"

刘同一声叹息，云淡风轻地说："现在看来，张晓光几乎是满嘴谎话。"

132

"这和孩子没关系。"李静顿时激动起来,"是我让他们那么说的,是我是我,请你们千万别牵连孩子!"

刘同拿起录音笔道:"还有什么要交代的吗?"

"求求你,放过孩子!"

"放心吧,这和孩子无关。"

"谢谢你,刘警官。"

十月二十七号这一天是齐兮兮的生日,张旭升向副行长请了半天假,临近晌午,他来到万花商城的奢侈品柜台给齐兮兮挑选了一瓶香水和一个手包,准备离开时,他遇见了多年不见的大学同学石小丽,二人寒暄几句,觉得意犹未尽,一拍即合便走进了一楼的星巴克。

张旭升买来咖啡,围着圆桌坐定后,笑说:"几年不见,你可一点儿都没变,还是这么有气质。"

石小丽笑道:"气质都是装出来的,只有脸上的皱纹是真的。怎么样?还在银行吗?"

"对啊!"张旭升拧开咖啡的盖子,苦笑道,"还能去哪儿呢?你怎么样?"

"我开了一家传媒公司。"

"拍电影还是电视剧?"

"拍什么电影啊!"石小丽被逗得笑声不断,"也就给企业拍拍广告而已。"

张旭升点头道:"嗯!那也不错啊,自己当老板总比我们这些打工的强。"

"也不能这么说,各有各的好处吧。"

"你老公的餐饮公司怎么样了?"

"我们离婚了。"石小丽说。

"不会吧?"

"真的,去年的事儿。"

"好端端的怎么就离了?"

石小丽微微一笑:"各方面的原因吧,价值观不同应该是主要原因。"

"你们这些人就是矫情,动不动就价值观世界观的,安安稳稳过日子不就得了?跟价值观有什么关系?"

"这很重要,你想想,他认为女人就该在家做饭带孩子,我认为女人也该拥有自己的事业,这怎么调和?除了吵架,谁也说服不了谁,与其天天冲突倒不如各自生活,也许有一天他会遇见一个愿意在家带孩子的女人,我也会找到支持我的男人,这不是最好的选择吗?"

"那你们不为孩子着想吗?"

罪无赦（二）

"我们没有孩子。"

"噢！那还可以。不过既然这样，当初干吗要结婚呢？"

"张旭升，我怎么觉得你现在满脑子糨糊呀？你上学那会儿挺聪明的。"石小丽跷起二郎腿，歪着脑袋笑说，"你不觉得你的问题很奇怪吗？我要是能预测未来，你认为我还会坐在这儿跟你说话吗？"

"那倒也是啊！"张旭升咧嘴一笑，"我这脑子现在真是不好用了，每天除了上班、吃饭、回家睡觉，什么都不想，一想复杂的问题就头晕脑胀。家里的事儿都是兮兮在管，不过我倒挺享受这种生活的，多安逸啊？什么世界观价值观对我来说根本不重要，重要的是挣钱回家养老婆！"张旭升心花怒放地笑了起来。

"知道你幸福，也不用这么得意忘形吧？"石小丽看了看桌上的商品袋，笑道，"齐兮兮每次过生日，你都买香水啊？"

"她去年过生日我都给忘了，今年必须得好好表现表现。再说最近一两年都没带她下过馆子，有时候真想把这倒霉的工作给辞了，成天忙到晚，没完没了的。"

"又瞎说。"石小丽不无揶揄地说，"你再好好想想，前几天你是不是带你老婆去东林塔顶层的旋转餐厅吃饭了？"

张旭升双目圆睁，眨了眨道："没有啊，你认错人了吧？"

"你们家齐兮兮那么漂亮，化成灰我都认识。"石小丽说，"前些天我们给东林塔的旋转餐厅拍广告片，投放渠道都谈好了，谁曾想爆出了甜点发霉的事情。记者采访的新闻我都看了，人家采访的时候，你和你们家那口子正坐在餐厅里吃饭呢。我说张旭升，你现在都学会满嘴滚油条了？"

"你看看你，我真没骗你，那个旋转餐厅我的确和兮兮去过，但那已经是几年前的事儿了，我就是在那儿向兮兮求的婚，除了那次我们再没去过。说实话，那地方性价比太差了，要不是为了看夜景，谁会吃一片儿两百多块钱的牛排，喝一瓶一千多的红酒？反正我们家兮兮不会去，她特别勤俭持家……"就在此时，张旭升脑海里闪过了几个画面，正是那天晚上看球赛前的电视画面，"哎？你这么一说我好像有点儿印象，那个采访我也看了，画面里的确有一个女的长得像兮兮。"

"不是像啊，肯定就是！"

"肯定不是！"张旭升理直气壮地说，"我还不了解我老婆吗？打死她也不会去那么贵的地方吃饭呀。"

"好好好！不是就不是，又不是让你请我吃，看你急吼吼的样子。"石小丽眉开眼笑道，"那我问问你，今年圣诞节的同学会你去吗？"

两个人从同学会开始把大学时代的好朋友全都聊了个底儿朝天,不知不觉,几个小时过去了,石小丽一直在感叹光阴如梭,以前无忧无虑地趴在图书馆里读小说的时候,谁想过周围那些青涩的笑脸会变成今天为工作奔波、为奶娃失眠、为疾病困扰的人?

石小丽说:"这就是人的一生吧!"

2

傍晚时分,刘同带了一队人把张鹏家附近一公里内的垃圾箱全都翻了个遍,仍旧没找到那把带血的菜刀。就在李亨手拿木棍,在一个垃圾箱里搅得不亦乐乎时,薛菲接到一个电话,是队里的座机打来的。

打电话的女警支支吾吾了半天,最后说:"这男人挺不正常的,一直在哭,说自己是杀人犯。"

"杀人犯?他杀了谁?"薛菲急问。

"他不说。"

"你问了吗?"

"问了,他说要见一个姓刘的警官,否则他什么都不会说。"

"姓刘的警官?是技术队的小刘吗?"

"不是,应该是刘队。"

"好,你们先把他控制起来,我们稍后就到。"

挂断电话,薛菲用手在鼻子前扇了扇,并来到刘同身旁道:"刘队,有一个男的声称自己是杀人犯,说要见你。"

"什么男的?"刘同将脑袋从垃圾桶上方缩了回来,若无其事地问,"谁啊?"

"不知道,反正是一个男的。"

"在哪儿?"

"在队里。"

"这倒新鲜了,杀人犯要见我?这是去自首的吧?"

"不知道,你现在怎么办?"薛菲环顾四周,"到处都找了个遍,难道真要去垃圾回收站找啊?"

"再找一遍,假如还是没有发现,只能去垃圾回收站了。"

罪无赦（二）

"那得找到什么时候呀？假如要是被回收站压缩处理了，难道还得去垃圾场吗？"

"没办法，要是找不到，也只能出此下策了。"

"喂！你好好想想啊，这城市一天产生的垃圾量估计得咱们全队找上一年半载，你这个想法不科学。"

"这种排查工作什么时候科学过？"刘同摘下手套，笑道，"李亨，你带着大家继续找，要是再找不到，立马去前门调监控，看看这些天都有哪些垃圾拖运车来过。"

"知道了。"李亨啐了一口道，"那你呢？"

"我和薛菲回一趟队里，听说来了个自首的杀人犯，人家点名儿要见我。"

"知道了，这儿就交给我吧。"

回到队里，刘同一眼认出了这个自称杀人犯的男人，正是魏冬芹的老公、李静的情人吴德华。而刘同也立刻反应过来，他十有八九是为李静而来，自称是杀人犯的原因也就不言而喻了。但在事情尚未明朗之前，刘同没有理由把他当做嫌疑人，所以只能将吴德华请进办公室以礼相待。

表情拘谨的吴德华在薛菲和刘同面前落座，并将手里的文件包放在身旁，定了定神，露出了一个幼稚的笑容道："刘警官，我真的是来自首的。"

"是吗？"刘同将一杯水放在吴德华面前的茶几上，笑问，"那我倒想听听，你把谁杀了？不会是魏冬芹吧？"

"不，不是她。"吴德华说，"我怎么会杀她呢？"

"那到底是谁？最近也没有谋杀案呀？不会是李静的前夫张鹏吧？"

"没错，是他，就是这个畜生！"

薛菲瞥了刘同一眼，问道："吴德华，你这是想替李静顶罪吧？"

吴德华拼命地摇了摇脑袋，眉头紧锁道："不，这是真的，张鹏真的是我杀的！"

刘同娓娓道来："你应该还不知道吧？就在今天早上，李静已将杀害张鹏的全过程一一供述，而且对自己的罪行供认不讳，犯罪动机也十分清晰，你在这个时候过来顶罪，怕是晚了些吧？"

"刘警官，难道你没想过，也可能是李静在给我顶罪吗？"

薛菲不禁心头一颤。

"这么说倒也不是没可能！"刘同的笑容自带几分逗乐，"那你说说，你是怎么杀的张鹏？是赤手空拳打死的还是手持利器捅死的？"

吴德华拿起身边的文件包，打开拉链取出一件裹着报纸的东西，四四方方的样子，颇似某一类证件，但分量应该不轻。他将它轻轻摆在茶几上，然后

说:"这个,就是我杀人用的东西。"

刘同的眼神在人与物之间扫了两个来回,低声问道:"这是什么?"

"这么重要的证据,您还是自己打开看看吧。"

薛菲从兜里摸出手套,迅速戴在手上,缓缓将报纸一层层揭开,最后露出了一把暗红色的菜刀。

刘同突然意识到这可能不是个玩笑,立马警觉起来,急声问:"薛菲,是血吗?"

"十有八九。"薛菲深深地点着头。

"吴先生,你的文件包里还有别的东西吗?"刘同质问。

吴德华咧嘴一笑:"目前就这一件。"

刘同凝视吴德华,双手不觉间汗津津:"我怎么觉得,你这笑容有点儿得意忘形的感觉呢?"

"那当然,因为你刘警官终于相信我了,这之前你的表情告诉我,你认为我今天来这儿是和你开玩笑的,对吗?"

"吴德华,你以为有这把菜刀,你以为刀上有张鹏的血甚至有你的指纹,就能证明张鹏是死在你手上的吗?"

"为什么不能?证据都清清楚楚摆在你面前了,还有什么可质疑呢?难道你想袒护我。刘警官,咱们不熟,也不是亲戚,就算是亲戚,你也不好徇私枉法吧?"

刘同一声冷哼:"吴德华,看来你是准备全心全意地给李静顶罪咯?"

比起方才的拘谨,此刻的吴德华放开了许多,他喝了口水,谈笑风生起来:"怎么能叫顶罪呢?我再说一遍啊,是李静替我顶罪,她为我这么做,我真的特别感动。今天一整天我都在做思想斗争,到底要不要跑来自首呢?假如继续逍遥法外地活下去也不是不行,干吗非要自投罗网呢?可就是觉得过意不去,说句掏心窝子的话,我这个情人特别迷恋我,我也很爱她,要是一般女人,我绝对能眼睁睁地看着她被送进监狱,而且一点儿都不难过,兴许还特别高兴呢。"

"李静为什么特别迷恋你?"薛菲道,"说句不好听的,像你这样的老男人,用'迷恋'这种词汇是不是有些过分了?"

吴德华嘿嘿一笑:"这位女警官,你要记住,不是所有女人都喜欢白面书生的。这些年我挣的钱基本全花在了李静身上,而且我床上的功夫也非常不错,就这两点足以征服百分之九十的已婚女性,妹妹,不信你可以试一试。"

"你!"薛菲登时怒目。

刘同连忙接茬儿:"吴德华,照你的说法,是你杀了张鹏,然后李静为你

罪无赦（二）

顶罪，而你又过意不去，舍不得让她蒙冤，所以才来自首了，对吗？"

"没错！这个逻辑没毛病。"

"好，那我想问一下，十月十二日晚九点左右你离开李静的住处后，不是直接去了医院吗？"

"我当然是在骗你呀！去医院干吗？"吴德华几声冷笑后，从容淡定地说，"我根本就不关心魏冬芹怎么了，就算死了，顶多也就象征性地流几滴眼泪罢了。"

"嗯，这我能理解，因为你和魏冬芹的夫妻关系早就名存实亡了。那么现在有谁能证明你当晚没去医院呢？"

"这还用证明吗？你们去医院随便调几个监控出来不就真相大白了？"吴德华翻了翻眼珠，似乎恍然大悟道，"哦，那样是不是比较麻烦呀？这样吧，你可以去问问我那个尖嘴猴腮的丈母娘啊，她会告诉你我的手机一整晚都在关机状态，可能还会说，我是个没良心的白眼狼，自己老婆出了事儿，一整晚都找不着人。假如你们要愿意听她多说几句，她肯定还会跟你唠叨，我是靠他们家发迹的，要不是他们可怜我，我现在肯定还在荒山野岭给我妈捡柴呢。"

"你放心，我一定会去问的。这么说，你当晚没去医院，而是第二天一早去的，结果正好被我们遇见了。"

"没错，毕竟没有离婚嘛，假如第二天再不去就有些说不过去了，别的不说，我那丈母娘肯定会连续诅咒我三四年的。魏冬芹一家人都是出了名的虚伪爱面子，总得给外人装出我们夫妻和睦的感觉吧，这就是我在他们家唯一的工作。"

"既然没去医院，你去了哪儿？"

吴德华双手一摊，轻轻耸肩道："这还用问吗？当然是张鹏家了。"

薛菲冷声质问："你怎么能证明自己去了张鹏家？"

"小区大门儿有监控呀！还有，你们可以去问问那个保安嘛，就问那天晚上有没有一个男人问过他小区拆迁的事情，还给了他一盒中华烟。"

"你为什么要去张鹏家？"

"因为那天晚上我根本没喝酒，吃饭的时候，李静接了孩子的电话，我问她怎么了，她说张鹏又要逼孩子们去卖血，她离开后我不放心，所以就跟去了。"

刘同思索道："等等，你为什么要问保安小区拆迁的事情，为什么又要送他一盒中华烟？"

"因为小区里经常发生盗窃电动车的事情，保安觉得我是生人，拦住我问了一堆问题，为了不让他起疑，我冒充自己是某某房地产公司的员工，既然是

房地产公司的人,当然要聊一些拆迁之类的事情嘛。至于中华烟,是我自愿给他的,因为他很热情,工作也认真负责,假如我是那个保安,我才懒得管生人熟人呢,爱谁谁,丢东西关我屁事儿。"

"好了,说说你到张鹏家之后的事情吧!"

3

十月十二日晚,吴德华拎着一个纸袋推开了张鹏家虚掩的大门,李静正站在客厅里和张鹏吵得不可开交,这是他第一次见李静如此怒不可遏。两个孩子静静站在客厅一侧,满脸是伤。吴德华将门轻轻锁上,张鹏闻声望去,顿时震怒道:"喂!你他娘干吗的?"

李静瞪大了眼睛,拭去泪痕,轻轻地问:"老吴,你怎么来了?"

吴德华狠狠咽了口唾沫,他看了看张晓光受伤的脸,又望了望李静,最后盯着张鹏道:"我来是想警告你,以后不许再碰孩子,也不许再找李静的麻烦!"

"嗨哟?"张鹏从沙发上站起来,不屑一笑,"你个王八蛋,你谁呀你?"

"我是……"吴德华又瞥了李静一眼,"我是李静的朋友。"

"朋友?什么狗屁朋友?我们家的事儿不用你管,赶紧给我滚蛋!"

"李静,你先带孩子回家。"

"哎呀我去!你是来找死的吧?"张鹏绕过茶几,捡起地上打孩子用的钢筋条,面目狰狞地说,"这是我女人,这是我儿子,我想打想骂那是我的事儿,关你屁事儿!"

"你们已经离婚了,你不懂什么叫离婚吗?"

"我劝你赶紧给我滚,否则我攮死你!你信不信?"

李静快步来到吴德华面前,摇着他的胳膊哀声乞求道:"你快走吧,他真的什么事儿都能干出来。"

"我叫你带孩子走,听到了吗?"吴德华冷冷地说。

李静眉头紧锁,连忙附耳低语道:"老吴,你快走吧,算我求求你啦,好不好?"

"啧啧啧……你们这对狗男女!"张鹏连连咋舌,转头对两个孩子说,"晓光、晓亮,看看你们的好妈妈,简直就是个婊子!对不对?"

罪无赦（二）

吴德华的面容突顿时狠戾起来："你再给我骂一句？"

"我看你是真想死！"张鹏举起钢筋条向吴德华快步走来，吴德华一把推开李静，迅速从手中的小纸袋里抽出一把寒光闪闪的菜刀，张鹏定睛一看，连忙止步道，"我去！你想干吗？"

吴德华拎起菜刀，缓缓迈开步子。张鹏被迫向餐桌退去，嘴里不停地咒骂："你个王八蛋，难道你想杀了我？"

李静上前制止，又被吴德华一把推开："赶紧带孩子走，听见了吗？"

李静再次扑上来，乞求道："老吴，不能，你不能这么做，这会毁了你的！会毁了你！"

"小静，我窝囊了一辈子，你就让我当一回硬骨头吧，好吗？"

"他是个人渣，真的，不值得你去偿命的！"

"为了保护你，我愿意去。"

李静抹去眼角的泪珠，语带呜咽："好了，听我的话，把刀放下好吗？"

"孬种，我就不信你敢动我！来啊？你试试？"张鹏不屑地说，他似乎完全不了解"火上浇油"这个词语是什么含义。

吴德华嘴角一颤，再次挣脱李静，大步流星向张鹏冲去，张鹏一个激灵，立马转头向厨房跑去，却被身后的吴德华一个靠山撞顶在冰箱上，就在倒地的一瞬间，一把大刀飞速砍下，只见寒光闪过，张鹏脖颈上一股热血宛如暴雨般溅了满墙。吴德华见张鹏捂住脖子，丝毫没有犹豫，再次挥刀砍向他的胸口，并用刀尖在他心窝上狠狠钻了一番，一阵痛彻心扉的嚎叫震耳欲聋。李静见状，连忙拉着孩子离开。

张鹏紧握吴德华的手，硬生生往地上一磕，菜刀顷刻跌落，吴德华奋力一跃，将张鹏死死压在胯下，然后腾出左手，狠狠捏住张鹏的脖颈，手指如蛇头一般楔进皮开肉绽的伤口，本就触目惊心的鲜血再次喷射而出，张鹏的五官几乎要炸裂开来，双目在剧痛的支配下彼此飞离，几乎到达了太阳穴的位置，那一阵阵骇然的吼声洞穿周遭。

吴德华迅速扫视四周，顺手将电冰箱的插座拔了下来，然后用电线在张鹏脖颈上勒了两圈，并借着冰箱的重量奋力向后拉动，只见张鹏的血从口中一股股涌出。突然间，张鹏露出了一丝诡异的笑容，他似乎想要说些什么，但血液倒流又呛了嗓子。

吴德华看张鹏渐渐失去了反抗能力，这才松开手中的电线，再次捡起半米开外的菜刀。张鹏微微侧目，咧开血红大嘴，低声道："兄弟，你有种！"

吴德华杀红了眼，明亮的眼神透着一股悚人的森寒，他缓缓举起菜刀，停顿了几秒钟，当张鹏再次扬起嘴角时，他再次疯狂地砍杀起来，似乎要将这浑

身的力气全都用尽。

李静将孩子们送到小区后门附近,给了张晓光五十块钱,让他们打车回家。

张晓光淡淡地问:"妈,我爸会死吗?"

"不,不会死的,快回家好吗?"

"我希望他能死。"

李静愣住了,眼神中透出了一丝丝震惊,她盯着张晓光,就像望着一个陌生的孩子,猛然间不知该如何回答。

"快回去吧,看好你弟弟,客厅的抽屉有碘伏,轻轻擦在伤口上,明白吗?"

"明白。"

"去吧,妈妈待会就回去。"

"嗯。"

孩子们离开后,李静跑了回去,一进门便看到吴德华站在冰箱前大口地吸烟,手里仍拎着滴血的菜刀,仿佛还处在浴血奋战的状态。

李静缓缓靠近,望着张鹏一动不动躺在地上,她捂嘴问道:"老吴,他、死了吗?"

"小静,你终于解脱了。"

李静骤然哭了出来,吴德华将菜刀放在桌上,踩灭烟头问:"怎么了?你是在为他难过吗?"

"不,不。"李静摇头道,"我是不想让你去给他抵命,不值得的!"

吴德华用两只血手紧紧握住李静的肩膀,笑说:"听你这么说,我觉得一切都值。"

二人紧紧相拥,李静泪如雨下。

"现在我们该怎么办?"李静问。

"听我说,你不是会做泥塑吗?"

"什么意思?"

"把他的尸体藏在泥塑里,警察再聪明也想不到我们会这么干,等风头过去,我找个地方把泥塑都埋了,这样神不知鬼不觉,让这个人渣永远消失。"

"好,我听你的,可是在这里做泥塑会被人察觉出来,而且张鹏他妈也经常过来。"

"当然不能在这儿做,我们把尸体运回你的美甲店。"

"但是前后门都有人啊。"

"有没有大些的行李箱?"

李静稍加思索道:"有!我和孩子搬走的时候留下了一个拉杆箱。"

"够大吗?"

"应该能装下。"

"好,快拿来试试。"

"稍等,我去找找。"

说到这里,吴德华望着刘同,淡然一笑:"后面的事情,你们大概都知道了吧?"

"因为你把手上的血蹭在了李静身上,所以她才穿了张鹏的风衣,是这样吗?"刘同问道。

吴德华点头道:"没错,我当时太激动了。"

"你带着菜刀去张鹏家,是已经想好要杀他了?"

"不,我只是想吓唬他、威胁他,让他远离孩子和李静,我并没想到他会激怒我。"

"李静拖着行李箱离开后,你去了哪儿?"

"我留下来处理现场,一直到凌晨三点多才离开。"

"你是如何处理墙面的血迹的?"

"用砂纸蹭掉的。"

"离开后你去了哪儿?"

吴德华轻咳两声,喝了一口水,爽快地说:"去了美甲店。"

"你是凌晨几点赶到美甲店的?"

"差不多快四点吧,"吴德华眼珠向上一挑,眨着眼睛说,"应该是四点左右。"

"你赶到的时候,李静在做什么?"

"她在读推理小说。"

刘同眉头一皱,不解地问:"这个时候,为什么还会读推理小说?"

"她在等我。"

"等你?等你干吗?"

吴德华微微一笑:"她不知道该怎么做,所以必须等我咯!"

"那你是怎么做的?"

"起初我想把张鹏封在那尊半成品的观音像里,但又一想,那尊泥塑的体积太大,容易引起外人注意,于是我建议李静做一些小泥塑,她还傻乎乎地问我为什么要做小泥塑。"吴德华掏出香烟,点了一支才问,"不好意思,能吸烟吗?"

"你都点上了,还问什么呀?吸吧。"

"谢谢，您也来一支？"

刘同推掌回绝："不用了，我现在想知道，是谁分的尸？"

"是我。"

"用什么工具？"

"钢锯、砍刀和匕首。"

"这些工具是美甲店里的还是从别的地方找来的？"

"美甲店的，您难道不知道吗？这都是李静做泥塑必备的工具啊。"

刘同一声长叹，指了指面前的菜刀说："既然清理了现场，说明你有销毁证据的意识，那为什么又要把这把带血的菜刀原封不动地留下来呢？"

"我担心啊。"

"担心什么？"

"因为我不敢确定能做到万无一失，就算我把每个角落都检查了一二十遍。"吴德华不无感慨地说，"事后那些天，我总觉得自己留下了什么线索，这种感觉特别强烈，搞得我连饭都吃不下去。"

"你担心被发现，但这似乎和你把证据留下来的行为相悖啊！既然担心被发现，难道不应该将菜刀上的血清洗干净，然后丢进垃圾箱吗？"

"假如被你们发现什么，你们必然会怀疑李静，一旦有了怀疑，你们一定会追查到底，而我坚信李静被逮捕后一定会替我顶罪，所以为了她，我必须把有力的证据留下来。"

"为什么会这么自信？你就没想过李静会出卖你？"

吴德华怡然自乐："她当然不会，我了解她，她是个善良的女人。"

薛菲停下手里的笔说："看来你洞察人心的能力很强啊？"

"她很单纯的，像一杯纯净水，要看穿她几乎是分分钟的事儿。"

"是吗？"

"那当然。"

刘同又问："你是几点钟离开美甲店的？"

"天亮之后，大概七点钟吧。"

"你穿的衣服应该是张鹏的吧？"

"没错，我的衣服全都沾了血。"

"衣服在哪儿？"

"在我店里。"

"洗过了吗？"

"没有，一件衬衣和一条裤子而已，又不是没有衣服可穿，再说那么多血，无论如何也洗不出来的。"

罪无赦（二）

刘同沉思片刻道："为什么没有一起带来？"

"一着急给忘了，毕竟这把刀才是最有力的证据，不是吗？"

"单凭这把刀是不足以给李静洗罪的，就你刚刚说的那些话，我们需要时间去一一求证。"

吴德华愣了一下，身子突然前倾，瞪着眼珠说："你们还不相信我吗？动动脑子呀！像李静这么瘦弱的女人，怎么可能拥有砍死张鹏的力量呢？没有被张鹏打死就算不错了。"

刘同点了点头，一脸心悦诚服的模样："有点儿道理，但你忽略了人在巨大的压抑中会展现出惊人爆发力。"

"看来你还是不相信我，好吧，我已经交代得非常清楚了，你们尽管去核实，真相自然会浮出水面。"

刘同笑道："能问几句题外话吗？"

"当然。"

"你觉得自己很窝囊吗？"

"是啊，窝囊透了。"

"但你为了保护李静，杀了张鹏，你不觉得自己很反常吗？"

吴德华一声冷笑道："窝囊了一辈子，总不能窝囊到死吧？"

吴德华被两名干警戴上手铐，押送离开后，薛菲望着窗外深沉的夜色，疑惑地问："刘队，你认为他说的都是真的吗？"

"对于事件本身来说，真假可以求证。但对于人性来说，善恶是很难判断的。"

"你心里是怎么想的？"

"我就像站在迷雾里，完全找不到方向。"

"张鹏的事情，你打算何时告诉张鹏的母亲？"

"过几天吧，最起码要让她有些思想准备。"

"好吧，那我明天去找她谈谈。"

刘同轻点额头："嗯！你把菜刀送去技术队，第一，让他们进行DNA比对，看究竟是否张鹏的血液；第二，看看上面都有哪些人的指纹。"

"好的。"

刘同彷徨忐忑的神情浮上眉梢，他掏出手机，拨通后说："李亨，不用找了，让大家都回来吧。"

"怎么了？"李亨反问，"又出什么事儿啦？"

"回来吧，菜刀找到了。"

第十章

血 色

1

张旭升拎着礼物,趁夜幕降临前赶到了齐兮兮所在的售楼中心外,回想过去这几年平淡如水的日子,他脑门儿一热,突然想给齐兮兮一个惊喜。他掏出电话打给齐兮兮,当对方接听时,他装作像往常一样淡淡地问:"老婆,下班了吗?"

"没有,你呢?"齐兮兮的声音似乎充满了疲惫。

"今天是你的生日吧?"

"哈,你不说我都忘了。"

"对不起老婆,我今天可能又要加班。"

齐兮兮沉默片刻,笑道:"没关系啦,这个年纪也不需要过生日,你不要在意。"

张旭升长叹一声:"你不会生我的气吧?"

"当然不会,我又不是小孩,只要你心里有我,每天都是过生日。"

"你又在安慰我。"

"别那么想,我说的都是心里话,这种小事儿千万别放在心上,听到了吗?"

"好吧,那你下班之后,去吃点好东西吧。"

"嗯,你也要吃饭哦!"

"好的,那我挂了?"

罪无赦（二）

"嗯。"

"我爱你老婆。"

"嗯。"

挂断电话，张旭升连连窃笑，得意万分。他环顾四周，快速躲进路边的一棵榕树后，只要躬身细看，售楼中心门前的情况便一清二楚，张旭升只需伺机而动，便可给齐兮兮一个巨大的惊喜。

天色渐渐黑了下来，路灯悄然亮起，售楼中心里的顾客们鱼贯而出，看样子到了清场的时间。又等了十分钟，身穿制服的售楼人员三三两两地向四面八方散去，齐兮兮和几个同事挥手作别，然后独自一人向张旭升的方向缓步走来。

张旭升不禁捏了把汗，心跳骤然加速，眼下只有不到一百米的距离，张旭升为自己设想了二三十种闪亮登场的姿势，最终还是决定一个飞步跳出去，欣喜若狂地高喊"生日快乐"。他能想到齐兮兮一定会感动落泪，最后扑进他怀里对他说"老公你好坏"。再往后自然是一些浓情蜜意的对白，他们会牵手走过远处的街角，在附近一家甜品店提取张旭升早就订好的生日蛋糕，然后去一家夜景优美的西餐厅，其乐融融地吃牛排、喝红酒，齐兮兮看到精美的礼品一定会笑逐颜开，并像个孩子那样用调皮的口吻说"老公我爱你"。

这些设想的情节在张旭升脑海中宛如电影画面反复出现了无数次，假如齐兮兮的心情不是太糟，剧情一定会按照这个套路一一发生。

还有将近五十米的距离，张旭升开始将全身的力量转移至小腿肌肉，他要像一个强壮的青蛙那样一跃而出，保准让齐兮兮眼前一亮。不料，齐兮兮看了看手机，突然改变了行进方向，转身朝天一大厦门前走去。张旭升颇显失望，正准备喊住齐兮兮，谁想另一个男人从远处一辆奔驰跑车上跳了下来，挥手喊道："兮兮！我在这儿！"

齐兮兮快步向男人跑去，张旭升只能呆若木鸡地远望，当齐兮兮和男人在车前紧紧相拥并亲吻在一起时，张旭升的喉咙不禁发出一声闷响，手中的礼物也滑落指间。此时此刻，他简直不敢相信自己的眼睛，捏起拳头拼命地揉了揉眼眶，再次睁开双眼，除了几行热泪滑过，一切都没有变化，无非他们亲吻姿势产生了微弱的调整，他们就像初恋的年轻人一样，吻得那么热烈、那么专注、那么疯狂！

张旭升突然想起了石小丽，想起了他们今天下午一开始的那番对话，想起了东林塔顶的旋转餐厅和发霉的甜点，想起了一个机智的主持人和一个巧舌如簧的老板，想起了一个忽明忽暗的角落，想起了齐兮兮正满脸欢欣地和一个男人共进晚餐。

"不,我不能把兮兮想得那么龌龊,这里面一定有什么误会。"张旭升暗自呢喃道,"也许只是很好的异性朋友呢?拥抱没什么问题,可为什么要热吻?也许在某些国家,热吻只是一种礼仪,没错,是一种礼仪。哪个国家?再说这男人分明是华人的长相。那你是什么意思?还用说吗?明显是出轨呀!不会,肯定不是出轨。那是什么?就算是出轨,也是我的问题,我对她的关心太少,我不够爱她,这些年除了工作,我几乎没在意过她的感情需要。你真的这么想?没错,肯定是这样。那你现在该怎么办?不知道,我不知道。"

转瞬间,齐兮兮坐进了跑车副驾,随着车灯一亮,张旭升浑身一颤,连忙捡起地上的礼物躲了起来。发动机的轰鸣越来越近,又越来越远,最终消失在茫茫夜色之中。

张旭升被这突如其来的变故重重一击,原本万分喜悦的面容此刻颓靡不已。他仿佛孤魂野鬼般游走起来,在一个公交车站的铁皮凳上缓缓坐下,目光呆滞地望着对面车站那忽明忽暗的广告箱。他总有一种感觉,他感觉所有光亮都会在下一秒熄灭,整个城市会陷入黑暗的恐慌,这是一种难以名状的假想,完全无法解释。

他掏出手机,犹豫了很久才拨通齐兮兮的号码,当等待音赫然传来,他又连忙挂断,就像没准备好慷慨赴死的战士在枪林弹雨中缩回了脑袋。回想起来,他过去的人生几乎没什么波澜,随着时光流逝,仿佛一切水到渠成。好好学习、考上大学、参加工作、结婚生子,没什么出彩的地方,和世上许多平凡人一样,过着温存而忙碌的日子。他一直认为,生活就像笔直的沙漠公路,唯一要做的就是踩足油门开下去,偶尔上坡下坡都在情理之中,但是万万没想到,在三十四岁这一年的某天夜里,地面赫然隆起了一片山脉,将他的去路彻底封死。

一辆9路公交车缓缓驶来,车上没几个乘客,它靠站停了一下,又开走了。突然,手机屏幕亮了起来,是齐兮兮回电。张旭升搓了搓手心的汗,轻轻划动屏幕,对着话筒挤出一个微弱的笑容,轻咳两声使嗓音恢复愉悦的状态,说道:"老婆,怎么了?"

"你打电话了?"

"哦,想提醒你吃饭嘛,没想到手机突然没电了,刚充上。"

"哦!我和同事一起吃,你不用操心了。"

"是吗?准备吃什么?"

"火锅吧,七八个人只能吃火锅了。"

"怎么那么多人?"

"他们都知道我今天过生日啊。"齐兮兮笑道,"本来不想过的。对了,吃

罪无赦（二）

完之后我们要出去玩，你先睡吧，别等我。"

"……"

"怎么了？是不是生气了？"

"没有，怎么会呢？"张旭升再次热泪盈眶。

"老公，你要生气的话，我吃过饭就回来。"

"不用，难得过一次生日嘛。"张旭升哽咽道，"你们好好玩儿吧。"

"谢谢老公理解，你吃了吗？"

"吃过了。"

"那我就放心了。"

"好吧，那我挂了，手里还有一堆工作呢。"

"别太累了，老公再见。"

张旭升掩面痛哭起来，站在一旁候车的几个人全都回头张望，不明所以。哭了几分钟，张旭升向家的方向蹒跚走去，经过第一个垃圾箱时，他将精心准备的礼物一股脑扔了进去。

齐兮兮坐在副驾上，若有所思地说："我觉得他好像有些不对劲儿。"

李源再次打开车载音乐，笑道："有什么不对劲儿的？"

"总觉得怪怪的。"

"是你想多了吧？我觉得你老公傻乎乎的，估计是榆木脑袋。"

"不许你这么说他。"

"你还挺护着他？"

"反正不许你这么说。"

"我见过他。"

齐兮兮不解地问："在哪儿？"

"还能在哪儿？当然是银行呀！"

"你去找过他？"

"我找他干吗？你认为我会找虾兵蟹将谈业务吗？"

"停车！放我下去！"齐兮兮斩钉截铁道，"放我下去！"

"哎呦？生气啦？"李源牵起她的手，柔声细语道，"别生气，我向你道歉，我不该这么说他。"

"你再说他一句坏话，以后就别想再见我。"

"知道啦，不会再说了。"李源满脸堆笑，"我认识他们总行行长，那天去谈业务，在电梯里碰着的。说实话，我觉得你老公有些笨，人家行长进电梯，按理说他应该先进去把电梯拦住，然后请行长进去。你老公倒好，进去之后东

张西望地看广告,完全没把人家行长放在眼里。你说这是傻还是笨?"

"这不怪他,他天生就不会趋炎附势、溜须拍马。"

"谁天生会?你会还是我会?你活在现实里,就要向现实妥协,不妥协的后果只有一个,别人能吃肉喝汤,你连汤渣都吃不到。"

"我不需要他成为什么了不起的人物,只要他过得开心就好,至于挣多少钱,我更不在乎。"

"可对男人来说,他的价值……"

"别说了,我不想聊这些!"

李源点头道:"好吧。"

"你老婆的尸体火化了吗?"

"还没有,她爸妈明天才能从西班牙回来。"李源说,"还有,公安局那边已经请专家证实,的确是过量注射肉毒素致死。"

齐兮兮又问:"那美容院承认了吗?"

李源嘴角轻轻一扬:"承不承认重要吗?"

"不承认就要打官司喽?"

"求之不得。"

齐兮兮思索片刻道:"李源,你认为真的能这样过去吗?"

"当然,就像咱们小时候那样,一切都会过去的。"

2

十月二十八日一早,刘同和李亨再次来到张鹏所在小区。据保安回忆,十月十二日当晚,的确有一个男人找他聊过小区拆迁的事情,并给了他一盒未开封的中华烟。调出监控,让保安进行指认,这位中年大叔一眼便认出了吴德华。原因很简单,因为吴德华当时拎着一个白色纸袋,非常显眼。

与此同时,薛菲等人来到吴德华的便利店,在里屋的床板下发现了带血的衬衣和裤子,血迹以喷溅血居多。何落带人前往买泥塑的老板家,在一番苦口婆心的解释后,终于征得老板同意,打开泥塑底座,果然发现了满是血迹的蓝色行李箱,老板定睛一看,脊椎骨都凉了。

就在刘同准备离开小区时,章毅打来电话说,DNA检测结果刚出来,菜刀上的血液确属被害人张鹏,刀柄两侧也发现了吴德华的指纹。如此一来,证

罪无赦（二）

据链看似已经完整，但刘同心里仍旧迷雾重重。

思来想去，他又给章毅打电话道："你带技术队再来一趟张鹏的房子，我想把现场重新勘查一遍。"

半小时后，张鹏的母亲先行赶到，老太太打开房门后，皱眉问道："刘警官，是不是有什么消息了？"

刘同一愣神，努力从脑海中检索着合适的词汇："阿姨，本来是想昨天通知你的，我们找到张鹏了。"

老太太怔怔地望着刘同，问道："在哪儿？他为什么不回家呢？"

"他……回不去了。"

"什么？为什么？他是不是又干了什么坏事儿？"

"不，比这个更糟糕。"

老太太一个趔趄，不禁向后退了两步，李亨连忙去扶，却被她倔强地推开。

"刘警官，你说吧！"老太太泪水半含，"我能接受。"

"他死了。"

"什么？"

"张鹏死了。"

老太太并没晕过去，也没有显现出巨大的悲伤，反倒异常冷静，只是眼泪不觉间簌簌落下："死了？在哪儿？他在哪儿？你带我去看他！"

"尸体在我们队里，我想……您还是不要看为好。"

老太太上前狠狠拽住刘同的衣服，奋力喊道："带我去！"

刘同微微点头道："阿姨，您的心情我能理解，可是……"

老太太泣不成声。

"好吧，您看这样行不行？等我们勘查完现场，再去看您儿子，怎么样？"

"他是怎么死的？怎么死的？"

"被人用刀砍死的。"

"谁？谁干的？"

刘同沉思片刻道："目前……凶手还没有找到，所以今天才重新勘查现场。阿姨，您节哀。"

"告诉我！尸体是在哪儿发现的？你说呀！"

"这个……"

"刘队，你就直说吧，这么遮遮掩掩的也不是办法！"李亨道，"阿姨，我来告诉你……"

"你给我闭嘴！"刘同呵斥李亨，然后沉了口气，低声道，"阿姨，你冷静

一下……"

"你要我怎么冷静?"老太太身子一软坐在地上,一脸漠然地呢喃道,"你要我怎么冷静?怎么冷静?"

临近晌午,薛菲来到医院,李静正眼巴巴地望着窗外,天边的黑云杳然而至,几声闷雷隐约传入耳中。

"要下雨了。"薛菲来到病床前坐下,笑说,"这天气说变就变!"

"是啊!"李静相对一笑。

"能再聊聊张鹏吗?"

"你想知道的,我都说了。"李静摇头道,"不想再提起他。"

"可现在出现了新的问题。"

李静转头望着薛菲,眼神中略带疑惑:"什么?"

"李静,你确定是你杀的张鹏吗?"

李静的笑容一闪而过:"当然,当然是我,难道我交代得不够清楚吗?"

薛菲从随身携带的文件包里取出一张照片递给李静,李静看了一眼,顿时傻了眼,双手也不禁微微发颤。

"照片里这把菜刀是你杀张鹏时用的吗?"薛菲问。

李静深深吸了口气,轻轻点头道:"没错,是这把,你们在哪儿找到的?"

"你丢在哪儿了?"

李静愣了一下,又眨了眨眼:"小区的垃圾箱里。"

"你撒谎!"

李静释然一笑,反问道:"我为什么要撒谎?杀人的事情我都承认了,您觉得我还有撒谎的必要吗?"

薛菲又拿出一张照片道:"仔细看看,这件带血的衬衣你眼熟吗?"

李静看了看,摇头道:"这是谁的衬衣?我没见过。"

"还狡辩?李静,你知道什么叫包庇罪吗?"

"包庇?我确实不知道这是谁的衬衣。"

"好,那我来告诉你,这件带血的衬衣是我们在吴德华的小超市内发现的。"

"我不知道。"

"不知道什么?"

"我什么都不知道。"

"吴德华已经自首了,这把刀就是吴德华亲手交给我们的。"

李静身子一软,原本悬空的手臂赫然落下,呆滞的眼神里突然漾起了丝丝

罪无赦（二）

泪光。薛菲凭直觉判断，李静茫然无措的状态可能间接证实了这起谋杀案并没有她原本演绎的那么简单。

"没必要再隐瞒了，说说吧，我要真相！"

"他……"李静嘴角抽搐着，眼泪悄然落下，"为什么要自首？为什么要这么傻？"

"告诉我，张鹏是不是被吴德华用刀砍死的？"

李静闭起双目，微微点头。

"为什么要替他顶罪？难道你就不为孩子着想吗？假如你因为顶罪而坐牢，孩子们将来该怎么办，你想过吗？"

窗外的雷声越来越大，一阵风吹得窗帘漫天飞扬，薛菲连忙关上窗户，再一看，整座城市已沦陷在乌云之中。

不断轰鸣的雷声将张旭升从梦中唤醒，他缓缓睁开双眼，客厅里一片昏暗。手机时间显示为二十八日中午一点零三分，有十七个未接来电，其中十五个是副行长打来的，另外两个是贷款客户的电话。

昨晚回到家，张旭升什么都不敢想，但始终心乱如麻，每当这种时候他总有一个习惯——用沾上啤酒的湿布将家中植物的叶子全都擦拭一遍。这是一个非常独特的习惯，是一种自我治愈的方式，在张旭升看来，那些落在叶子上的灰尘就像落在心上的烦恼，虽然芜杂，擦一擦总能擦掉，而齐兮兮却一直以为这只是老公保养花草的一种手段。

大概到凌晨一点，张旭升才把所有叶子都擦得翠绿油亮，但齐兮兮仍然没有回来。他点亮手机屏幕，望着那个再熟悉不过的电话号码犹豫了十几分钟，最终还是选择了放弃。他能想到齐兮兮会如何敷衍他，无非是另一个谎言罢了。

他从冰箱里取出几瓶啤酒，然后打开电视，虽说今晚有一场球赛，但看与不看已然都不重要。繁花卫视正在播一部都市虐心言情剧，张旭升刚打开一瓶啤酒便看到如下剧情：几个大学生模样的女孩站在一座教学楼前躲雨，就在几人为面前的大雨滂沱而发愁时，一辆奢华的黑色跑车缓缓驶来并停在女孩们面前，车门打开后，一个长相英俊的年轻男子从车上跳了下来，没说一句话，只站在雨中故作深情，那个相貌出众的女孩突然丢下课本，缓步走入雨中，流着眼泪与男子紧紧相拥。

这个画面大概持续了一分多钟，二人在雨中你侬我侬，张旭升不禁触目伤怀，嘴角微微抽搐起来。自始至终，他都认为自己和妻子是相爱的，那些缠绵悱恻的瞬间在脑海中接连闪过，却又被一辆奔驰跑车无情地带走。

窗外的夜色渐渐消逝，直到晨光熹微，他才感到些许困意。大概七点钟，他在沙发上睡着了，醒来之后已是大雨滂沱的中午。

手机突然震动起来，张旭升没有理会，他推开玻璃门走向阳台，站在栏杆上任凭一滴滴冷雨打在自己脸上。这里是二十三楼，眼下人如米粒，倘若一跃而下，绝无生还的可能。张旭升突然想起一部电视剧里的对白：人这一生，总有那么一瞬间会有把一切都结束的想法。

就在此时，他听到身后传来了关门的声音，转头一看，是齐兮兮。

齐兮兮痴痴地望着他，疑惑地问："老公，你在干吗？"

张旭升愣了一下，连忙抹去脸上的雨水，笑道："你……怎么现在回来了？"

齐兮兮快步走进阳台，将张旭升拽回客厅道："这么大的雨，为什么要站在外头？"

"没什么，就是想看看。"

齐兮兮拿来毛巾，一边擦着张旭升头发上的雨水，一边说："你们行长给我打电话说你今天没去上班，电话也不接，到底怎么了？"

"没事儿。"张旭升微微一笑，"想休息一天罢了。"

"为什么？身体不舒服？"

"没有，就是想休息一天。"

"那你为什么不请假呢？是不是和领导吵架了？"

"没有，真的没有。"

齐兮兮环顾四周，看到茶几上放满了啤酒瓶，问道："怎么喝了这么多酒？"

"哦！昨天晚上看球赛了。"

"老公。"齐兮兮歪着脑袋，盯着张旭升的眼睛笑道，"是不是生我的气了？"

"没有，为什么要生你的气？"

"因为我昨晚没回来啊？"

"怎么会？真的没有。"

"不想知道我昨晚去哪儿了吗？"

张旭升挤出一个尴尬的笑容："说这干吗？我还不相信你吗？倒是我昨天没陪你过生日，没生气吧？"

"都说了，别放在心上。"

"嗯！吃饭了吗？我给你做饭吧！"

"抱抱我。"齐兮兮低声道。

罪无赦（二）

"什么？"

"抱抱我，好吗？"

张旭升点点头，将齐兮兮拥入怀中道："你这是怎么了？"

"老公……我爱你。"

张旭升嘴角微微一颤："我也爱你。"

齐兮兮看了看张旭升，绽出一个灿烂的笑容："好了，我给你做饭，下午乖乖去上班好吗？"

"好。"

"想吃什么？"齐兮兮走进厨房，打开冰箱问，"炒菜怎么样？"

张旭升趴在橱柜上，微笑道："我想吃面条。"

"没面条了。"

"是吗？那我下楼去买，你给我炒两个菜吧。"

"那也行，外边雨大，出门要带伞。"

"知道啦。"

张旭升乘电梯来到三十二楼，在通往天台的楼道里蹲了下来，这里没有旁人，四周充满了电梯机房传出的噪音，异常刺耳。他点了支烟，吸了两口，突然一股巨大的悲伤从心头喷涌而出。他开始号啕大哭，又试图抑制剧烈的喘息，但越是抑制，哭声就越发悲怆。对于此刻的张旭升来说，这世上最痛的感觉并非心如刀绞，而是你爱的人已不再爱你，却还在说着"我爱你"。

3

张鹏的尸体虽然已经缝合，但刘同还是不敢将白布揭到脖颈以下，伴着窗外大雨淋漓，张鹏的母亲也泪流满面。她捂着嘴跪了下来，拼命撕扯着嗓子哭求道："刘警官，你行行好，求你告诉我凶手是谁，我自己去报仇，我自己去……"

"阿姨，您快起来！"面对如此伤痛，刘同为之动容，"请你相信，我一定会抓住凶手，给您一个交代。"

老太太抱住刘同的大腿，声嘶力竭地喊着："这世界为什么会这么残酷！为什么？到底是为什么？"

薛菲蹲身将老太太抱进怀里，轻声道："阿姨，哭吧，哭出来会好受

一些。"

"我从来没想过这个家，最后剩下的人会是我。"老太太满头银发散成乱麻，"怎么会是我呢？这不公平，不公平！为什么要让我活着，为什么是我？"

雨声越来越大，刘同走出法医室，窗外朦胧烟雨中，一个人影渐行渐远，最终消失在路的尽头。是张鹏吗？他是来和母亲道别的吗？刘同暗自思忖，不禁喟然长叹。

回到办公室，刘同又将吴德华的口供看了一遍，心中的问题差不多已尘埃落定。就在此时，章毅敲门而入，笑道："刘队，你怎么不开灯啊？屋里黑漆漆的。"

"这是场暴雨吗？"刘同问道。

章毅说："可能是吧。整个夏天都没这么大的雨，今年天气有些反常。"

"说吧，什么事情？"

"您不是让我做一个勘查总结吗？"

"做好了？"

"差不多。"

"好，那你开始吧。"

"好的。"章毅翻开手里的记事簿，说道，"勘查结果大致分以下几点：第一，餐桌附近的地板明显比别处干净许多，没有发现任何血迹，我们推测嫌疑人在处理现场时应该使用了抹布或拖布一类的清洁工具。倘若如此，一定会在上面留下血迹，但奇怪的是，除了张鹏的毛巾之外，我们没有发现屋里有一片抹布，甚至连拖布也没有找到。"

"没什么好奇怪的，肯定被处理掉了，这个问题可以找吴德华核实，接着往下说吧。"

"好的。第二，我们在厨房最里侧的柜子里发现了几张未使用过的砂纸，其中一张的背面有一丁点儿难以察觉的血迹，目前还不能确定是张鹏的血迹，DNA检测结果大概到明天了。第三，我们在冰箱侧面、餐桌表面、门口鞋柜的把手上以及卫生间的马桶、水龙头和洗衣机上均发现了吴德华的指纹。"

"等等，鞋柜的把手上也有他的指纹？"

"没错。"

"奇怪了？从吴德华的口供来看，当时的场面应该非常紧张，哪儿的功夫去碰鞋柜呢？咱们按常理分析，在那种场合下，谁能像平时做客那样老老实实地去换鞋？"

章毅思忖道："也许是处理现场的时候在鞋柜里找过东西呢？"

"找什么？鞋柜里有什么？"

罪无赦（二）

"有几双鞋，还有一管褐色鞋油、两柄黑色鞋刷以及若干塑料鞋套，我怀疑他要么是在找鞋刷，要么是在找鞋套。"

"冰箱上没有张鹏的指纹吗？"

"没有。"

刘同轻轻点头道："接着说。"

"第四，我们只在小卧室的衣柜上发现了李静的指纹，除此之外，别的地方都没有。第五，我们在客厅的台历上发现十月十二日与十月十四日这两天被人用红笔标注过，但侧面只写着儿子的生日。"

"儿子的生日？这倒怪了，儿子过生日还要带着儿子去卖血，真是叫人无言以对。那这么说，十月十二日和十月十四日应该是两个孩子的生日，对吗？"

章毅摇头道："张晓光的生日的确是十月十二日，但张晓亮的生日是六月七日。"

"哦？难道他还有别的孩子？"

"没有。"

"十月十四日？是什么日子呢？"

"对张鹏来说，这应该是一个比较重要的日子。"

"张鹏的手机找到了吗？"

"找到了，在厨房下水管道附近找到的。"

"查到什么信息了？"

"正在查，今晚应该能出结果，最迟明天早晨。"

"嗯，还有别的发现吗？"

"基本就这些了。"

刘同点点头，意味深长地说："从现在掌握的证据来看，基本可以确定凶手是吴德华了。"

"是的，而且薛队告诉我，李静也承认了吴德华的犯罪事实，口供和吴德华的也基本一致，看来她真的是想替吴德华顶罪。"

"毕竟吴德华是为了她而杀了张鹏，替吴德华顶罪也在情理之中。"

章毅长出一口气，笑道："这次的破案速度又刷新了咱们的历史纪录，刘队，请客吃火锅吧？"

刘同咧嘴一笑："你小子就知道吃，不过章毅，我怎么总觉得这案子破得太顺了？"

"瞧您说的，这怎么能叫太顺了？这是您天赋异禀啊！"

"少他娘给我溜须拍马！"

章毅暗暗自喜："是不是拍到您痔疮了？"

"你去让薛菲准备一下，天黑之后我们去南郊的血站。"

"知道了。"

南郊这家血站坐落于密林之间，将近九点钟，小雨仍旧淅沥，而血站大楼里几个窗户却灯火通明。三辆警车不动声色地隐藏在不远处的大树下，刘同等人已在车里蹲守了近两个小时。

刘同问薛菲："这么长时间都没动静，这个血站是不是有别的入口？"

薛菲摇头道："据知情人透露，只有这一个大门。"

"那就怪了。"刘同点了支烟，摇开车窗说，"怎么连一个鬼都没看到？"

"刘队，快看。"

刘同循目望去，只见一辆白色面包车驶过血站前的花园，最后停在了门口。一个身高一米八几的司机绕到汽车另一侧打开车门，一排人影便鱼贯而出，迎着微弱的灯光可以看到这些人应该都是初高中的孩子，有的人身上还背着书包。

薛菲手中的对讲机此刻响了起来："刘队刘队，是否行动？"

刘同举起对讲机："再等等，再等等。"

这些孩子在门前排了三队，几分钟后，一个穿白大褂的男人从门里走了出来，手里比比划划似乎说了几句什么，然后带队进入血站。司机则点了支烟，回到了车上，但没有开走。

"何落，何落！"刘同朝对讲机喊道，"五分钟后，你带人先把司机控制起来，听到了吗？"

"明白。"

"其余人全都跟着我，先控制血站工作人员，执法方式尽量温和一些，因为现场可能有未成年人。没有必要，尽量不要露出随身枪械，都清楚了吗？"

"收到！"

五分钟后，全体雷霆出击，何落走近面包车，狠狠拉开主驾一侧的大门，司机一惊顺手从挡杆附近抄起一把匕首，何落二话没说撕起司机的头发，将他的脸狠狠在方向盘上连磕了五六下，然后一记三角勒脖将他拖出车外。

刘同和薛菲等人冲入血站，一位保安从侧面冲了过来，大声喊道："哎哎哎！你们干吗的？"

"你给我闭嘴！"李亨语带呵斥，"我们是警察。"

刘同看都没看，径直向一楼抽血室走去，果不其然，明亮的走廊两侧坐满了脸庞青涩的孩子。一位护士模样的女人端着铁盘子从一扇木门里走了出来，看到远处黑压压的人群奔袭而来，立马神色慌张起来："你们是干吗的？"大

罪无赦（二）

概是心虚，这句话显得颤音十足。

"我们是警察！"薛菲厉声道，"请你告诉我，这些孩子是干吗的？"

护士摇着脑袋，露出了一脸懵然无知的表情："我不知道，这你要问站长。"

"站长在哪儿？"刘同问道。

"在献血室里。"

刘同转头道："章毅，你们先把这些孩子带到大厅里。"

"是。"

刘同推开献血室大门，这是间将近一百平方米的大房子，墙上贴满了义务献血的宣传海报和一些献血的常识法规。四个孩子坐在单人沙发里，一根塑料管正将他们体内的鲜血输送至托盘里的血包。

几位护士连忙从沙发旁站了起来，都怔怔望着进来的这群人。刘同喊道："看什么看？还不给我停下来！"

一位谢顶的中年男人走了过来，双手不停地哆嗦说明他此刻一定胆战心惊："请问，你们是？"

刘同亮出警官证："我们是警察，还不让你的人都停下来！"

"好好好，都停下来，快些！"

护士们这才回过神儿，连忙将孩子们手臂上的针头拔了出来。

"你是这个血站的站长吗？"刘同问。

"没错，我是。"

"贵姓？"

"免贵姓张。"

"张站长，这些孩子是怎么回事儿？"

"这……哎！"张站长一声叹息。

"看来您在这儿不方便说啊！那就劳驾您跟我们回去说吧，薛菲，带走。"

在审讯室里坐了十来分钟，张站长一脸追悔莫及的神情，又是抓耳挠腮又是唏嘘不已，刘同和薛菲刚一进门，张站长便起身道："警察同志，我悔罪，我请求宽大处理。"

"先坐下。"刘同说，"别激动。"

"我知错，我后悔，我心肠坏了，我眼里只有钱，我不是人……"

"好了好了，有悔罪表现就好，坐下吧。"

"我不配坐着，请让我站着。"

"你站着我也累啊！快坐下。"

"哎！"

158

薛菲首先发问:"你对自己非法组织他人卖血的犯罪事实有什么看法?"

"我认罪,我认罪。"

"为什么非要选这些孩子呢?你难道不清楚他们都是未成年人吗?今天在现场的,年纪最小的才十三岁。"

"我清楚。"

"既然清楚,为什么还要这么做?"

"这些孩子好上钩,尤其是家里又穷又喜欢打游戏的孩子最好骗。"

"你干这个多久了?"

张站长低头道:"不到两年。"

"我劝你老实交代,假如不说实话,有的是人揭发你。"

"四年,四年多了。"

"孩子抽了血,你给孩子多少钱?"

"我给中介三百,他们给孩子多少我就不知道了。"

刘同一声冷哼:"看来你们已经形成产业链了,这么说,孩子是中介找来的?"

"是。"

"中介是怎么找到这些孩子的?"

"一般是通过网络游戏,也有献过血……"

"什么献血?这叫卖血!"

"对对对,是卖血,也有卖过血的孩子在学校里宣传卖血能挣钱,这样一传十,十传百,穷人的孩子毕竟多嘛。"

"张站长,我真不是骂你,但你做的这事儿太缺德了。"

"您批评得是,我也知道自己太缺德,要不是过去缺钱,我也不会缺德啊。"

"照你这么说,缺钱就得缺德?"

"是啊,我悔不当初、悔不当初。"

"三百收来的血,多少卖出去?"

"这要看血库的情况,缺货的时候能卖一千多,不缺的话也就卖八九百。"

"这生意不错呀?这些年挣了不少吧?"

"也没多少。"

"没多少是多少?"

"三四百万吧。"

"不止吧?"薛菲挑眉,"你那辆路虎揽胜加长版至少也要一百六七十万吧?"

罪无赦（二）

张站长偷偷瞄了薛菲一眼："这……可能要多一些吧。"

"关于你非法组织他人卖血的犯罪事实，我们会安排人继续调查，希望你好好配合，争取宽大处理。现在我想问你另一件事。"刘同从面前的文件袋里取出三张照片，问道，"看看，这两个孩子和这个男人你认识吗？"

张站长盯着照片，翻了三四个来回，摇头道："没见过。"

"再好好看看，这孩子叫张晓亮，今年才十岁，这个是他爸爸张鹏，他带两个孩子去你那卖过血！"

"不可能，我那儿从来不收十二岁以下的孩子，我敢保证，绝对没有。"

薛菲若有所思地瞥了刘同一眼："这个男人你真的不认识？"

"真的不认识，而且这两个孩子我根本就没见过。"

"他们去你那儿卖血可不止一两回了。"

"那就更不可能了，去我那卖血的孩子，哪怕只见过一次，我也绝对有印象，更别说两三回了。"

刘同眨了眨眼："我不相信你。"

张站长沉思道："这样吧，我们护士那儿有一份电子备案录，里面有所有卖过血的孩子的个人信息和电子照片，你们可以去查。"

"哦？为什么要做电子备案录？"

"孩子毕竟是孩子，一来怕他们卖血太频繁，二来是怕出事故，做一个备案录，我们心里多少有个数。"

"你就不怕他们昨天在别处卖了，今天又来你这儿卖吗？"

"身体虚弱的话，我大概能看出来。"

"电子备案录在谁手里？"

"冯护士，她也被你们抓来了。"

回到刑警队大厅，几乎所有孩子都被家长带回去了，只有一个女孩死活不肯给家里打电话，除了哭，她什么都不肯说。

薛菲上前，柔声细语地问："小妹妹，你为什么不给家里打电话呢？"

大概是因为听到女性的声音，小姑娘这才抬起头，抽噎道："姐姐，你放我回家吧，我以后再也不敢了。"

薛菲笑说："那你告诉姐姐，你上初几了？"

"今年初二。"

"为什么要去卖血呢？"

女孩擦去眼泪道："因为弟弟快过生日了，我想买一个生日蛋糕送给他。"

"那你可以告诉爸爸妈妈呀？"

女孩摇着脑袋说："我不能向他们要钱。"

"为什么?"

"因为弟弟有白血病,他们的钱都花在医院了。"

薛菲的心里顿时五味杂陈,她牵起女孩的手说:"走吧,姐姐带你出去。"

"去哪儿?"

"当然是送你回家咯!"

女孩又哭了起来:"求你别告诉我爸爸妈妈,求求你了。"

"相信姐姐,我不会告诉他们的。"薛菲掏出钱包,抽出一张百元大钞道,"哝,拿去给弟弟买蛋糕,怎么样?"

第十一章

碎 片

1

十月二十九日清晨，雨云渐渐散开，阳光穿过缝隙洒在潮湿的路上。刘同和薛菲再次来到血站，在那位冯护士的协助下，他们查看了张站长所说的电子备案录，果然没有找到张晓光和张晓亮的信息。为避免疏忽大意而出现差池，他们反复查了好几遍，仍是毫无发现。就在二人百思不得其解时，章毅的一通电话打了过来。

"喂！怎么了？"刘同问。

"刘队，我们把张鹏手机里的信息全都筛了一遍，没什么有价值的线索，而且内存卡里的东西似乎都被删除了。"

"能恢复吗？"

"正在恢复。"

"恢复后再说吧，我正在忙。"

刘同正要挂电话，章毅又说："稍等刘队，还有一点。"

"快说啊！"

"你还记得张鹏家的台历吗？"

"我记性没那么差，怎么了？"

"十月十四日那天，张鹏应该是要去参加一对新人的婚礼，所以在台历上做了标注，我估计这场婚礼对张鹏来说是比较重要的事情。"

"你怎么知道的？"

"微信里有一份电子版结婚请柬,请柬上的婚宴日期正是十月十四日。"

"发一份给我。"

"没问题。"

请柬里这对新人,男的叫钱逸轩,一脸清瘦,表情淡漠,给人郁郁寡欢的感觉,好像结婚这事儿谈不上高兴,也算不得难过。女方叫兰青,是一个圆脸女孩,不怎么漂亮,但笑起来自信大方。他们的婚礼定于十月十四日中午十二时举行,地点是芳华酒楼,据刘同所知,那是一家比较廉价的酒店,说白了就是不上档次。将婚礼定在这里举行的人,家庭条件估计都很一般,当然也不能排除那些喜欢低调的有钱人,但这种情况总归少数。大多数人好面子,大事儿上更得讲面子,一辈子就一次的事儿自然是大事儿中的大事儿,马虎不得。

电子请柬除音乐和照片外,最后一页还留了钱逸轩的电话号码,刘同走出血站,按这个号码拨了过去,没几秒钟便接通了,对面支支吾吾道:"您好,我马上就要送到了,实在不好意思,路上有些堵,再稍等一下好不好?"

刘同一愣神儿,心想这都哪儿跟哪儿啊,于是便问:"那个……请问你是钱逸轩吗?"

"没错啊!"钱逸轩声音爽朗,"您是哪位?"

"你好,我是繁花市公安局刑警队的警察。"

"警察?"

"是的。"

刘同话音未落,对方立马挂断了电话。

"唔!这小子。"

"怎么了?"薛菲问。

刘同望着手机屏幕,唏嘘道:"他把电话给挂了。"

"他觉得你是骗子吧?"

"估计是!"

刘同无奈只能再拨,这次却听话筒里嚷嚷道:"喂喂喂!你到底想干吗?"

"钱逸轩,我知道你妻子叫兰青,我还知道你们是在今年十月十四号中午举行的婚礼,地点是芳华酒楼。"

"知道又怎么样?你以为我会上当吗?怎么着,接下来该要银行卡号了吧?还是准备说我被你们通缉了,你想和我私了?"

"钱先生,你误会了,我是想跟你了解一下张鹏的情况。"

"张鹏?你是张鹏什么人?"

"再重申一遍,我是警察。"

"张鹏他怎么了?"

罪无赦（二）

"他死了。"

"什么？"钱逸轩失声吼道，"你说什么？这怎么可能呢？"

"方便的话，能和你约个地方见面吗？"

"这个……好吧，那你稍等一下，我正在送外卖。"

"没问题，你说个地方吧。"

"中心广场，我离那儿近。"

刘同和薛菲在中心广场南面的一家甜品店等了半个多小时，钱逸轩才拎着一个摩托车头盔姗姗而来。

刘同亮出警官证给他看了看，随后问道："喝点什么？我请客。"

钱逸轩一屁股坐在薛菲对面，语速奇快："不用了，这儿的咖啡我喝不起也不想喝。说说吧，到底怎么回事儿？"

"你和张鹏什么关系？"薛菲问。

"我们是同事。"

"过去的同事？"

"什么过去的同事，我们都是送外卖的。"

"送外卖的？"薛菲瞠目结舌，"你是说张鹏和你一起送外卖吗？"

"这……这有什么奇怪的吗？"

"那为什么张鹏的母亲不知道呢？"

钱逸轩眉头紧锁："他不想让他妈知道呗！老张过去是有钱人，赌博把家败光了，但还得要面子啊！他可能觉得送外卖这工作不体面吧，大概就这样。喂，真死了吗？"

刘同点头道："真的。"

"我不信，我不信他死了。"

"你不信？那你这些天和他联系过吗？"

钱逸轩摇头道："没有，他已经很久没来上班了，电话也打不通。这……这到底怎么回事儿啊？"

"车祸。"

"被车撞死了？"

"是的。"

钱逸轩略显激动："哪天的事儿？是不是在我婚礼之前啊？"

"没错，是在你婚礼之前。"

"我说，我们关系这么铁，他怎么会不来呢？在哪出的事儿？"

"这个我不方便告诉你，请你理解。"

钱逸轩微微点头道:"哦!说实话,我现在心里挺难过的。那你们想问什么呢?"

"你们关系特别好吗?"

钱逸轩似乎真的有些悲伤,语速也渐渐慢了下来:"当然,他是我老哥嘛!"

"看来你挺喜欢他的。"

"没错,他这人特仗义,经常帮我。"

"是吗?帮你什么了?"

"我和兰青是裸婚,她父母不愿意,说既然没车没房,那就要六万块钱的彩礼。那段时间兰青和她爸妈都闹僵了,扬言要和我私奔,我知道兰青是为了我,但我总不能真和她私奔吧?那样一来,兰青总有一天会后悔,这我心里明白。没有家庭的支持,怎么能叫婚姻呢?往后的生活一旦出现问题,兰青一定会难过的。我和家里人凑了三万多块钱,私下又找朋友借,像我这样的人,哪有什么有钱的朋友?把手机里的号码全都拨了一遍,总共才借了两千多。张哥见我那阵子闷闷不乐,问我怎么了,我就把事情告诉了他,第二天晚上他请我吃烤串,还给了我一块手表,说让我找个收表的把它卖了,应该能卖两三万。"

"什么手表?"

"万国表。"

"你卖了吗?"

"起初我还不相信,后来真卖了三万多。"

"他为什么要帮你?"

"那天晚上他大概喝醉了,他跟我说,陪你享受繁华的女人满世界都是,能和你同甘共苦的女人也许只有一个,遇见了务必要珍惜,要一辈子对她好。"

刘同笑问:"这份儿情你怎么还他?"

"我查过,那只表原价九万多,我写了一张借据给他,只要我努力工作,过几年一定能还清。但他把借据撕了,他说他不需要钱,但我还是要还给他的……他是我的恩人。"言已至此,钱逸轩不禁热泪盈眶。

薛菲唏嘘不已:"这人虽然有赌博的恶习,但挺有人情味儿的。"

"什么呀?他早就不赌了。"

"不赌了?"

"对啊!自从他开始送外卖就再没赌过。"

"你知道他欠了多少赌债吗?"

"早就还光了,所以他手里没钱,要不然他能跑来送外卖?"

罪无赦（二）

刘同若有所思道："是吗？你最后一次见他是什么时候？"

钱逸轩望着天花板，想了想说："应该是我结婚前。"

"具体哪一天？"

"哎哟，实在想不起来了，不过那天下午他很早就收工了。"

"干吗去了？"

"说是要给儿子过生日，准备去超市买些肉。"

刘同大吃一惊道："给儿子过生日？十月十二号？"

"对，应该是那天，因为第二天他没来，第三天我婚礼他也没来。没错，就是十月十二号。"

"你和他关系这么好，你知道他有家暴倾向吗？"

钱逸轩大惊失色："家暴？不至于吧？张哥这人脾气特别好，怎么会家暴呢？"

刘同急问："你见过他和孩子在一起吗？"

"见过啊！他对孩子没得说，孩子们也特别喜欢他。一到周末，他就带孩子去游乐场、电影院、电子游戏室之类的地方玩啊。"

薛菲也瞪大了眼睛："你亲眼所见吗？"

"没错！"钱逸轩点头道，"亲眼所见，我和他们一起去过的！"

"钱逸轩，你知道做伪证的后果吗？"

"什么叫做伪证啊？我实话实说，这有必要骗人吗？"

刘同端起面前的咖啡喝了一口，笑道："钱先生，张鹏跟你说他要给儿子过生日，除此之外还说了什么？"

"他说要给儿子改善伙食，尤其是晓亮，他总觉得晓亮有些营养不良。他说大儿子不喜欢吃面条，喜欢吃水饺，但他又不会包，我说万花商城超市里有一款速冻水饺特别好吃。就说了这些，他走得很急，全世界最让他上心的人就是他的孩子了。"

"既然他那么爱孩子，为什么又要把孩子推给李静？"

"不是他推，是法院判的，那时候他还没戒赌，法院怎么可能把孩子判给他呢？"钱逸轩说，"他一直想把抚养权拿回来，这才戒了赌跑来送外卖的。听他说，他一直都想和嫂子复婚，这样对孩子也好，但嫂子不愿意啊。"

"为什么不愿意？"

"嫂子嫌他穷呗。"

刘同咧嘴一笑："李静是这样的人吗？我怎么没看出来呢？你知道李静为什么要和张鹏离婚吗？"

钱逸轩斩钉截铁地说："因为张哥赌博把家败光了，穷日子她过不下去，

当然要离婚了。"

"你瞎说,离婚是因为张鹏有家暴倾向。"

"这不可能!"钱逸轩笑道,"绝对不可能。"

"为什么这么肯定?"

"不是我肯定不肯定的问题,是因为我了解张哥的为人。"

"李静说,张鹏除了打人,还会上门向她要钱,拿不到钱就砸场子。"

钱逸轩一声冷哼:"疯了吧?哪有这种事儿?您想想,张哥要真是那种人,他会把自己的万国表让我拿去卖了吗?"

"在外边讲义气,不一定对老婆讲感情!"

"这样吧!"钱逸轩将凳子往前挪了挪,小声道,"我给你们说,李静这女人特别爱慕虚荣,你们觉得李静嫁给张哥图什么呢?图你帅吗?就张哥那歪瓜裂枣的长相,要是家里没钱,我保准李静看都不看他一眼。"

刘同点头说:"接着说。"

钱逸轩的语速再次快若流云:"你们知道张哥和李静是怎么认识的吗?"

刘同道:"你知道?"

"当然。"

"说来听听?"

"你们有没有看过繁花卫视那档特别特别火的相亲节目?"

薛菲眉头一皱,喃喃道:"是《众里寻他》吗?"

钱逸轩拍手道:"没错,就是《众里寻他》!"

刘同说:"你的意思是,他们是通过那档节目认识的?"

"对了,就是在那儿认识的,你们可以在网上找到那期节目,张哥一出场就给主持人送了一张麦当娜的签名唱片,所有女嘉宾当场就看傻了。张哥那会儿是公司副董,那个介绍他的短片里,他开了一辆法拉利,站在海边听音乐,念了一段海子的春暖花开。你们说哪个女的心里还没点儿轻重呢?"

"可李静说,张鹏原来的工作是开车的。"

"你要这么说那也没错,除了管理公司,主要给他爸当司机嘛。"

"这倒有意思了!"

"那天愿意跟张哥牵手的女孩多了去了,最后三选一,张哥选了李静,因为他觉得李静这女孩比较文艺,不仅喜欢读书,还喜欢画画做泥塑什么的。最重要的是李静长得的确漂亮,用张哥的话说,长得有灵气。"

"后来呢?"

"后来就结婚生子嘛,再后来张哥他爸去世了,张哥就染上了赌瘾,听他说无论澳门还是拉斯维加斯,他都去过。长此以往,家业就败光了,我原本以

罪无赦（二）

为吸毒最害人，没想到赌博也这么坑爹。这样一来，李静的日子越来越不好过，从前买奢侈品连眼睛都不眨的人，如今却要为稻粱谋，这么大的落差谁能受得了？和那些相亲节目里认识的女孩坐在一起，人家个个都嫁了富豪，这个说要去美国产子，那个说要去新西兰买房，散场之后最差的也是奔驰来接啊，她只能说自己老公的法拉利正在路上，等所有人离开后，她才敢背着自己的香奈儿包包打车回家。"

"你是怎么知道这些的？"

"张哥说的嘛！一开始李静还只是抱怨，可日子一天天过去，情况越来越糟，她实在是过不了这种没钱的日子，这才离婚的嘛。"

"我有一个问题，既然张鹏过去那么有钱，为什么会住在那么烂的小区里？"

"过去住的别墅早抵债了，你们应该能查到，别墅没了总不能拖家带口睡马路吧，所以买了那个小房子。"钱逸轩说，"不过话说回来，瘦死的骆驼比马大，就算那种房子我也得再攒三四年的钱才能交得起首付呢。"

2

回到队里，刘同彻底懵了，坐在办公桌前的他脑子里一片乱麻，完全无法分辨钱逸轩所说的是真是假。用一句歌词形容，张鹏是好是坏简直是"老虎老鼠，傻傻分不清楚"。遥想前些天那位卖烧烤的大姐反复说，张鹏有严重家暴倾向，甚至用了《不要和陌生人说话》这个电视剧作对比，假如钱逸轩所说属实，那这位大姐肯定是说谎。如此一来，她提供的那些线索不就都有了问题？但是再一想，那位大姐说话时完全没有撒谎而心虚的表现，而且刘同实在也想不到她有什么理由去骗警察，对于一个来自普通家庭、老实本分的女人来说，向警察撒谎无疑是一件高风险的事情。那么到底是谁在说谎呢？

假如李静真是钱逸轩口中爱慕虚荣、拜金十足的女人呢？那只能说，这些天来她的演技绝对算一流中的一流。

就在刘同准备在纸上展开推理时，章毅推门而入，将手中的 iPad 放在桌上道："刘队，你来看，这是张鹏手机内存卡中的图片和视频，虽然只恢复了百分之八十，但已经很多了。"

刘同拿起 iPad 开始翻看，这些图片大多是张鹏和两个孩子的自拍照，他

们显得既亲密又开心,在一段小视频里,张晓光眉开眼笑地站在一台抓娃娃机前问张鹏:"爸爸,你什么时候带我们回家住呢?"

"相信爸爸,再过几个月我就接你们回家。"

突然,张晓亮抱着两个毛绒玩具走进画面,怯生生地说:"我不喜欢那个吴叔叔,他最近总来。"

"你这个小家伙,大人的事情不许瞎说。"

张晓光说:"爸,你不会不要我们了吧?"

"胡说八道,爸爸爱你们,怎么会不要你们呢?"张鹏摸了摸张晓光的脑袋,笑说,"好了,别瞎琢磨了。想吃什么?快告诉爸爸!"

刘同将视频回放,反复将张晓光说的第一句话看了七八遍:"爸爸,你什么时候带我们回家住呢?"

章毅站在一旁,淡淡地说:"刘队,你觉得如何?"

"你听视频里这对父子的谈话,再看看孩子这种既崇拜又依恋的表情,真是很难叫人想象他会逼着孩子去卖血,也很难想象他会对孩子下狠手啊。"

"是很奇怪,但人心难测。谁能保准一个看上去善良的人内心也一定善良呢?"

"说得也对。"刘同点头道,"不过我现在想问,是谁把内存卡里的视频和照片全都删除了呢?"

"应该不是张鹏自己删的。"

"肯定不是,这么多照片几乎全是他和孩子的合照,对张鹏来说,这全是念想。换作你,你会删吗?"

"我不会。"

"手机上有指纹吗?"

"有张鹏和吴德华的指纹。"

"是吴德华删的?"

"不是张鹏,那自然是吴德华。"

"吴德华为什么要删?我想不到有什么理由。"

"那您觉得是李静吗?"

"你把吴德华带到审讯室,我要见他。"

"现在吗?"

"立刻,马上。"

"好的,我去安排。"

刘同再见到吴德华的时候,他似乎已没有了自首时的凌厉,当刘同在他对面儿落座时,他就像几天没睡觉的人一样有气无力地抬起头,怔怔地望着刘同

罪无赦（二）

道："刘警官，还有什么问题吗？"

"没问题，想跟你谈谈心。"

"谈谈心？"吴德华微微一笑，"你和我有什么好谈的？"

"吴德华，你母亲今年多大年纪了，你心里不是没数吧？说句不好听的话，这么大年纪的老人有今天没明天，万一有什么事情，谁来管？我希望你可以设身处地为她想一想。"

吴德华的眼睛一合一张，瞬时泛起泪光："刘警官，你突然这么煽情，到底想干吗？"

"告诉我真相吧，我只要真相。"

"真相？我全都说过了，我说的都是真相，你到底想要什么真相？"

"好，那我问你，你为什么要杀张鹏？"

"因为他是个人渣。"

"说白了，你主要是想替李静出气，没错吧？"

"没错，我就是要保护她。"

"很好，你觉得李静喜欢你什么？"

"喜欢我什么？喜欢一个人需要理由吗？"

刘同一声冷笑："恕我直言，你觉得就凭你这副长相，李静真的会喜欢你吗？"

"我只能说，你太不了解李静了。"

"但我知道，李静喜欢的是钱！"

"刘警官，这和案件有什么关系？"

"李静喜欢买奢侈品吗？"

"哪个女人不喜欢奢侈品？"

"意思是喜欢喽？"

"那又怎样？"

"你在她身上花了多少钱？"

"我想花多少花多少，我的存款和股票都在李静手里，我愿意，这和你有什么关系？"

"好，那我再问你，你说你去张鹏家，是因为你听见李静说张鹏又要逼孩子去卖血，没错吧？"

"没错。"

"但是据我们调查，张鹏从来都没有带孩子去那个血站卖过血。"

"这不可能。"

"李静骗了你。"

吴德华笑说:"这不可能!"

"好,那我们做个假设,假如李静骗了你……"

"不用假设,我相信李静。"

"你有没有想过,李静很可能是利用你杀了张鹏,假如事情没有败露那自然很好,一旦败露,她假装替你顶罪,而你一定会跳出来认罪,如此一来一箭双雕。既解决了一直困扰她的张鹏,又能得到你的财产,这个局堪称完美。"

"刘警官,你们还有没有人性?这么下三滥的假设你也能想出来?我真是佩服得五体投地啊!你们难道对李静的苦难熟视无睹吗?家暴就像一场噩梦在她的脑海中挥之不去,即使离婚之后也没能摆脱魔爪……"

"等等,你见过张鹏家暴李静吗?"

"当然,她满脸是伤的样子我见多了,告诉你,我早就想杀了张鹏!"

"我是说,你亲眼看到张鹏殴打李静了吗?"

"除了张鹏还能有谁?"

"亲眼看到了吗?"

吴德华颇显无奈:"没有,请问这还用亲眼看到吗?事实摆在那儿,难道非要亲眼看见才算数吗?"

"这么说,你对张鹏的敌意完全来自李静的营造。"

"你什么意思?"

"你杀张鹏是不是受了李静的教唆?"

"刘警官你没毛病吧?我再说一遍,人是我杀的,和李静无关!"

刘同挺直身子,义正辞严道:"张鹏手机里的照片是你删的吗?"

"没错,是我删的。"

"为什么?"

"因为我看不惯他惺惺作态的样子。"

"你这个理由很牵强吧,难道你杀了张鹏之后还有心情去看他的手机?"

"这有什么不正常的?我平时就有偷窥他人隐私的爱好,不可以吗?"

刘同一声冷笑:"我非常好奇,你为什么不将手机砸碎丢进垃圾桶?这样一来神不知鬼不觉。"

"是我失算了,我原本以为最危险的地方最安全。"

目前看来,吴德华已是顽石一块,满脸视死如归的神情,怕是吊起来严刑拷打、剥皮抽筋也不会说出李静半个不字。刘同离开审讯室,刚到办公室门前,看到薛菲眉头紧锁地站在走廊里,便问:"菲菲,怎么了?"

"张鹏他妈又来了。"薛菲无奈地说。

"在哪儿?"

罪无赦（二）

"在你办公室里！"

刘同满脸困惑："出什么事儿了？"

"老太太说从今天起，她每天都要来督促你抓凶手，直到破案为止。"

"唔！"刘同唏嘘道，"也好吧，心里有个念想总不至于想不开。"

"怎么办？真让她天天来呀？"

"来就来呗。一个孤寡老人又不碍事儿，你多找些人和她谈谈心，毕竟是一个刚失去儿子的母亲，你说呢？"

薛菲点头道："成。"

刘同欲将推门而入，刚一伸手便听到屋内传来嘤嘤啜泣之声，进去一看，只见老太太孤零零站在办公桌前，手中拿着一张照片连连抽泣。刘同靠近凝神细看，那照片里竟是吴德华杀人用的那把血淋淋的菜刀。

"阿姨，您别哭了，这对您身体不好！"刘同慢声细语地说。

"是这把菜刀吗？"老太太拭去泪水道，"张鹏是被这把刀砍死的吗？"

刘同点头道："是的。"

"这把菜刀我用了二十年，想不到……"老太太哽咽着说，"想不到竟成了凶器。"

"什么？"刘同盯着照片，满脸骇然之色，"您说这把刀你用了二十年？"

"没错！张鹏他们从别墅搬出来的时候几乎什么都没拿，这把刀和家里的炊具都是我给他们的。"

刘同急问："您看仔细了，是这把刀吗？"

"怎么能认错呢？这把刀可是鹏鹏他爸请老匠人锻的，刀柄是上好的梨花木，我用了二十多年，怎么能认错呢？"

"这把刀是不是被李静带走了？"

"当然没有，这把刀一直在鹏鹏的厨房里啊。"

"你最后一次见这把刀是什么时候？"

"十月初，没错，是国庆节那天，那天我给鹏鹏做饭的时候用过。"

刘同一把抢过照片，追风逐电般向门外冲去，薛菲还没晃过神儿，刘同已消失在走廊尽头。来到四楼拘留室，刘同又见到了吴德华。望着气喘吁吁的刘同，原本站在床边做伸展运动的吴德华突然看傻了眼。

"刘警官，又怎么了？"吴德华笑道，"是不是又要谈心啦？"

刘同调整呼吸，缓声道："目前来看，你杀害张鹏的证据链基本齐全，队里一致认为你已构成故意杀人罪。"

"这还用说吗？我认罪！"

"很好，那你再指认一下凶器吧。"刘同将照片塞进拘留室的铁栏杆递给张

鹏，问道，"看仔细了，这是不是你杀张鹏时用的那把菜刀？"

"没错，是这把，怎么了？"

"这把刀哪儿来的？"

"这……重要吗？"

"我还有很多事情要处理！"刘同不耐烦地说，"请你配合工作，回答问题。"

"从李静家拿的。"

"这么说，你从李静家拿了这把刀，然后装进纸袋拎到了张鹏的住所，没错吧？"

"我不是说过了吗？到底还要我说几遍呢？"

"回答是或不是。"

"是！"

刘同大声道："你撒谎！"

吴德华立刻呆若木鸡，努了努双唇，问："你什么意思？"

"这把刀分明一直在张鹏家的厨房里，怎么会跑去李静家？"

吴德华的喉结迅速上下抽动了几个来回，说："你在诈我！"

"诈你？没有明确的线索我怎么可能来问你？难道你认为我们办案全凭诈的吗？"

"什么线索？"吴德华冷声问道，"你能告诉我吗？"

"这把刀原本是张鹏母亲所有，老人家用了二十多年，据她回忆这把刀一直放在张鹏家的厨房里，怎么可能跑去李静家，难道这刀长脚了不成？"

吴德华笑道："你动动脑子好不好？难道就不可能是李静带走的吗？"

"李静带走的？"刘同说，"李静和张鹏势如水火，怎么可能要张鹏厨房里的一把刀？"

"他们离婚的时候，李静带走了很多东西，你不知道吗？"

"他们离婚是几年前的事情，而张鹏母亲最后一次见这把刀的时间是本月初，你还想狡辩吗？"

"那疯婆子老糊涂了，你居然信她的话？"

"老糊涂了？你还有别的解释吗？"

吴德华视线垂落，似乎在整理思绪，不停眨眼："她的话不能信，不能相信，这把刀千真万确是我从李静家拿的。"

"好，既然你不老实交代，我去问李静。"

"不！"吴德华突然握住铁栏杆，大喊，"人是我杀的，你到底还想怎么样？"

罪无赦（二）

"哦？着急了？为什么要着急呢？"

吴德华瞪大双眼，似乎全身发力，满脸通红："是我杀了张鹏！是我，请你现在枪毙我，枪毙我！"

"告诉我，为什么要撒谎？那个纸袋里到底装的什么？"

"我不知道。"

"好，我去问李静。"

"等等！我告诉你。我说，是匕首和钢锯。"

3

"是匕首和钢锯。"李静卧在病床上哭着说。

薛菲问："那你为什么要撒谎？"

"老吴和我统一过口径，假如是菜刀，就可以说原本是想吓唬张鹏，被张鹏激怒后才杀了他。但假如说匕首和钢锯，那不就是想分尸吗？我知道激情杀人和谋杀在量刑上是有区别的。"

"哦？你知道的还真不少啊。"

"我喜欢看推理小说，所以我知道激情杀人的主观恶意要远远小于谋杀。"

"这么说，吴德华来之前就已经打算好要杀了张鹏，并准备分尸。"

李静掩面痛哭："是。"

夕阳的余晖覆满刘同的侧脸，他感觉那天边的绯红宛如张鹏的血液在随风流动："好了，告诉我真相吧。"

李静拭去眼泪："老吴一进门，我就把孩子打发了，张鹏冲过去揉了老吴一把，问老吴是干吗的，老吴二话没说就把张鹏推到了餐桌旁，二人一阵扭打，但老吴身体好，压住张鹏之后，我怎么都拉不开，老吴掏出匕首，在张鹏喉咙上狠狠割了一刀，那血一下子就喷了出来，我惊呆了，过了几分钟张鹏就不动了。"

"血溅在你身上？"

"没错，溅得到处都是，包括墙上。"

"后来呢？"

"老吴想在厕所分尸，然后去南郊的山上抛尸，但他又觉得这样难免会留下痕迹。于是，他想到了把尸体运回美甲店之后再分尸的办法。"

"是谁伪造了打斗现场？"

"是老吴。"

"将肢解后的尸体封在泥塑里是谁的想法？"

"是老吴和我一起商量的。"

"我想不通，你们为什么非要用这把菜刀呢？假如从别的地方随便拿一把过来，你们的诡计不就成功了吗？"

"杀人之后谁还能像平时那样淡定？而且这种事情又不是天天做，难免会百密一疏吧。"

"张鹏尸体上那些刀伤是吴德华用菜刀砍上去的吗？"

"是的。"

"在美甲店里？"

"不，在现场。"

薛菲说："吴德华真是爱你啊，竟然愿意为你去杀人。"

"老吴是可怜我。"说到这儿，李静又眼泪垂垂。

"是吗？"刘同笑道，"可是李静，你为什么要向吴德华撒谎？"

"撒谎？我什么时候撒谎了？"

"据我们调查，张鹏根本就没有带孩子去你说的那个血站卖过血。"

"不可能，这是孩子们亲口告诉我的。"

"哦？难道是孩子在撒谎？"

"绝不可能，孩子们为什么要说那样的谎话？"

刘同将几张孩子和张鹏的合照放在李静的膝盖上，淡淡地问："你看看，这些照片你见过吗？"

李静拿起一看，摇头道："没有。"

"是吗？那我告诉你，这是张鹏手机里的照片。"

"我没有见过。"

"张鹏的手机是谁处理的？"

"是老吴。"

"嗯，据吴德华交代，他在处理手机的时候将这些照片通通删光了。"

李静略加思索，问道："他为什么要删这些照片？"

刘同微微一笑："我还想问你呢，看来你也不知道啊。"

李静缓缓摇头："我真不知道。"

薛菲说："看过手机里的照片和视频，我真的不敢相信张鹏是一个会对孩子下狠手的男人。"

"他很虚伪，你们不了解他。"

罪无赦（二）

"你知道张鹏送外卖的事情吗？"

"当然。"

"听人说，他早就改邪归正了。"

"薛警官，请你记住，狗改不了吃屎。"

刘同问："他是不是和你聊过复婚的事情？"

"没错。"

"为什么不给他一次机会？"

"难道您想让我回去接着挨打吗？"

刘同起身，唏嘘不已："也许吴德华会判死刑，你要有心理准备。"

李静突然起身从床上下来，"噗通"一声跪在刘同面前，痛哭流涕道："刘警官，求您网开一面，他是为了我才杀的人，为了我啊。"

离开医院，薛菲对刘同说："李静的口供和吴德华的基本一致，现在可以确定是吴德华了吧？"

"难道是孩子骗了李静？"刘同喃喃道。

"你是说卖血的事情？"

"没错。"

"孩子们为什么要撒谎？"

"这就得问问孩子们了。"

"现在吗？"

"趁热打铁吧。"

薛菲和刘同开车前往学校，七点半左右，他们带两个孩子走进万花商城的一家烤鱼店，坐在方桌前，薛菲把菜单递给张晓光，笑说："想吃什么？我请客。"

张晓光说："我不点。"

"那晓亮点。"

"哥哥不点，我也不点。"张晓亮小声回应。

刘同笑说："菲菲，你点吧，我和晓光说说话。"

"好。"

刘同深深吸了口气，微微一笑道："晓光，那天晚上你根本就没用烟灰缸打你爸爸，因为墙上的血根本就不是鼻血。你是不是对叔叔撒谎了？"

"是妈妈让我那么说的。"

"那你爸爸真的打你们了吗？"

"打了。"

"他经常打你们吗？"

张晓光低头道:"经常打。"

"那天晚上为什么要打你?"

"他要带我们去卖血。"

"他带你和晓亮卖过几次血?"

"好几次。"

"那个卖血的地方是什么样子,你还记得吗?"

"我忘了。"

刘同瞥了薛菲一眼,又问:"你再想想?不可能一丁点儿都想不起来吧?"

"我说我忘了!"张晓光面带怒色。

"好,那咱们不想了。"刘同拧开面前的饮料,倒了两杯放在孩子们面前,说,"晓光啊,你是不是特别害怕、特别讨厌你爸爸?"

"我恨他。"

"为什么?"

"不为什么。"

刘同转头问:"晓亮,你为什么不说话呢?"

张晓亮缓缓低下头,保持着习惯性的沉默。

就在此时,一位女服务员款款而来,笑说:"你们好,今天是我们店庆,会员全场六八折,另赠两百元代金券,请问二位有没有会员卡?"

"我有。"刘同说。

"请您出示一下可以吗?我需要提前登记。"

刘同摸了摸裤兜说:"哎呀!钱包放车里了。"

薛菲放下手里的菜单:"我去拿吧?"

"不用,你把车钥匙给我,我自己去。"

"好吧。"

乘电梯到地下停车场,刘同一路向C区走去,路上一直在想张晓光的只言片语,对于一个六年级的小学生来说,在智力水平完全正常的情况下,怎么会一丁点儿都不记得自己去过几次的地方呢?孩子一定有所隐瞒,但刘同深知和这个年纪的小朋友打交道必须注意方式方法,最好能循序渐进,操之过急恐怕会适得其反。

打开车门,刘同俯身在中控台上寻找钱包,侧目一看,发现张晓光的书包跌在了后排座的地板上,五六本包了白色书皮的课本七零八落,唯独一本黑色的工作手册立刻引起了刘同的注意。拿来一看,竟然是张晓光的日记,大致一翻,日记从二〇一五年元旦起,一直到昨天为止。刘同迅速翻到十月十二日那

罪无赦（二）

天，日记开头这样写着：多云，黑色的一天。

　　刘同正要往下看，突然感觉身后似乎有人，转头一瞥，居然是张晓光，他正冷冷地望着刘同，就像一个刚刚死去的小男孩。

第十二章

阴 郁

　　天黑之后，张旭升拎着文件包失魂落魄地走在路上，在一个十字路口横穿人行道时逼停了三辆私家车，一个司机探出脑袋，扯嗓吼道："喂！你他爹不想活了吗？"

　　张旭升不予理睬，似乎什么都没听到，继续向马路对面走去，又逼停了反方向驶来的一辆洒水车。

　　齐兮兮发来短信问他是否回家吃饭，他只回了两个字：不回。

　　橘子路中段有一家爆炒小龙虾，光头老板与城管交好，因此每晚七点过后便可在人行道一侧支起摊位，火红的小龙虾在锅中不断翻炒，飘香的辣味儿顷刻引来无数食客。张旭升是老主顾，刚在圆桌前坐定，老板便问："怎么样？今天照旧？"

　　"照旧！"张旭升想了想又说，"再来一扎啤酒。"

　　"怎么了？"老板被锅边的烈焰灼得迷眼，"遇见烦心事儿啦？平时没见你喝酒啊？"

　　"想喝一点儿。"

　　"好。"

　　光头老板用毛巾蹭去额头的汗，转头给自己的年轻徒弟说："小巩，给你张哥两瓶儿酒。"

　　"要一扎！"张旭升说。

　　"干吗呀？要往醉里喝呀？"老板问。

　　张旭升笑说："你不得陪我喝两杯啊？"

罪无赦（二）

"成，给你张哥上一扎。"

吃吃喝喝的，张旭升似乎感觉齐兮兮就坐在自己对面，于是将一杯酒推过去，笑着说："老婆啊，喝一杯？不喝呀？干吗不喝？想吃小龙虾呀？来，我给你剥虾壳。"张旭升拿起一只小龙虾，一边剥一边说："老婆，你……是不是喜欢别人了？那你说呀？你告诉我呀？我知道这些年委屈你了，是，我对不起你，我对你不好，没让你过几天好日子，可是你能不能再给我一次机会？"

张旭升泪眼迷离："好，想离婚是吧？我要是不愿意呢？开玩笑啦，只要你说，我会放你走的。只要你幸福，我怎么都能过！"

迷迷糊糊中，张旭升听到邻桌的一男一女吵了起来，女人指着男的说："你不是人，我陪了你九年，九年啊！从二十一到三十岁，我照顾你的生活，支持你的事业，你还想怎么样？现在有钱了就不要我了？嫌我年纪大了？感觉我没内涵没文化了？你过去没钱的时候，怎么不说呢？你一事无成的时候，怎么就没嫌弃我呢？"

男人皱眉道："你先坐下好不好？大庭广众你不觉得丢人吗？"

"我不！你今天把话给我说清楚，你跟那个贱女人到底想干吗？"

"我说了，我们要结婚，你还想听我说多少遍？"

"好，你们结，你们结吧。"女人含泪道，"我祝你们幸福。"

"难道咱们就不能好聚好散吗？"

"好聚好散？"女人哈哈大笑起来，"好聚好散，九年前你说要爱我一辈子，这才九年就成了好聚好散？你们男人嘴里到底有没有一句是真话？"

"莉莉，那时候我们都年轻，谁能想一辈子会这么长？"

"你爱过我吗？"

"没有，也许从来没有，还是那句话，那时候我们都年轻，根本就不懂什么叫爱情。"

张旭升拍了拍男人后脑勺，笑说："哎！兄弟，放屁呢？提上裤子不认账了？"

男人立马从凳子上蹦了起来，一脸怒色，仰面望着比自己高出一个脑袋的张旭升喝道："你他娘谁啊？我们之间的事儿你管得着吗？"

张旭升一把拽起男人的领子，女人连忙握起张旭升的胳膊说："大哥，我们的事儿您就别管了。"

"妹妹，好好儿站着，哥哥替你出这口气。"

"你给我放手，听见没？"男人大喊。

"兄弟，你他娘到底是不是男人？你先说是不是人？"张旭升问。

"你给我放手，再不放，我报警啦！"

180

"看你人模人样的,你到底干吗的?"

"放手!你给我放开!"

张旭升用手指了指女人,说:"这女人陪了你九年?九年,用天算三千多天吧?你知道这三千多天对于一个二十来岁的女孩意味着什么吗?意味着她把最好的年纪都献给了你这个人渣。"

男人掏出电话,被张旭升一把夺下:"你还想打110?你有脸吗?你有脸吗?桌上是奔驰车的钥匙吧?小子,有钱了?出人头地了?不知道自己叫什么了?你说说老天爷怎么尽让你们这些王八蛋一夜暴富呢?穷的时候像孙子,一有钱恨不得当祖宗。我问你,这女人亏待过你吗?背着你找过人吗?她这么爱你,你还想怎么样?"

"可我不爱她,我不爱她!"

张旭升怒吼道:"那你他娘早干吗去了?"

"我说了,那时候我年轻,我单纯只是需要她,可我不爱她。你不懂什么是爱情,你放开我,放开!"

"你听听这什么话?单纯需要她,畜生都不会这么造句。还爱情?"张旭升拎起一个酒瓶,"好,爱情是吧?爱情是需要牺牲的,你懂吗?"

男人一看酒瓶,神色立马慌张起来:"你想干吗?你想干吗?"

"哥!"女人奋力拦在男人面前,泪流满面地说,"别打,我求你别打,放了他,算我求求你了。"

"妹子,都这样了你还护着他?"

"求求你让他走吧。"

"臭小子。"张旭升说,"看到了吗?这个被你抛弃的女人,到现在都要维护你。"

"哼!我不需要,我不需要!你打呀?来来来,往脑袋上砸,有种你砸死我!"

女人狠狠推开张旭升,一巴掌抽在男人脸上,哭喊道:"你给我滚!"

男人努起嘴,微微点头:"好,咱们就算结束了,请你以后不要再来找我,我现在很幸福。"

"滚!"女人喊哑了嗓子。

男人从裤兜里摸出一张支票放在桌上,笑说:"这里有八十万,这些年你在超市打工、在内衣店打工、在饰品店打工、在服装店打工,每个月顶多也就挣三千多,我给你算四千,十年也不过四十八万,算上奖金之类的就算六十万吧。所以你这些年花在我身上的钱应该没有八十万,多出来的二十万,算我赔你的青春。"

罪无赦（二）

男人离开后，女人拿起支票撕了个稀碎。一阵夜风袭来，吹得漫天飞扬。远处的奔驰车开走了，女人瘫坐下来，喝干了面前的啤酒。

张旭升陪坐一旁，直勾勾地望着女人说："妹妹，别想了，都过去了。"

"哥，刚才谢谢你。"

"对不起，我以为我能帮你把他拽回来，看样子适得其反了。"

女人微微一笑，抹去眼角的泪花说："没用的，他早就离开了。"

"他是干吗的？"

"他是编剧，你看过《警号W的男人》吗？"

"看过，很不错的悬疑剧，难道是他编的？"

"没错，他现在很有名。不过九年前他躲在我的出租屋里写剧本的时候，几乎没有人支持他，包括他的家人。"

"是你在支持他。"

"没错，大概五年前他因为《警号W的男人》声名鹊起，挣钱突然变成了很容易的事情。他的父母尝到甜头，立马换了态度，过去从不敢向别人提起儿子是做什么的，后来见人就说。三年前，他认识了一个女演员，他的父母非常支持他们在一起，虽然他们都知道我付出了许多，但那又怎样呢？他成了知名编剧，而我仍旧在超市里干着促销酸奶的工作。"

"你不应该把支票撕掉。"

"有什么用呢？我把自己最好的都给了他，现在我什么都没了，除了明天，我一无所有。"

"明天！"张旭升说，"你还有明天，我连明天都没了。"

"为什么？"

"不敢想，没有她的日子，估计跟死了差不多。"

"谁？您的女朋友吗？"

"我妻子。"张旭升两眼发直。

"她怎么了？得病了？"

"总之她快要离开我了。"张旭升举起酒瓶吹了起来，啤酒沫顺嘴角流向脖颈，"你比我强，最起码知道这编剧是人渣，不值得留恋。我不一样，我知道我妻子是爱我的，但她就要离开我了。"

"我不明白，这到底是为什么？既然她爱你，为什么还要离开你呢？是不是有什么不能说的苦衷？"

"不知道，我也不知道。"

"你总要问清楚吧？至少你要知道这是为什么。"

"我不敢问。"

"那你就这样目送她离开吗?"

"还能怎么办?"张旭升满脸苦笑,"无能为力啦。"

"哥,假如我没猜错的话,你老婆应该是出轨了吧?"

张旭升摇头道:"没有,她不会出轨的,我相信她。"

"你们有孩子吗?"

"还没有。"

"生个孩子吧!也许生个孩子一切都会好起来的。"

张旭升哆哆嗦嗦地点了支烟,深深吸了一口,眉眼低垂道:"生孩子?这能有什么用?你想让我用孩子束缚她,这有什么意思?"

"你总得去试一试呀?就算不成功,你也得试一试,否则你要后悔一辈子。"

张旭升回家的时候,脚底下直打趔趄,在一个树坑里吐了半天才清醒了一些。他想起齐兮兮说过:"喝酒难受了要喝酸奶,那样会舒服一点儿。"

想起这句话,张旭升心如刀割,他在马路牙子上坐下来,望着空荡荡的街面,但凡有车辆呼啸而过,他便会大喊:"你给我回来!"

正当张旭升掩面痛哭时,突然听到一个女人说:"你怎么喝成这样了?"

他抬头一看,竟是齐兮兮。

张旭升连忙擦去眼角的泪花,笑道:"你怎么来了?"

"我打电话到你办公室,他们说你早走了。我估计你去吃小龙虾了,等我赶到,光头老板说你刚走,还喝得醉醺醺的。"齐兮兮蹲下身子,莞尔一笑,"老公,你怎么了?有什么不开心的事情吗?"

"没有,没什么。我想抱抱你,可以吗?"

"你到底怎么了?"

"让我抱抱你。"

齐兮兮露出一个古灵精怪的微笑,歪着脑袋,眨着雪亮的大眼睛说:"你别哭了,我就让你抱。"

2

十月三十日清晨,温度骤然下降,由于北方冷空气悄然而至,未来二十四小时内将有冷雨来袭。在会议室吃过早餐后,何落带两名干警前往拘留室,吴

罪无赦（二）

德华见人打开铁门便问："是已经批准逮捕了吗？"

"还没有。"何落将手铐戴在吴德华手腕上，拍了拍他的肩膀说，"刘队有话要问你。"

"我不明白，到底还有什么可问的？"

"那我就不知道了。"

吴德华义愤填膺道："我不去！我哪儿都不去，除非去监狱！"

何落向身后的干警一挥手，他们便一左一右将吴德华架了起来："不好意思，这恐怕由不得你。"

"该说的我都说了，你们还想怎么样啊？"

"别紧张，我估计刘队只是想核实一些信息罢了。"何落说，"不过话说回来，你干吗这么激动？是不是心里有鬼啊？"

"我有什么鬼？我嫌烦！"

"那就麻烦您再配合一下。带走！"

刘同和薛菲走进审讯室，吴德华嘴里正自言自语着什么，刘同笑说："怎么了？听说你不愿意见我？"

"我不知道你还有什么好问的。"

"吴德华，李静招了。"

吴德华故作镇定："你说什么？什么意思？我不知道你在说什么！"

"还要这么纠缠下去吗？"

"刘警官，你到底想说什么呀？该交的证据我交了，该认的罪我认了，我到底和你纠缠什么了？"

"李静全都招了，她说人是她杀的。"

吴德华像打嗝一样咯咯傻笑："我说你们这些警察，杀人犯就在你们眼前，你们这是干吗？想帮我洗脱罪名吗？刘警官，咱们不会是亲戚吧？"

薛菲怒目道："吴德华，请你注意，我们不是来和你开玩笑的，你最好能老老实实配合我们调查！"

"菲菲，不打紧。"刘同说，"吴德华，想知道李静为什么要杀张鹏吗？"

"哼！我倒真想听听刘警官又要编一个什么样的故事。"

刘同拿出手机，点开一段视频放在桌上说："这是繁花卫视一档经久不衰的相亲栏目，你应该看过吧？"

"《众里寻他》，我看过，这又怎么样？"

刘同望着屏幕说："注意，现在出场的这位男士名叫张鹏，他送给主持人的这份礼物是麦当娜的签名唱片，这可不是一般人能从网上买到的东西。"刘同滑动屏幕，"再往后看，这个年轻人开着法拉利，住在海景别墅里，你应该

184

能感觉到这是一个有钱人吧?"

吴德华一声冷哼:"你给我看这些干吗?这和我杀他有什么关系?"

"别着急,再往后看,这个女人你应该眼熟吧?"

"这!"吴德华惊声道,"是李静?"

"没错,就是她。"刘同说,"李静正是通过这期节目结识了张鹏,半个月后他们步入婚姻殿堂。张鹏抱得美人归,李静嫁入黄金门,可谓你情我愿各取所需啊。吴德华,你和李静相处这么久,难道这些你不知道?"

"除非她说,我从来不问,因为我根本不在乎她的过去。"

薛菲将录音笔向前推了推:"从此之后,李静过上了令许多人艳羡不已的生活,除了怀孕生子,购物成了她生活的主旋律。她经常往返于内地、香港之间,有时也会去东京,主要目的就是采购化妆品与奢侈品。她以为这么风光的日子会无休无止地过下去,可惜好景不长,在他们结婚后的第七个年头,张鹏沾上了赌博,从此一发不可收拾,以至于倾家荡产。"

"我还是想问,这和我杀他有什么关系?"

刘同笑道:"李静的生活一下子从珠穆朗玛峰上滚了下来,滚进了吐鲁番盆地。如此巨大的落差是李静无法接受的,于是她迈出了离婚这一步。昨天晚上,我们在一家二手货交易网站上查到了用李静手机注册的账号,据我们统计,她在离婚后不久转卖了二十多件奢侈品,总交易额高达六十多万。"

"这能说明什么?"

"这说明,她急需另一个人来维持她奢靡的生活,于是乎,你闯入了她的世界。对李静来说,你长相普通,更不及张鹏富有,但相较于普通工薪阶层,你的财力并不弱,这是重点。而对于她自己来说,她已不再年轻,又带着两个孩子,她自己也明白这样的女人早就失去了竞争力。为满足强烈的物欲,李静选择委身于你,听懂了吗?"

"放屁!我们是爱情!是爱情!"

"你先别激动。虽然你和李静的联系方式以通话为主,但我们的侦查人员还是在你的手机中找到了蛛丝马迹。就在案发前一天,也就是十月十一日中午,李静在自己微信朋友圈内转发了一篇文章,题目为《离婚后的女人就不配拥有钻戒吗》,文章大意是离婚后的女人更加应该努力奋斗,让自己活得更有尊严。在这篇文章下方我们看到了这样的回复:不用奋斗,我会给你一切。回复这条信息的人,恰恰是你。"

"不行吗?我连回复别人信息的权利都没有吗?"

"就在第二天下午,你去万花商城那家非常知名的珠宝店,用七万九千元的价格购买了一枚一克拉的钻戒。而我们知道万花商城位于你商店的北侧,李

罪无赦（二）

静家位于南侧，所以根本就不是你所说的顺路和偶遇。今天早晨我们派人去那家珠宝店问询，据店长反馈，十月十二日当天他们根本就没有做什么促销活动，这样看来，当我们第一次见到你的时候，你就向我们撒了谎。"

"没错，我是特意去买的，这又怎么样？"

"你给李静买过多少奢侈品？"

"多了！我愿意，你管得着吗？"

"你知道张晓光在日记里是怎么称呼你的吗？"

"称呼我什么？"

"冤大头。"

"那孩子一直不喜欢我，这正常。"

"既然不喜欢你，应该用脏话骂你，为何叫你冤大头呢？"

"随便怎么叫，我无所谓。"

"那你知道冤大头是什么意思吗？"

"我不知道，我也不想知道。"

"冤大头的意思是，你花的钱都是冤枉钱……"

"小屁孩他懂个屁。"

薛菲说："吴德华，你不要再扛了，这没有意义。李静已经交代得十分清楚，十月十二日晚，张晓光打电话给李静，表示他想和张晓亮住在张鹏家。李静不答应，张鹏接起电话说了几句刺耳的话，李静一气之下便冲到张鹏家。不料张鹏提出复婚的要求，他说假如李静不复婚，他也不会让李静如愿以偿。"

"什么如愿以偿？"

"张鹏早把你摸透了，他知道你有钱，还知道你最大的心结是你女儿，假如你和李静的事情被你女儿知道，你女儿必然会死去活来地跟你闹，到时你一定会放弃李静，选择家庭。张鹏给李静两个选择：第一，和他复婚；第二，把你和李静的事情告诉你的家人，包括你女儿，也就是说，他想让李静一无所有。"

吴德华彻底懵了。

"李静一气之下拿来菜刀，张鹏以为李静吓唬他，露出脖子让她砍，想不到李静真一刀砍了下去，接连又砍了数刀，直到把张鹏砍死。后来她打电话给你，说张鹏对孩子家暴，逼孩子去卖血，她说她杀了张鹏，求你帮帮她。于是，你拿着匕首和钢锯赶到张鹏家，准备现场分尸。"薛菲说，"可事实上，张鹏既没有打孩子，也没有逼孩子卖血。"

"这……这不可能！就算没去卖血，但孩子浑身是伤……"

"李静已经说了，孩子是她打的。"

"怎么会这样?"吴德华目瞪口呆。

"她骗了你,她说她根本不爱你,你只是一个舍得给她花钱,愿意替她去死的陌生中年男人而已。"

"不,我不相信。"吴德华泪目,自言自语道,"要是那样,她不会把真相说出来,要是那样,她应该会让我顶罪的。"

薛菲瞟了刘同一眼,又说:"没错!假如我们没有发现新的证据让李静说出真相,你十有八九死定了。"

"她一直在利用我?"

刘同笑说:"你终于明白了。其实你完全可以说纸袋里装的不是匕首和钢锯,之所以那么说,是因为你已经准备好替李静赴死了,没错吧?你和李静事先串通,先由李静承担罪责,然后你跳出来自首,让我们相信李静是在替你顶罪,当菜刀的漏洞被发现后,你们实施了第二套方案,如此一来你就从激情杀人转变为谋杀,而李静则将彻底从整个事件中抽离出来,成为最最无辜、最最可怜的女人。吴德华,我说得没错吧?"

吴德华皱起眉头,眼泪顺势落下:"她真的不爱我?"

"吴德华,恕我直言,不是我不相信爱情,我只是不信李静会爱你。也许李静爱过你,但事实上,她更爱你的钱。"

吴德华双目微合,仰面抽泣。

"好了吴德华,现在该你说了。"

3

下午三点钟,没多久便下起冷雨,据气象部门分析,这将是繁花市四十五年来最漫长的一场冷雨,但到底多漫长,似乎每个人心里都有一个预期。躺在病床上的李静认为,用不了几天,一切都会过去。

刘同和薛菲的出现似乎打乱了她古井无波的心绪,再看他们身后跟着何落、章毅二人,她的心不禁七上八下起来。

刘同满脸客气:"不好意思,又要打扰你休息了。"

"没关系。"李静笑说。

刘同遥望窗外,转头说:"我一点儿都不喜欢下雨,你呢?"

李静轻轻撩动刘海:"我倒是挺喜欢下雨的。"

罪无赦（二）

"菲菲也喜欢下雨吗？"

"不，下雨太阴暗，我不喜欢。"

李静一听，满脸尴尬："刘警官，今天有什么事儿吗？"

"好，那我就开门见山了！"

"请讲。"

"张鹏……是你杀的吧？"

李静眨了眨眼，噗嗤一笑："刘警官，老吴不是已经交代了吗？您怎么还会问这种问题？"

"请回答我，张鹏是你杀的吗？"

李静言辞果决："不是。"

"章毅！"

"是。"章毅打开手里的iPad，放出一段视频递给刘同。

"李静，你看仔细了，这段视频是张鹏用手机拍的，拍摄时间为十月八日，也就是案发四天前。"

李静望着视频，看到张晓光站在一台抓娃娃机前对着镜头咯咯笑着，那是属于孩子的笑容，天真无邪，透着最最简单的快乐。

"张晓光问张鹏，爸爸，什么时候才能接我们回家住？"刘同将iPad交给薛菲，笑说，"李静，假如张鹏是一个喜欢打孩子、逼孩子去卖血的爸爸，你认为孩子会提出这样的要求吗？"

李静一声冷哼："我一点儿都不好奇，这是张鹏逼孩子说的，肯定是张鹏逼他们说的！"

"是吗？"刘同盈盈一笑，章毅也跟着窃笑起来。

"你们笑什么？这很好笑吗？"李静怒形于色，但似乎又极力压制着内心的不悦，"难道你们不信我说的话吗？"

"好，就算是张鹏逼的吧！那我问你，张鹏手机里的视频和照片到底是谁删的？"

"我说过了，是老吴处理的，我什么都不知道。"

刘同双眉一挑："这样啊！那你想听听老吴是怎么说的吗？"

"什么？"

"菲菲，放给她看。"

"是！"

薛菲在iPad上点开另一个视频，画面中的吴德华孤坐在审讯桌前，眉眼低垂道："张鹏的手机我原本是想砸碎丢进河里的，但李静说藏在家里就好，她说最危险的地方最安全。李静将手机里内容大致浏览了一遍，然后她要求我

把手机里的所有信息统统删光,并强调一定不能把内存卡里的照片和视频留下来,于是我做了恢复出厂设置。你们说手机上只有我和张鹏的指纹,那是我处理过的,目的就是为了撇开李静。"

薛菲按下暂停键,刘同望着李静的脸,她完全没有惊讶的表情,这倒让刘同心头一惊,本来是想用这个视频给李静来个当头棒喝,现在看来似乎没起到应有的震慑作用。

"李静!"刘同说,"这怎么解释?"

李静淡淡一笑:"有什么可解释的?我再说一遍,手机不是我处理的,我根本就不知道有什么照片和视频。而且手机上只有张鹏和吴德华的指纹,你们该如何证明我碰过那个手机呢?"

"你的意思是说,吴德华向我们撒谎咯?"薛菲问。

"我没那么说,也许是他记性不好吧。"

"好!就算吴德华撒谎或者记性不好吧。"刘同说,"菲菲,放下一个视频。"

iPad中的吴德华接着说:"没错,李静打电话说她杀了张鹏,让我帮帮她,我第一时间想到了分尸,于是我在李静家找到了匕首和钢锯。当我赶到张鹏家时是李静开的门,她浑身是血,一下子扑进我怀里号啕大哭。我看到两个孩子站在客厅里,满脸是伤,张鹏则躺在餐桌旁的血泊里。我问张鹏死了吗,李静说她不知道。我安慰她不要哭了,让她先把孩子带走,毕竟分尸这种事情总不能让孩子看到吧?她带孩子离开后,我打开鞋柜看了看,本来是想穿一双张鹏的鞋,却意外发现了塑料鞋套,总之我不想让张鹏的血染脏我的白色运动鞋。戴上鞋套,我走到餐桌旁用匕首在张鹏的大腿上捅了一刀,看他毫无反应,我才确认他死了。张鹏家有一个小喷壶,我收集了一些张鹏的血喷在自己身上,然后开始处理现场。所以你们说得对,那个时候我就想好替李静顶罪了,不过那是最坏的打算,其实我根本不相信你能查到这一步,话说回来,是我低估你们了。"

薛菲按下暂停键说:"李静,还要往下看吗?"

李静一声冷笑:"你们相信他吗?好吧,假如你们相信,我愿意接受法律的制裁,但请你们务必拿出可靠的证据,比如我使用的凶器。"

刘同笑说:"李静,你终于露出真容了!"

"刘警官什么意思我听不明白。"

"你知道吴德华已经替你销毁了所有证据,所以才敢这么说的吧?"

"随你怎么说吧,我相信法院会给我一个清白。"

"是吗?你之前不是想给吴德华顶罪吗?现在是怎么了?感觉似乎变了个

罪无赦（二）

人一样。"

"怪我傻，可以吗？"

"李静，难道你不好奇吗？"

"好奇什么？"

"为了帮你洗脱罪名，吴德华不仅抹黑自己，甚至愿意为你去死，你不好奇他为什么又突然改变主意了吗？"

"刘警官，你在给我下套吧？"

"何落，把东西给我。"

"是。"何落从文件包里掏出一个黑色本子，封面有四个鎏金大字：工作手册。

"李静，这个工作手册你眼熟吗？"

李静瞥了一眼，轻描淡写地说："我没见过。"

"这是你儿子张晓光的日记本！"

李静轻声道："这也算证据？"

"算不算证据姑且不说，既然是日记，那我们先来读一读三年前的这两篇吧。"刘同翻开本子，念道，"四月十三日，星期六，多云。妈妈今天又在卫生间里打自己的脸，不知道打了多少下，可能有一百多下，我和弟弟都很害怕。我在门缝里偷看，她的脸都肿了。她用卫生纸擦去嘴角的血，然后又开始化妆，我知道她要和小区里的阿姨们去跳舞，顺便告诉她们，爸爸又打了她。四月二十八日，星期天，万里无云。我知道妈妈今天又要打我们，但我没想到她会用碎玻璃划破弟弟的脸，为保护弟弟，我推了她一把，她用擀面杖打碎了我一颗牙。下午她带我们去儿童乐园，遇见小区里的叔叔阿姨，妈妈告诉他们是爸爸虐待我们，我和弟弟必须点头，否则又要挨打了。爸爸晚上回来，问弟弟怎么了，妈妈说是我用玻璃不小心割破了弟弟的脸，弟弟又用擀面杖打碎了我的牙。爸爸带我和弟弟去医院，路上一直在流泪。"

"李静。"刘同说，"这就是小区里的人为什么会说张鹏有家暴倾向的原因吧？"

李静突然热泪盈眶："刘警官，这一定是张鹏逼孩子写的……"

"你先不要解释，我们再来读一下今年的这篇。"刘同跷起二郎腿，念道，"十月十二日，星期三，晴转多云……"

"不要念了！"李静拭去眼泪，"我不想听。"

"今天是我的生日，爸爸接我们回家吃饺子，我和弟弟都很高兴。爸爸买了一台体感游戏机，说是送我的礼物，我都要激动得哭了。爸爸教我们玩网球游戏，我问爸爸今晚可不可以不回妈妈那个家，我讨厌那个家，爸爸说这要征

得妈妈的同意。我打电话给妈妈，妈妈不答应，于是我很难过，爸爸接起电话去了厨房，我不知道他们说了些什么。没多久妈妈来了，她要带我们离开，我说我不想回，她就狠狠撕住我的头发，我反抗了一下，想不到她一脚踹在我的肚子上，很疼，真的很疼，但我没有哭。爸爸推开她，把我和弟弟拦在身后，说不能再让她一个人照顾我们，我知道爸爸是担心我们会经常挨打。他向妈妈提出复婚的要求，但妈妈不同意。爸爸说假如她不同意，他就去吴德华家闹个天翻地覆，而且一定要让吴德华的女儿知道自己的爸爸在外边干了很坏很坏的事情。妈妈很生气，去厨房拿了菜刀，我现在都不敢相信，她真的砍了下去，砍了一刀，又砍一刀，一刀又一刀，爸爸就那样被砍死了。晓亮一直在哭，我捂着他的眼睛，他没见过那么多血，也没见过爸爸的脑袋快要被砍下来的样子。"

"这不可能是我儿子写的，不可能。"

"妈妈是魔鬼，她开始打我们，她用烟灰缸砸晓亮的脑袋，用皮带抽我和晓亮的脸，用钢筋条砸我的胳膊。她说等吴叔叔来了，必须说是爸爸打的，必须说爸爸逼我们去卖血，否则她会弄死我和晓亮。我不知道死是什么感觉，但我害怕她用菜刀砍我，因为看上去真的会很疼。爸爸死了，晓亮问我爸爸还能不能陪我们玩游戏，我说能，但我知道这是不可能的。爸爸，我爱你。"

李静若无其事地说："你们在撒谎，这根本就不是我儿子写的。"

"不是吗？"刘同问，"既然不是，你刚才为什么要哭呢？"

李静拭去泪水："作为母亲，没能保护好孩子，我心里很难过。"

"难道是张鹏用碎玻璃割了孩子的脸，是张鹏打碎了孩子的牙？"

"是他，他是个畜生，他根本不是人，他是魔鬼。"

何落几声冷笑："你一会儿说这是张鹏逼孩子写的，一会又说不是孩子写的，你心里很凌乱呀？要不给你点儿时间冷静一下？"

李静慢条斯理地说："这不是孩子写的，绝对不是，你可以把晓光带来，我和孩子当面对质！"

章毅笑道："你敢吗？"

"当然敢。"

刘同说："章毅，把孩子们带进来。"

"是！"

望着两个孩子的身影缓缓走来，李静挥了挥手，满脸微笑地说："儿子，到妈妈这儿来！"不料张晓光拽着张晓亮迅速躲在了何落身后，李静似乎大吃一惊，原本的和颜悦色瞬间冷若冰霜："儿子，你们怎么了？是不是这几个叔叔打你们了？"

罪无赦（二）

刘同笑说："你就别为难孩子了，既然你要对质，那咱们开始吧。"

"等等！"李静抢过话茬儿，"我有几句话要对孩子讲。"

"好，你说吧。"

"晓光，你说过的，你不会再惹妈妈生气了，对吗？"

张晓光额头低垂，缄口不言。

"你知道惹妈妈生气的后果吗？妈妈会很难过的。"

薛菲喊道："李静，你这是在威胁孩子吗？"

李静淡淡一笑："好了，可以开始了，你们想让我们怎么对质？"

刘同转头问道："张晓光，你日记里写的那些都是真的吗？"

张晓光抬头看了看李静，然后转头望着刘同说："我不知道。"

"告诉警察叔叔，那日记不是你写的？"李静喊道。

"李静，我没让你说话，请你现在保持沉默。"刘同厉声喝道，"晓光，告诉叔叔，你爸爸是谁砍死的？"

张晓光突然满脸委屈，不禁隐隐抽泣，似乎在克制一股难以抗衡的悲伤。

"儿子，妈妈会一直陪在你们身边的，不要怕，告诉他们。"李静冷冷地说。

"晓光！"刘同说，"好好想一想，你爸爸是一个什么样的男人？他有多爱你们，多疼你们，多想永远陪着你们？"

"儿子，快告诉他们，是吴叔叔杀了你爸爸。"李静喊道，"快啊！"

张晓光用袖子抹去泪痕，指着李静低声道："叔叔，是她，是她杀了我爸。"

李静的脸瞬间僵住了，她似乎在努力挤出一个微笑，但似乎更加僵硬："儿子，你说什么？你再说一遍让妈妈听听？"

"是你，是你用菜刀砍死了爸爸。"

"你说什么？你这个小王八蛋！"李静转头望着刘同，眼泪夺眶而出，"刘警官，这小王八蛋不愧是张鹏的儿子！这日记都是他编的，他把日记给你就是想害死我，是想给那个畜生报仇……"

"李静，别再说这些没脑子的话了。孩子的日记是我无意间发现的，根本就不是孩子给我的。说实话，要不是老天爷让我看见这本日记，你的诡计险些就要成功了。"

"是吗？看来天要亡我咯？"李静泪洒而出，"可是刘警官，光凭这个小王八蛋的日记和吴德华的口供，你们就能给我定罪吗？"

"当然不能。"刘同笑说，"不过你现在交代犯罪事实的话，我可以算你自首，怎么样？"

李静一阵冷笑:"怎么?找不到证据,改威逼利诱了?"

"李静,我再给你最后一次机会,别等我把证据拿出来,你连后悔都来不及。"

李静哈哈大笑,简直像一个精神病人:"什么证据?菜刀吗?你们是不是把我的指纹偷偷弄上去了?"

"看来你真的要执迷不悟了。"刘同不无唏嘘,"说心里话,我还是想问问你,为了维持你强烈的物欲,干出这么多丧尽天良的事情,你觉得值吗?难道你的内心就从来没有煎熬过吗?"

"哼!有什么证据尽管拿出来吧!假如没有,请你带上这两个小王八蛋赶紧离开,我要休息了。"

薛菲说:"李静,我真没想到你是这样一个人,这两个孩子难道不是你亲生的吗?我总听人说,无论心多硬的女人生了孩子一定会变软,看来你是一个奇葩。就在几天前,我还在为你的遭遇感到同情和惋惜,想不到竟然会有这样的反转,简直比推理小说还要精彩。李静,这是你的亲生骨肉,我想知道当你用碎玻璃割破他的脸,鲜血涌出的那一瞬间,你的心就不会痛吗?"

"啧啧啧,没有证据就开始煽情了?没用的,我什么都不会承认。"李静莞尔一笑,望着窗外阴云密布,轻声细语道,"唔!雨下大了,我最喜欢阴暗的天空,真的好迷人。"

"李静,是你放弃了自首,我尊重你的选择。"刘同转头,斩钉截铁地说,"何落,拿证据!"

"是!"

第十三章

消 失

1

这是一支黑色录音笔,上面贴着卡通人物,刘同叫不上名字,但他知道这个人物来自一部曾风靡一时的动画片。

"李静,你见过这支录音笔吗?"刘同问。

"没有。"李静瞥了一眼,轻描淡写地说。

"好,让我来告诉你,这支录音笔是我在张晓光的书包里发现的。"刘同将录音笔拿在手中不停地翻转,"孩子说,这是案发当天张鹏送给他的生日礼物。"

"生日礼物?不是体感游戏机吗?怎么成了录音笔?"李静问道。

刘同转头笑说:"晓光,你来告诉大家,你爸爸为什么要送这支录音笔给你?"

张晓光说:"因为我会经常忘了老师布置的作业,爸爸说有录音笔可以把老师说的话录下来,这样就忘不掉了。"

"李静,听到了吗?"刘同说,"像这样一个父亲,你如何能让人相信他会逼孩子去卖血呢?"

"张晓光!"李静顿时勃然大怒,"你都录了些什么?"

薛菲义愤填膺地说:"李静,这才是你的本来面目吧?"

"别着急嘛!"刘同笑说,"我放给你听。"

刘同按下播放键,一阵噪音之后,李静的声音悠然飘来:"老吴,我把张

鹏砍死了,我把他杀了。"言辞中带着微微颤音,似乎恐惧,又似乎无助,"你来帮帮我,好吗?我现在只能依靠你了,我好害怕,我怕失去你,失去我的孩子!"

李静听后,目瞪口呆。

刘同按下暂停键说:"李静,案发当晚你和吴德华的对话基本都被录下来了,还想听吗?我认为已经没有听下去的必要了吧?我知道,你是不是想说这不是你的声音?那没关系,我们可以再录一段,然后一并送去证物鉴定中心做声纹比对,你看怎么样?"

李静似乎憋了一股劲儿,脖颈猛烈地颤抖起来,她狠狠咬着牙,一声咆哮,然后疯狂地掀开被子从床上跳了下来,朝张晓光的方向扑了过去。

何落眼疾手快,一把握住李静的肩膀,将她死死按在床上。

"你这个小王八蛋!"李静嘶吼道,"我要杀了你!"

"李静。"刘同站起身,不禁叹息,"他们是你的亲生骨肉啊,你为什么要这样对他们?"

李静满脸通红,她在挣扎中咬破了嘴唇,虽然流着泪,但那充满仇恨的眼神却死死盯着张晓光,仿佛恨不得扒了张晓光的皮:"什么亲生骨肉?我后悔……我后悔!我后悔没早些掐死这两个小王八蛋!"

张晓亮突然号啕大哭,嘴里不停地喊着"妈妈"。

"章毅!"薛菲说,"把两个孩子带出去。"

"是!"

刘同将录音笔交给薛菲,不住地摇着脑袋:"李静啊,说句心里话,我这辈子都没见过你这么狠心的母亲,为了让吴德华相信张鹏对孩子施暴,你居然用火烧孩子的头发,张晓光后脑勺那块儿头皮都被烧焦了,你难道真的不心疼吗?"

"心疼?"李静大笑起来,"是他们毁了我梦寐以求的生活,他们都该死!"

"这世上怎么会有你这种人呢?"薛菲恶狠狠地说,"难道孩子在你心里的地位还不如一件奢侈品吗?"

"当然,当然不如!他们就像垃圾,就像恶心的垃圾,就像垃圾堆里乱飞的苍蝇,怎么能和那些昂贵的东西相提并论?"

"你太可怕了!"薛菲感觉自己的脊椎骨都凉透了,"你这个思想变态的女人。"

"我的包包,你们把我的包包还给我,我的香水、我的手表、我的钻戒,我的钻戒呢?刘警官,你有没有看到老吴买给我的钻戒啊?"

"李静,你在装疯卖傻吗?"薛菲说,"你以为这样就能逃过法律的制裁?

罪无赦（二）

别再演了，你这个垃圾。"

"刘警官，你放了我，我的老公马上就来接我了，他开法拉利，他很有钱的。"

"你老公已经死了，不会有法拉利来接你了。"刘同说。

李静的视线在虚空中随意跳跃着："怎么会？怎么死的？不可能，他马上就要来接我了，你们瞎说，你们胡说八道！"

"你还是坐公交车回家吧。"刘同说，"薛菲，你去问问大夫，看条件是否允许，我想尽快把李静转移到局里看押。"

"好的。"

何落将李静的双手反铐起来，问道："刘队，她不会真的疯了吧？"

刘同没有说话，而是转身看向窗外阴郁的天空，心中只觉五味杂陈。虽然案子破了，但实在让人高兴不起来，身后这个疯疯癫癫的女人在过去半个月内设计了如此精妙的陷阱，刘同想想都觉得后怕。假如没有发现张晓光的日记本和录音笔，也许李静真的会继续逍遥法外，并在不久之后确定下一个目标开始她疯狂的狩猎。而更让人恐惧的，是她早已扭曲的世界观，刘同不知道这世上还有没有这样的女人，他希望没有，但他知道这不可能。

城市如此繁华，仿佛钢筋水泥铸就的森林，在这里迷失自我的人又何止区区一个李静呢？

离开病房，刘同看到章毅和两个孩子坐在走廊里，他缓步上前道："晓光，晓亮，你们愿不愿意去奶奶那儿住啊？"

"愿意。"张晓亮说。

"晓光呢？"

"随便吧。"张晓光低声道。

"好吧，那我让这个叔叔送你们回奶奶家，怎么样？"

"随便。"

"章毅，你带晓亮去电梯那儿等等，我有几句话和晓光说。"

"知道了。"

二人离开后，刘同笑说："晓光啊，人这一生总会遇到这样那样的挫折……"

"你不用安慰我，我很好。"张晓光言辞果决。

刘同微微一笑："好的，那你要好好学习，以后有什么需要帮助的地方，尽管来找我。"

张晓光从凳子上站了起来，抬头望着刘同，露出了一个难以置信的微笑："刘叔叔，你真的以为，日记本和录音笔是你偶然发现的吗？"

刘同一皱眉："什么？你的意思是？"

"我没什么意思。"张晓光说，"我希望你能判她死刑。"

"晓光，你不能这么想……"

"刘叔叔再见！"

张晓光挥了挥手，然后转身快步向电梯走去，最后和章毅消失在走廊尽头。

薛菲从主治医师的办公室里出来后，看到刘同坐在走廊里发呆，上前便问："刘队，你怎么了？"

"哦！没怎么。"刘同问，"怎么样？大夫怎么说的？"

"他说李静的伤口基本没什么大碍，下星期拆线。"

"意思是可以转移了？"

"可以。"

"好吧，你叫人安排一下，今天就转移。"

"刘队，我怎么觉得你心事重重？还有什么不对的地方吗？"

"没有。"刘同摇头道，"咱们走吧。"

张鹏的母亲坐在沙发上睡着了，就算窗外的雷声也没有将她唤醒。她做了一个很甜的梦，梦里的窗外是风和日丽的景象，张鹏推门而入，笑着对她说："妈，明天是晓光生日，你说我带孩子出去吃什么好呢？"

"别出去了，晓光爱吃饺子，你把两个孩子带过来，我给他们包饺子。"

"成，那我现在出去买些肉。"

"你不会买，还是我去吧。"

"您就歇着吧，我去！"张鹏转身准备离开，似乎想起了什么，又转头笑说，"妈，假如有天我走了，你会难过吗？"

"你这孩子，瞎说什么呢？"

张鹏嘿嘿一乐："逗您玩呢！晓光喜欢吃猪肉什么馅的？"

"芹菜。"

"对，芹菜！那我走了，你睡一觉我就回来了。"

2

这是十月份的最后一天，窗外的冷雨没有丝毫消散的迹象，空中偶尔会飞

罪无赦（二）

过一两只鸽子，但并不会给人那种自由的感觉，那无边无际的黑云宛若巨大的牢笼，仿佛连时间都被紧紧锁住。如何让人去想象一个内心充满仇恨的孩子会过上幸福的生活？如何让人去相信那片迷失的森林里有通往回家的路？张晓光那冷酷的眼神似乎传递了这样的信息：我属于这片森林，我要生存下去，我要比野兽更加无情。

刘同思绪万千，一动不动地站在办公室窗前，此时此刻，他只希望未来的时间能抚平孩子们心里的创伤，抹去粘连在灵魂表面的黑刺。

突然，他听到有人敲门，于是转身喊道："请进！"

何落推门而入："刘队，有个人恐怕你得见一下。"

"谁？"

"您还记得前些天有一个美容医疗事故的案子吗？死者是一位外籍华人。"

"记得。"刘同点头道，"就是那个过量注射肉毒素致死的女人，没错吧？"

"是的。"

刘同不解地问："她不是已经……"

何落笑道："不是，你理解错了，想见你的人是她父亲。"

"她父亲？有什么事情吗？"

"不知道，只说要见你。"

"人在哪儿？"

"在大厅。"

"让他来我办公室吧。"

"好的。"

这男人五十来岁，身形魁梧，满脸胡须，粗壮的手指像铁钳一般，黝黑的肤色和小臂上隆起的肌肉证明他平时的劳动量应该不小。刘同请他坐在沙发上，旋即倒了杯清茶放在他面前，问道："您是卢思美女士的父亲？"

"是的，我叫卢天正。"男人显得有些紧张，不停揉搓着手掌。

"您也生活在国外吗？"

"是的，我四岁的时候和父母去了西班牙，其实我是上海人。"男人的中文显得有些蹩脚。

"原来如此，请喝茶。"

"谢谢。"

"卢先生，对于令爱的意外身亡，我感到十分惋惜，请您节哀。"

"谢谢。"

"您今天来找我，有什么需要帮忙的吗？"

"是的。"男人点头道，"刘警官，我今天是来向你报案的。"

"报案?"刘同忖片刻道,"可是据我所知,您的家人已经报过案了,虽然卢思美女士的死因是过量注射肉毒素,但美容机构是否构成医疗事故罪,我们下面的人应该还在查,所以目前尚未立案。"

"不,我要说的不是这件事。"

"哦?那是什么事儿?"

"我女儿是被人害死的!"

刘同笑道:"您是说给卢思美女士注射肉毒素的那位美容医生吗?"

卢天正神色凝重:"不!不是她。"

"什么?"刘同锁紧眉头,"那您的意思是?"

卢天正低头沉思片刻,轻声道:"我怀疑是我女婿。"

"您女婿?卢先生,您手里有什么证据吗?"

"没有。"

"那您为什么会有这样的怀疑?"

"这件事要从一个电话讲起。"

"洗耳恭听。"

"那是小美出事的前一天,国内时间应该是下午两点多,小美打电话给我,她跟我说她想回西班牙,我问她怎么了,她说她和女婿的感情越来越差,想要离婚。话里话外我都能感觉到她很难过,也很委屈。您知道,夫妻之间闹矛盾是非常稀松平常的事情,所以我劝她再好好想想,但是她很坚决,似乎不离婚,自己就没法好好生活下去。我就这么一个女儿,是我的掌上明珠,她从小到大的决定我从来都没有反对过,这次也不例外,所以我表示支持她。"卢天正若有所思,"可是还不到二十四小时,人就没了,我想都不敢想……这竟然成了我和女儿的最后一次谈话……"卢天正泣不成声。

刘同抽出一张纸巾递了过去:"卢先生,请节哀。"

"刘警官,我不相信这是一个巧合。"

"卢先生,恕我直言,我能理解您的心情,但是只凭您女儿有离婚的想法推定您女婿就是凶手,这未免有些荒唐。假如有时间您可以去我们的民政局看一看,每天离婚的夫妻不计其数,要是按照这个逻辑,我们得抓多少犯罪嫌疑人呢?"

"我知道,我知道这很荒唐,但是刘警官我想告诉你,我女婿是有钱人,生意也做得很大,假如离婚的话难免会损害他的利益……"

"您女婿做什么生意的?"

"进出口贸易。"

"所以您怀疑他的作案动机是保护自己的财产?"

罪无赦（二）

"没错，我是这么想的。"

刘同淡淡一笑："那您知不知道，您女儿和女婿的夫妻关系是怎么恶化的？"

"这我不知道。"卢天正抹去眼泪，"刘警官，我知道你可能不相信我，但请你务必理解为人父母的心情。"

"我理解，只是您的怀疑缺乏依据，我们办案只看证据，一般是不接受心证的。"

卢天正起身，"噗通"一声跪在了刘同面前，刘同心头一惊，连忙去扶："卢先生，您这是……您快起来，咱们有话好好说，您这样我可担待不起啊。"

"刘警官，您就帮我调查调查吧！"卢天正含泪央求道，"我知道这要求可能非常荒唐，但我不能眼睁睁看着自己的女儿死得这么不明不白呀！"

"您先起来，好吗？您起来，咱们慢慢说。"

"不，您要是不答应，我就一直跪下去！"

刘同满脸无奈："好！您先起来，我答应你。"

刘同将卢天正扶回沙发，问道："你女儿的死因已经确定，假如您女婿真做了手脚，那只有一种可能，他花钱教唆那位医生使用了过量的肉毒素，这个逻辑没问题吧？"

"我不知道，我从没想过他用了什么样的手段，虽然我怀疑他，但我真的不敢想象他到底是怎么做的。"

"卢先生，您看这样行不行？您先回去，这件事交给我来调查，您留一个电话，咱们保持联系，您看行吗？"

"谢谢你，刘警官。"

"别客气，这是我应该做的。"刘同想了想又说，"对了，这件事您还对谁讲过？"

"没有，我对任何人都没有讲过。"

"好的，那请您继续保守这个秘密，尤其不能让您的女婿知道您在怀疑他，明白吗？"

卢天正点头道："我明白，我一定守口如瓶。"

"尸体火化了吗？"

"您不说我差点儿就忘了。"卢天正若有所思，"昨天我女婿劝我抓紧把小美的尸体火化掉，这让我更加怀疑他，所以我没有听他的。"

"那您怎么说的？"

"我说我舍不得，想再多看她几眼，就寄存在殡仪馆的冷库里了。"

"非常好，在我们调查期间，请千万不要将尸体火化，明白吗？"

"明白了。"

"好的,那我送送您。"

卢天正离开后,刘同叫薛菲、章毅等人来办公室开会,他对卢思美的案件所知甚少,因此要深入把握一下案件的具体脉络。

"我认为卢思美父亲有这样的怀疑也情有可原。"章毅说,"毕竟是独生女嘛。"

"谁有卢思美老公的信息?"刘同说,"给大家介绍一下。"

"我有。"章毅翻开记事簿说,"卢思美的老公名叫李源,他是……"

"等等!"刘同问道,"这个名字很熟悉啊!"

薛菲点头道:"我也觉得耳熟。"

章毅笑道:"估计叫李源的人太多,所以才听着耳熟吧?"

"你接着讲。"

"好的。李源是中国籍,但拥有西班牙永久居留权,一年半前从西班牙回到国内做进出口贸易,现任天华进出口贸易公司董事长,他的年龄不大,只有三十二岁。"

何落说:"一听就是富二代。"

"没错!"章毅点头道,"地地道道的富二代。"

薛菲思忖良久,望着刘同说:"刘队,我怎么觉得这个天华进出口贸易公司也特别耳熟呢?"

"我想起来了!"刘同拉开面前的抽屉,摸索了半天,终于从众多文件中抽出了一个透明塑料袋,里面装着一张银色名片,"居然真是他?"

"谁?"章毅问。

何落定睛一看,应声便说:"刘队,我见过这张名片,在陈明外的死亡现场,没错吧?"

"嗯,就是这张名片。"刘同将名片递给薛菲,"你们看看,名片上的信息和章毅刚才念的完全吻合。"

章毅将名片翻来覆去看了三四遍,问道:"刘队,这应该是巧合吧?"

"这世上哪来那么多巧合?"刘同说。

"就算不是巧合,那这两个案子之间能有什么联系呢?"

薛菲眼神一闪,好似恍然大悟:"刘队你还记得吗?陈明外找女人的癖好?"

"已婚女性!"

"没错,就是已婚女性。"

何落双臂抱怀,满脸不解:"陈明外找女人的癖好和卢思美的死有什么

消失

201

关系？"

薛菲回答："你好好想想，卢思美是不是已婚女性？"

"没错啊……你的意思是，陈明外可能和卢思美有一腿？"

刘同说："假如真有一腿，那这件事情可能就没想象中的那么简单了。"

薛菲摸了摸脸颊，挂着下巴说："可是陈明外和卢思美都死了，现在是死无对证，咱们该怎么办？"

"这好办。"

"你有主意啦？"

"难道你忘了？"刘同笑说，"那个帮陈明外下药的酒保不是还在看守所里吗？"

薛菲喜笑颜开："是啊，我怎么没想到呢？"

"章毅，报一下卢思美的死亡时间。"

"十月二十六日凌晨两点到三点之间。"

"死亡地点？"

"帝景一号院东南角的一栋别墅内。"

"你去调一下监控，把案发前卢思美和李源的行踪做一个汇总发给我。"

"好的。"

"薛菲，带上卢思美的照片，咱们去一趟看守所吧！"

3

银行晨会，张旭升心不在焉地坐在桌前，副行长问他有没有统计客户经理们月底的存款任务完成量，他说只有一笔利息没要回来，对于张旭升的答非所问，同事们全都窃笑起来，副行长却大发雷霆："张旭升！你是不是没睡醒？要是没睡醒，滚回家接着睡。"

"什么？"张旭升说，"哦，我睡醒了。"

"我刚刚问你什么？"

"你问我什么？"

同事们全都笑开了花。

"我在问你！"

"我不能问你吗？"

"张旭升,你是不是不想干了?"

"哎?你怎么知道的?我早就不想干了。"

"你这是什么态度?"

"我就这态度,你想怎么样?"

"好,这个月的奖金你一分都别想拿到手。"

"扣吧,拿去给你买棺材。"

"你……"副行长哑口无言。

张旭升缓缓起身,笑道:"副行长啊,看看你这满脸横肉,我劝你还是赶紧减减肥吧,否则你老婆手里那绿帽子可就统计不过来了。"

副行长气得眼睛都要出血,张旭升又说:"还有,你算什么东西,动不动就说谁谁谁想不想干了?你给我听好了,就算我什么都不做,你也没权力开除我!什么副行长?不就是魏冬芹的狗腿子吗?"

"好,张旭升,咱们走着瞧。"

"走着瞧?好啊,你尽管给我下绊子,反正我也不想活了,咱们可以同归于尽。"

"你还敢要挟我!"

张旭升一声冷笑,甩手而去。

回到办公室,他点了支烟,一边抽一边望着电脑旁的相框,那是一张他和齐兮兮在泰国海边的合照,金色的海洋、傍晚的歌声、牵手的爱人,啤酒和海鲜的味道从远处的餐馆飘来,灯红酒绿的夜生活马上就要开始,看到齐兮兮凌乱的短发,张旭升似乎还能感觉到那一阵阵从遥远海面上吹来的晚风。那个时候,他以为自己和齐兮兮会永远那样相爱,那样生活,然后那样死去,但时间却给了他另一个答案,就像那些渴望长大的孩子,若干年后才明白小时候的梦想都是扯淡。

张旭升决定等下去,等齐兮兮开口,假如她不说,张旭升就当什么都没有发生过。他在电脑屏幕上点开了一个文档,敲出了下面这几行字:"我什么都不知道。我什么都没看见。我什么都不知道。我什么都没看见。我什么都不知道,我什么都没看见……"

他复制粘贴、粘贴复制,那不断跳跃的字符宛若黑色的火焰一般弥漫开来。他点中全选,将字体加粗颜色变红,就像满屏滚动的鲜血。张旭升在提醒自己,他可以包容齐兮兮的一切,他可以允许齐兮兮拥有无数个情人,但决不能失去她,因为失去她的痛苦远比她出轨带来的痛苦要大得多。

就在张旭升思绪万千时,他的手机突然接到一条短信,是齐兮兮发来的。

齐兮兮说:"老公,你的衬衣我都熨好了,穿的时候去衣柜拿。冰箱里的

罪无赦（二）

东西够你吃一个星期，还有你最爱的啤酒，别喝太多哦。另外，我给你买了几条新内裤，放在床头，不知道你喜不喜欢。我要出差了，大概四天后回来，也可能一个星期，你不用担心，同事很多。老公，对不起，请你相信我，兮兮爱你。"

"对不起？"

齐兮兮为何要说对不起？

张旭升暗自思忖，难道她发现了什么异样之处？这些天张旭升都在极力伪装，即使醉酒之后也尽力让自己保持清醒，他以为自己伪装得比较完美，就算谈不上无懈可击，也没那么容易被随意洞穿。那么，她发现什么了？究竟为何要说对不起呢？

张旭升连忙回信："老婆，我当然相信你，为什么要说对不起？"

放下手机，张旭升每隔半分钟就会看一眼有没有回信，不知不觉半小时过去了，除几条乱七八糟的推送消息外，齐兮兮了无音讯。

张旭升渐渐失去了耐心，他开始心急如焚、胡思乱想，就像一个把自己关在黑屋中被烈焰炙烤的男人，这是一种近乎窒息的滋味，他似乎能听到浑身的皮肤都在发出噼里啪啦的响声，如同将一块肉丢进了滚烫的油锅。

又过了十分钟，他终于按捺不住躁动的心情，于是拿着手机离开办公室，来到卫生间将门反锁，在无尽的犹豫中拨通了齐兮兮的电话，他知道自己该怎么说，他劝告自己决不能将话题引到那个男人、那辆奔驰跑车和那个令他心如刀绞的热吻上去。

但令他意料之外的是，齐兮兮的电话处于关机状态，他似乎松了口气，但满心的忧虑才下眉头又上心头。现在是上午十点二十七分，齐兮兮的手机为什么关机了？难道在飞机上？可据张旭升所知，齐兮兮经常出差的地方最远也不过四百多公里外的广州市，坐高铁两个小时即可到达，难道这次去了更远的地方？

张旭升一琢磨，立马又拨通了齐兮兮同事的电话，这个姓王的男人是齐兮兮的直属领导，同张旭升见过几面，还算面熟。稍许，电话那头传来几声轻咳，张旭升连忙道："王经理你好，我是齐兮兮的老公。"

"啊！张经理啊，你好你好。"

"我想问一下，我们家兮兮今天出差了吗？"

"出差？出什么差啊？公司没安排她出差呀？她今天不是请假了吗？"

"请假了？"

"对啊！她说她身体不大舒服，想去医院看看，难道你不知道？"

张旭升满脸疑问，但齐兮兮已经撒了谎，张旭升又不好当面拆穿自己的老

婆,便说:"哦!我想起来了,昨天晚上她说肚子疼,还有些想吐。"

"张经理,看来我要恭喜你了,估计你要当爸爸啦!"

"是吗?"张旭升苦笑道,"那谢谢您了,我这就去医院看看。"

"快去吧。"

"好的,真是打扰您了。"

"别客气。"

挂断电话,张旭升将手机丢在洗脸台上,然后打开水龙头用凉水狠狠搓了搓脸,他望着镜子里失魂落魄的自己,完全不知道接下来该怎么办。齐兮兮又撒谎了,她到底去哪儿了?那个男人、那辆奔驰跑车和那个热烈的激吻再次闪过张旭升的脑海。他不敢再往下想,更不愿继续直视镜子里的自己,那是一个失败者,一个彻头彻尾的失败者。他缓缓趴在了洗手台上,无声地痛哭起来,一直到无泪可流。

约莫十分钟后,他走出卫生间,径直向银行大门走去。

副行长站在大厅里训斥一名年轻员工,话里话外都是毫无理由的谩骂,刚刚在晨会上折了面子,此刻大发雷霆应该是为了讨回点儿尊严。他看到张旭升像幽灵一样慢悠悠地飘了过来,立马怒斥道:"张旭升!你不去干活,在这儿瞎晃什么?"

张旭升没有理会,继续向大门走去。

副行长不依不饶:"张旭升,你想罢工吗?你给我滚回去干活儿!"

张旭升停下脚步,突然转头道:"你信不信我弄死你?"

冷雨一直在下,路边的树坑已积满泥水,整个城市变成了一幅模模糊糊的印象派油画。正值晌午,天空依旧阴郁,刘同和薛菲在看守所里见到了那个帮陈明外给女顾客下药的酒保,几日不见,他显得越发消瘦,眼神却明亮了不少。

"小鲁啊,咱们又见面了。"刘同笑说,"别来无恙啊。"

"二位警官好。"小鲁将手放在桌上,冰冷的手铐寒光一闪,他似乎还有些胆怯,眼神完美地避开了刘同和薛菲的注视。

"你不用紧张,放松些!"薛菲说,"我们今天来是因为其他人的事儿,不针对你。"

"是吗?"小鲁这才眉开眼笑,"那我就放心了。"

薛菲从包中取出一张照片,放在桌上往前一推:"小鲁,你好好看看,这个女人你认识吗?"

小鲁举起照片,聚精会神地看了半天:"挺漂亮的,身材也不错啊。"

"我问你认不认识,你的重点放在哪儿了?"

"哦!有印象。"小鲁点头道,"她去过我们夜店。"

刘同心头一惊:"你没认错吧?"

"不会,这女人特有钱,每次都点最贵的酒,我心里有数。"

"是吗?那你知道她叫什么名字?"

"我听陈明外叫她美姐,真名不知道。"

刘同连问:"她认识陈明外?"

"那自然,陈明外这小子艳福不浅呢。"

"这么说,你也往这个美姐的酒杯里下药了?"

小鲁登时皱起苦瓜脸,连连摇手:"没有没有,绝对没有,这个您千万别冤枉我。我这么说吧,这女人是自愿上钩的,陈明外没搭讪几句两个人就去开房了,完全没必要下药。真的,这女人特别浪,陈明外私下跟我说,这女人一上床就……"

"行了,这就不用说了。我问你,你没撒谎吧?"

"哎哟,我都这样了,哪儿还敢撒谎呀?"

薛菲转头道:"刘队,看来真有问题啊。"

刘同又问:"小鲁,你好好想想,这女人和陈明外是什么时候认识的?"

"什么时候认识的?你等我想想……好像是八月份,八月中旬吧。"

"她经常去你们夜店吗?"

小鲁摇头道:"不经常,我顶多见过四五回吧,基本都是来找陈明外的。你们知道陈明外在我们夜店跳街舞,我还以为他们谈恋爱呢,心想陈明外这次总算是迷途知返了,没想这女的也是已婚人士。哎呦,完全看不出像结过婚的女人呀。"

"你怎么知道她结婚了?"

"陈明外说的呗!他喜欢炫耀这些事儿,我听着也刺激,搞得人心里总是痒痒的,害得我老做春梦。哎,我也累呀。"

"除了那些乱七八糟的事儿,陈明外还说过什么?"

"您是说关于这个美姐的事儿吗?"

"没错。"

"陈明外说这个美姐的屁股上有一个文身……"

"我说除了这些乱七八糟的事儿。"

"哦,除了这些,好像也没什么了……有钱,听陈明外说这女人特有钱,好像还是外国籍,她老公是做生意的,平时特别忙,完全没时间享受她……"

刘同连连敲桌:"喂喂喂,说什么呢?尽量使用文明用语。"

"得嘞。我就是说她老公特别忙嘛,没时间和她在一起生儿育女。这女的在本地又不认识什么人,一个人既孤单又寂寞,感情上比较空虚,特想找个宽大的肩膀靠一靠。差不多就这些吧,再往下说基本就是乱七八糟的。"

薛菲郑重其事道:"小鲁,我提醒你一下,假如你上面说的有一句是假话,哪怕一句,我敢保证你一定会在监狱里头多过上几个春节。"

小鲁眉头一锁:"哎呦,薛警官,我向天发誓,刚刚我要有一句假话,出门直接让闪电劈死,睡觉让口水噎死,拉屎让大便撑死……"

刘同满脸不耐烦:"好了好了,可以了。"

"刘警官,我能多问一句吗?"

"问吧。"

"这女的怎么了?为什么要调查她呀?"

"这是你该问的吗?"

回到队里,章毅向刘同汇报了卢思美死亡前十二小时内的行踪:"十月二十五日下午两点三十七分,卢思美离开帝景一号别墅区,乘车前往中心广场的天成美容医院。七点四十二分,李源将卢思美接出医院,二人开车返回帝景一号,到达别墅的时间是八点二十九分。"

"车停在别墅门前吗?"

"没错,门前有一个监控头,不仅能监控到停车位,还能看到别墅大门的情况。"

"继续。"

章毅翻动手中的记事簿:"晚九点零七分,一个短发女人进入别墅,到九点四十分,李源和短发女人开车驶离帝景一号。"

"短发女人?能看清脸吗?"

"可以,而且这个女人我们都见过。"

"齐兮兮?"

"您怎么知道的?"

"啧啧啧,这下可有大麻烦了。"

"您什么意思?"

"离开别墅区后,他们去了哪儿?"

"他们将车停在了玫瑰路上的春来酒店停车场,然后沿玫瑰路向北步行了大约两百米,进入了一家名叫'不打烊'的日料店。将近十二点,二人回到停车场取车,汽车一路向南行驶,最后停在了海星大厦楼下,但下车的人只有李源一人。"

"那就是说齐兮兮在途中一个监控盲区内下了车。"

消失

"应该是这样。"
"李源不回帝景一号,为什么要去海星大厦?"
"因为李源的公司位于海星大厦Ａ座二十四楼。"
"回公司了?"
"是的。"
刘同沉思道:"什么时候离开的?"
"二十六日早晨,大概七点刚过。"
"卢思美的死亡时间是二十六日凌晨两点到三点之间,没错吧?"
章毅频频点头:"是的。"
"这么说来,卢思美死亡的时候,李源并不在家。"
"是这样,他是二十六日早晨七点四十八分回到别墅的,七点五十四拨打了120急救。"
"虽然他具有传统意义上的不在场证明,但鉴于卢思美的死亡原因,这种不在场证明毫无意义。"
"您是怎么想的?"章毅问。
"那个给卢思美注射肉毒素的大夫叫什么名字?"
"稍等!"章毅将记事簿向前翻了几页,"她叫张媛媛,据我调查了解,这个人在全国整容行业都比较有名,应该算本行业中出类拔萃的人物了。"
"多大年纪?"
"四十三岁。"
"应该很有钱吧?"
"开保时捷卡宴,住在西区的云边山庄,那可是繁花市数一数二的天价海景别墅群,据我所知那里的业主大多是影视明星,当然,他们不会长时间住在那儿,每到圣诞节前后,许多明星都会来这里度假。除以上这些,张媛媛名下还有一座私人游艇,常年停靠在山庄前的龙域海湾。"
"这么有钱的人,李源要花多少钱才能买通她去杀人呢?"
"我不信她会为了钱去做这种事儿,至少这种可能性微乎其微。您可以想象对于这种身价的人来说,何苦要铤而走险挣这种钱呢?而且我实在无法想象到底多少钱的诱惑才能让她产生杀人的念头。"
"假如不是为了钱呢?"
章毅眉头一皱:"您是说?"
"她老公是干吗的?"
"她没有结婚,至今单身。"
"你有她的电话吗?"

"有。"

刘同再次从抽屉内拿出李源的名片:"这是李源的电话号码,你去查一下他们的通讯记录,我要知道他们是否联系过对方。"

"知道了……"

就在此时,何落推门而入,满脸亢奋道:"刘队,蔷薇路派出所发现一个目击证人。"

"什么?"刘同双目圆睁,"什么目击证人?"

"魏冬芹案的目击证人!"

第十四章

虚 惊

1

据派出所民警小陈说,目击者是一个上高中的小男孩,因为在校门外聚众斗殴被带到派出所接受问询,在笔录过程中,他对小陈说,假如警察不把他打架的事情告诉他父母,他就给警察讲一个秘密。

下午六点多,刘同和李亨在蔷薇路派出所的办公室内见到了这个打架的男孩,他的眉角有些红肿,低头坐在茶几前的沙发里,天蓝色的校服上依稀可见几枚硕大的脚印。

刘同笑说:"别害怕,把头抬起来。"

男孩照做,眼神却落在刘同以外的其他地方。

"叫什么名字?"刘同问。

"刘天然。"

"刘天然,为什么非要打架?"

"因为那几个高年级的垃圾欺负我同桌夏雪。"

"哦?夏雪是一个女孩吧?"

"是!"刘天然抬眼看了刘同一眼,下一秒又躲闪开来,"她是女孩。"

"那些人为什么要欺负她?怎么欺负的?"

"夏雪……她有白化病,头发是白的,那几个坏东西说她像女鬼,还往她脑袋上倒墨水。"

"打得好。"李亨说,"我欣赏你。"

"谢谢。"

刘同望着李亨轻咳了几声,李亨连忙道:"但是呢,打架总归是不对的,明白吗?"

"明白。"

刘同问:"刘天然,你认为你了解夏雪吗?你认为你们替她打架,闹得整个学校沸沸扬扬,她心里真的会舒服吗?你有没有想过她原本就与众不同,你们这么一闹,也许会让她遭到更多人的非议,不是吗?"

"不!我了解她。她根本就不怕别人怎么说,但是,谁要敢动她一根儿头发,我就敢跟他拼命。"刘天然悄悄抹起了眼泪,"我当然了解她,我和她坐了十年同桌,从小学到高中,我知道她喜欢奶油色的云彩、下课后的黄昏、周星驰的电影和蔷薇北路那家甜品店的冰淇淋,我还知道她怕黑,更怕阳光,就算天再热,她也把自己捂得严严实实、浑身冒汗,但她最想去的地方是拉萨,她想去看看那儿天空到底有多蓝。她的书包里永远都装着一支眉笔,她无数次想给自己画一对漂亮的黑色眉毛,但她不敢,不是因为怕别人笑话,她只是不愿接受自己的缺陷。"

刘同突然无言以对,于是笑说:"看来你喜欢她,否则也不会为她奋不顾身。"

"没错,我是喜欢她。"

李亨撇嘴道:"孩子,你这是早恋呀,会影响学习的。"

"上次期末考试,我排全年级第三,她排第一。"

"哦!这样啊,那继续保持。"

刘同问:"刘天然,咱们稍后再说这件事,先把你那个秘密给我们讲一讲吧!"

刘天然目光炯炯地看向刘同:"那你得保证待会放了我,还有我那几个同学,而且不能告诉我爸妈关于我打架的事情。"

"那要看你的秘密有没有价值。"

"我不知道有没有价值,怎么才算有价值?"

"你说说看?"

"要是你觉得没价值,你还是会告诉我爸妈,对吗?"

"你先说说看,兴许没价值,我也会答应你。"

"好。"刘天然挺起腰肢,娓娓道来,"我家住在百合路的钢铁厂家属院,那天晚上,我在阳台上玩手机,突然听到一个女人的尖叫声,我顺着声音望过去,看到小区围墙外的巷子里有一个女人正在用榔头敲另一个女人的脑袋。"

"女人?"李亨猛地吃了一惊,"你说用榔头砸人的是一个女人?"

罪无赦（二）

"是啊，是女人。"

"天那么黑，你怎么知道是一个女人？"

"天虽然黑，但她们在路灯底下，而且离我们家阳台很近，我能看清。那女人短头发，穿着黑色的裙子和上衣。"

刘同忙问："多长的裙子？"

"比较短，不到膝盖。"

"之后呢？"

"之后……另外那个女人就没声音了，我特别害怕，幸好阳台没开灯，我连忙藏起来偷偷地看。那女人手里有一个蓝色的纸袋子，她先把榔头装了进去，然后又从袋子里拿了一双鞋出来。她把自己的高跟鞋脱了放在一旁，然后穿着另一双鞋走到围墙下面转了一圈，再然后她就围着那个女人转，不知道她在干吗，总之转了好几圈。"

"是一双什么鞋？"

"应该是一双皮鞋。"

"什么颜色？"

"黑色，她的高跟鞋也是黑色的。"

"后来呢？"

"后来她在地上蹭了蹭鞋底儿，然后换上高跟鞋就离开了。"

"朝哪个方向走了？"

"嗯……朝樱花路的方向。"

"那女人的长相你还记得吗？"

"记不住了，因为我害怕，所以根本不敢看她的脸。"

"黑色的裙子和黑色的上衣？"李亨沉思道，"这是什么打扮？"

"应该是职业装，好多银行的工作人员会穿那种衣服，当然不止他们，一些商场管理人员也这么穿。"刘同说，"孩子，我再问你，那个蓝色的纸袋有什么特殊的地方吗？比如有什么字，或者有什么图案？"

"有字，但我看不清楚，不过那上面有一个白色的五角星。"

"白色五角星？"

"对啊，一个挺大的五角星。"

"她离开之后，你还看到什么了？"

"她走之后，我回书房写作业，大概过了二十分钟，我听到楼下有警笛声，过去瞟了一眼，原来是警察来了。看那女的被送上救护车之后，我就去睡觉了。"

"孩子，你再好好想想，那个女人还有没有别的什么特征？"

刘天然稍加思索，摇头道："没有了，我只记得这么多了。"

"能带我们去你家看看吗？"

"不行！"

"你放心，关于你打架的事情，我们绝对不会说。"

"那也不行，你们是警察，我爸会怀疑我的。"

"假如我是你们学校教务处的老师呢？"

半小时后，刘同站在了刘天然家的阳台上，这里距案发地点不足三十米远，就算冷雨淅淅沥沥地下着，但视野却很开阔，刘同能清晰地看到站在路灯下的李亨和他的黑色皮鞋。

刘同装模作样地对身边刘天然的父亲说："这件事儿吧，我还是跟您单独谈一谈。"

"刘老师，您说吧，我洗耳恭听。"

刘同望着案发地点，笑道："刘天然同学的学习能力非常强，这一点在他们年级乃至整个学校都是有目共睹的，孩子的成长和家庭的教育密不可分，所以呢……我们想请您写一份教育心得，等到开家长会的时候，我们准备把它发给家长们，让所有家长都好好学习学习，您觉得怎么样？"

"这个嘛……"

"看来您不准备把这么好的教育方法传授给大家咯？"

刘父淡淡一笑："刘老师，您别误会，我就是觉得自己也没什么方法，主要是孩子勤奋好学，我也没帮多大的忙。"

"您谦虚了。那这样，您随便写一份让我们看看，假如有价值，我们再推广，您看行吗？"

"承蒙刘老师看得起呀，那我试一试。"

"太好了，您写好之后交给刘天然，让他转交给我。"

"没问题。"

"真是太感谢您了。"

"客气客气，那咱们进去喝茶吧？"

"不了，我还有别的事情，很高兴见到你。"

刘同满脸欢欣，二人握手又是一阵客气，离开之前，刘同再次将视线投入雾蒙蒙的夜雨之中，顷刻间，他似乎看到雨滴全部消失，魏冬芹从巷子另一侧徐徐走来，突然一个人影一闪而出，在魏冬芹身后举起铁锤，狠狠砸向了魏冬芹的后脑勺。

齐兮兮似乎失踪了，无论电话、短信还是邮件，通通杳无音信。张旭升就

罪无赦（二）

像一根坏掉的天线，无论如何移动都接收不到来自齐兮兮的信号，但他感觉那信号源还在，只不过非常微弱，就像黑压压的山脉中擦亮的一根火柴。

夜色越来越深，雨幕越来越大，张旭升的忧虑、压抑和迷茫似乎通通达到了顶峰。他想知道，齐兮兮此时此刻究竟在哪儿？又和谁在一起？但他又不想知道，害怕知道。自从得知齐兮兮撒谎的那一刻起，他脑海中便已经有了无数种假想，那些乱七八糟的画面纷繁而至，就好像核爆炸后留下的辐射一样难以清理。

锅中的泡面开始翻腾起来，张旭升将火关小，打了一颗鸡蛋在里面，再等两分钟，晚餐就会新鲜出炉。炉灶旁的手机里正在播放调频广播，一段 Kiss the rain 的钢琴曲后，主持人聊起了天气，她说这场冷雨的范围将于明日逐渐缩小，但未来几日仍然会阴雨连绵。话锋一转，主持人又说起了交通状况，她说就在二十分钟前的杏花路中段，一辆载满沙石的渣土车与一辆黑色奔驰跑车发生碰撞而产生倾覆，奔驰跑车被渣土车碾轧变形，现场非常惨烈。

张旭升一听，手中的筷子瞬间掉在地上。

主持人接着说："奔驰车内共有两人，一名男性司机和一名女性乘客，男性当场死亡，女性受伤严重，已被送往医院抢救，渣土车司机受轻微擦伤，正在接受警方质询。据交警部门反映，本次事故的起因很可能是渣土车超速行驶，所以在这里提醒广大司机朋友，阴雨天气，视野狭窄，请大家务必小心慢行。"

张旭升的心脏似乎被一只无形的铁手掐得喘不过气，不觉间眼泪已滑过脸颊。他关了火立马跑进客厅，迅速穿上衣服，伞都没带便冲出小区，打车直奔杏花路。车窗上的雨水随风滑过，一片朦胧，五颜六色的霓虹灯如暗夜里的宝石一般忽明忽暗，张旭升脑海中闪过了无数个血淋淋的画面，他现在只希望齐兮兮能平安无事，至于其他事情，都无所谓。

张旭升赶到时，现场已拉起了警戒线，一群市政人员正在处理现场，路边的公交车站里站满了围观的人。张旭升越过警戒线，立马引起了一位交警的注意，他快步跑来拦住张旭升的去路，并将雨衣上的帽子向外拽了拽，喊道："您好！请您从马路对面绕行，不要靠近事故现场。"

"是这辆车，是这辆！"张旭升指着不远处的事故车，目光呆滞地说，"没错，就是这辆车，黑色车身，车前侧有三道白色喷漆。"

"您在说什么？"交警眉头一锁，微微侧耳，"我没听见！"

张旭升已被大雨淋透，他用手掌擦起贴在额头上的黑发，眯着眼睛说："那个女人呢？请你告诉我那个受伤的女人被送去哪儿了？"

"您是她什么人？"

张旭升一把揪起警察的领口，哭喊道："她是我爱人……我的妻子。"

"先生，您先冷静一下好吗？"交警缓缓推开张旭升说，"您妻子被送到第一人民医院了，第一人民医院！"

张旭升抹去脸上的雨水和眼泪，深深吸了口气："谢谢你，谢谢。"

突然，张旭升的电话响了起来，他在慌乱中掏出手机，定睛一看，竟然是齐兮兮的号码！他快步走出警戒线，向能够避雨的公交车站走去："喂！你好，我是齐兮兮的老公，我是她丈夫。"

"老公，你怎么了？"

张旭升一愣神儿："兮兮？是兮兮吗？"

"老公，你到底怎么了？我怎么觉得你不大对劲儿呢？"

张旭升奋力努起嘴唇，似乎是想把满眼的热泪都挤回去。

"喂？喂！老公，你怎么不说话呀？"

"兮兮，兮兮你没事儿吧？"

"我没事儿啊！你到底怎么了？"

"哦……没怎么……我那个、刚下班，公交车站这地方信号不太好。"

"你是不是感冒了？我听你嗓子哑哑的。"

"可能吧，可能有一些……老婆，你去哪儿了，为什么一直不接电话呢？"

"不好意思啊老公，上高铁的时候不小心把手机摔坏了。"

"是吗？"张旭升一脸苦笑，"那就好，只要你没事儿就好。"

"放心吧，我能出什么事儿啊？"

"老婆……你去哪儿出差了？"

"广州呀。"

"哦……广州下雨了吗？"

"管它下不下呢，反正我在宾馆里。"

"那倒也是啊。"

"老公，冰箱里有现成饭，你回家之后放进微波炉里热一热就能吃了。"

"好，我知道了。"

"真是辛苦你了，加班这么晚还要一个人吃饭，我心里真是过意不去。"

"没关系的。"张旭升哭中带笑，"没关系！别往心里去。"

"少喝些啤酒啊！那我去休息了，明早还要开会。"

"好，快休息吧，我的公交车也来了。"

"老公……再见。"

"再见。"

2

十一月就这么悄然无声地来了,听说北方许多城市都飘起了鹅毛大雪,繁花市的人们也应景地穿起了轻薄的外套。刘同在公安局门外的早点摊上吃了一碗米粉,刚准备离开就碰到了正要去上班的章毅。

刘同撑起伞,笑问:"要不要吃一碗米粉?我等你。"

"我吃过了,正好有事儿要告诉你。"

"成,那咱们边走边说。"

"好。"

二人一路向公安局走去,章毅说:"我们把张媛媛和李源近两年内的通话记录全都查了一遍,没发现他们之间有过联系。"

"我已经猜到了,还有别的发现吗?"

"张媛媛的通话记录有些奇怪。"

"说说看。"

"从上个月二十六日,也就是卢思美死亡当天,一直到昨天为止,她每天凌晨两点左右都会拨打一个境外电话,通话时间却非常短,最长不超过一分钟。"

"哪个国家的号码?"

"新加坡。"

"二十六日之前有没有这种情况?"

"没有,就是从二十六日当天凌晨两点多开始的,从时间上来看,与卢思美的死亡时间非常接近。"

"能不能查到这个境外号码的持有者?"

"查不到。"

刘同长出一口气,然后望着头顶的乌云感叹道:"章毅啊,你说这场雨什么时候能过去呢?"

"应该快了吧。"

早晨九点钟,刑警队会议室,所有警员正襟危坐,都望着站在白板前的刘同。他拿起水笔在白板上写下了五个名字,分别是:李源、齐兮兮、卢思美、陈明外和张媛媛。

刘同合起笔盖说："案情大家都有所了解了，下面咱们来理清一下这些人物的关系。"刘同用笔在齐兮兮的名字上轻轻点了一下，"这个叫齐兮兮的女人是天脉房地产公司的一名售楼经理，上个月十五日夜，齐兮兮请几位同事去了一家名叫'都灵之夜'的夜店喝酒，不料遇到前来搭讪的陈明外。据夜店酒保所说，此人对已婚女性非常着迷，当他得知齐兮兮是已婚女性之后，立马向酒保放出了下药的信号。在夜店酒保的帮助下，陈明外顺利用迷药迷倒了齐兮兮，并将她带到距夜店只有三百米的快捷酒店准备实施强奸。在强奸过程中，齐兮兮将一把水果刀刺进了陈明外的脖颈，导致其左侧颈动脉大出血，最终失血性休克死亡。案发第二天，齐兮兮前来自首，并提供了陈明外强奸时的视频画面。根据她提供的线索，我们也进一步证实了陈明外的确有串通酒保给女顾客酒中下药的情况，酒保对此也供认不讳，所以陈明外的强奸行为是可以坐实的。

"非常出人意料的是，就在昨天，我们从那位酒保口中得知，李源的妻子卢思美竟然和陈明外保持着情人关系。而非常巧合的是，在陈明外的死亡现场，我们发现了一张李源的名片。据齐兮兮交代，李源不久前在天脉房地产公司开发的楼盘中购买了一栋别墅，因此成为了她的购房客户，所以才会留下名片以便于联系，这在当时看来似乎没有什么不妥，但现在想来可能就没那么简单了。而更加巧合的是，就在卢思美死亡的前一天夜里，这个齐兮兮又出现了，她于当晚九点零七分进入了李源的别墅，逗留近半小时后和李源一同离开，而我们知道当时卢思美也在别墅内，大约五个小时后，卢思美死亡，死因是过量注射肉毒素导致呼吸衰竭。

"根据死因，我们可以将视线转移到这位整形医师张媛媛的身上，她非常有钱，也许比李源更有钱，要说是李源收买她杀人，我不大相信。她坚决否认自己在注射过程中存在操作不当、过量使用药品等行为。昨天我让章毅调查了她的通话记录，虽然没有发现她和李源有过联系，但是从卢思美死亡当天起，她每天凌晨两点多都会打给一个境外号码，注意，是每天都打，已经持续了近一周的时间，章毅只查到这个号码的归属地为新加坡。"

何落发问："您怀疑这个号码是李源所有？"

"不是没有可能。"刘同说，"薛菲，该你说了。"

"好的！"薛菲停下手中的笔说，"现在我们可以来归纳一下：第一，据卢思美父亲所说，卢思美曾在电话中向他倾诉，表示自己和李源的夫妻感情已经走到尽头，她准备返回西班牙后和李源离婚；第二，卢思美和陈明外保持着情人关系；第三，卢思美父亲怀疑李源有作案动机，因为李源是有钱人，假如离婚的话，势必会损害李源的利益；第四，据酒保回忆，陈明外曾对她说过，卢

罪无赦（二）

思美的老公生意很忙，根本没时间陪着卢思美，而卢思美在繁花市也没什么朋友，所以非常孤单；第五，齐兮兮和李源相识，并在偶然之下杀死了让李源蒙羞的男人陈明外。

"根据以上线索，我认为现在需要搞清楚以下几点：第一，李源是否知道卢思美的出轨行为以及出轨对象？第二，李源是否知道卢思美想要和他离婚的想法？第三，齐兮兮和李源究竟是不是简单的售楼经理和顾客之间的关系？第四，张媛媛联系的那个人到底是谁？"

章毅扭了扭脖子说："前两点只能去问李源喽？"

"不行，至少现在还不行。"薛菲说，"这样只会打草惊蛇，最好能从侧面展开调查。"

"那要怎么调查呢？"

刘同说："就算李源都知道，我们也不能直接推定他有犯罪行为。章毅，你让技术组的人查一下李源和齐兮兮的个人信息，看看他们之间有没有什么交集。假如查不到，那就先从齐兮兮身边的人开始查。"

"是。"

"钱华，你带上尸检报告和我去一趟天成美容医院，我准备先从张媛媛身上开刀。"

钱华扶了扶眼镜框，应声答道："好的。"

"薛菲，还有一件事要拜托你了。"

"什么？"

"魏冬芹的案子，你应该看过了那个孩子的口供，没错吧？"

薛菲点头道："都看过了。"

"黑色的裙子和上衣，我认为很有可能是魏冬芹银行里的员工，你再去一趟银行吧。"

"这倒没问题，但上次去查的时候，魏冬芹那个支行的员工里似乎没有短头发的女人。"

"那就把范围扩大到整个总行。"

"知道了，我跟何落去。"

"还有那个蓝色纸袋儿上的五角星你也得查一下，也许是一条相当重要的线索。"

"交给我吧。"

刘同来到天成美容医院，心里十分惊讶，想不到这么糟糕的天气里，跑来美容的女人依旧坐满了大厅的等候区。几个女孩满眼期盼地望着远处的大屏幕，那里正在播放一段天成美容医院的广告，一个时下非常火的女明星在镜头

前摆出一副楚楚可爱的表情,嘴里不停介绍着这样那样的美容仪器,钱华不禁撇嘴道:"都是些故弄玄虚的东西。"

"你一个法医懂什么呀?"刘同逗趣地说,"要不我帮你问问怎么才能把你这大方脸磨尖?"

"那算了,我倒想把这鼻子整一整,你看我这鼻子跟橡皮泥似的,我妈老说我这脸能下象棋。"

刘同嘿嘿一笑:"你这脸是不是小时候被你妈一屁股给坐坏了?"

"开玩笑,一屁股能坐成这样?至少两屁股。"

一位护士模样的人徐徐走来,问刘同:"二位先生需要什么服务?"

刘同笑说:"你看这位先生的鼻子怎么给弄一下,他想做成大公鸡那样的。"

护士噗嗤一笑:"可以的,我们有韩国最新的A级美鼻技术,由顶级整形医师张媛媛女士主刀,二位可以来看看我们的案例,每一款都是精雕细琢、巧夺天工。"

"你们这儿安全吗?"刘同问,"我听说前段时间你们这儿弄死一个人啊。"

护士笑道:"您不要听信谣言,那根本就是子虚乌有的事情。"

"是吗?你能带我见见这位顶级整形医师张媛媛女士吗?"

"您二位是钻石卡会员吗?"

刘同摇头道:"不是。"

"那不好意思,张医师只接待钻石卡会员。"

"不和你开玩笑了。"刘同掏出警官证说,"我们是警察,你去张媛媛女士那儿通报一下,说繁花市公安局的警察要见她。"

"这样啊,那请二位稍等,我打个电话。"

刘同和钱华在二楼的办公室内见到了精神矍铄的张媛媛,她非常客气地给刘同和钱华倒了两杯咖啡,笑说:"上次那位姓薛的女警官怎么没来呢?"

"哦,她有别的事情。"

"我说送她一张会员卡让她闲暇的时候来我这儿做保养,她偏不要,多漂亮的一个女孩啊,皮肤却搞得那么粗糙,干警察真是可惜了。"

刘同淡淡一笑:"可不是吗?大家都觉得可惜,照我说那么长的腿应该去当模特,没错吧?"

"她结婚了吗?"张媛媛跷起二郎腿问。

"没有。"刘同细细一想,问道,"您怎么对她这么感兴趣?"

"随便问问。"张媛媛一笑带过,"二位警官今天来找我,还是因为卢女士的事情吧?"

虚惊

"没错。"

"你们警队的人来过很多回了,该说的我也都说了,该提供的证据我也都提供了,不知道还能帮上什么忙?"

"首先呢,我要向您致歉,经常来打扰您的生意实在不好意思,希望您能够谅解。"刘同说,"其次,我向您保证,今天之后绝对不会再有别的警察因为卢思美的事情来打扰您,请你放心。"

"刘警官您客气了,我不是不耐烦,希望您不要误解我。"

"干我们这行的,能得到群众的理解,是我们最大的幸福。那……咱们就切入正题吧?"

"好的,请讲。"

"请问,您认不认识卢思美的丈夫——李源先生?"

"认识,卢女士出事后的那几天,他来找过我两回。第一回很凶,甚至对我动粗。"张媛媛撩起衣袖,只见小臂上有几道淤青,"你们看,这是被他捏出来的,那天他准备打我,幸好我们保安在场,否则后果真不敢想象。"

"他很生气。"

"何止生气,他恨不得吃了我。他一边哭一边骂我,其实我能理解他的心情,自己最爱的人平白无故就这么走了,换谁谁都难受。可话说回来,我是真不知道问题出在哪儿了,但事实又摆在那儿,我百口莫辩啊。"

"那第二回呢?"

"第二回倒是没怎么生气,但放了几句狠话。"

"怎么说的?"

"他说必须在一个月内给他合理的解释,否则他就要动用所有资源来抹黑我,让我倾家荡产、声名狼藉。假如做不到,他说他还有别的办法。"

"什么办法?"

"具体没说什么办法,只是警告我走夜路要小心,万一过来一辆车那可就不好说了。"

钱华惊叹道:"这算是死亡威胁吧?"

"应该吧,所以你说我怕不怕?说不怕那是假的。我真不知道该怎么办!我想赔他一笔钱把这事儿结束掉,可真要那么做了,不就等于承认自己在注射中存在失误吗?现在他要我给他一个合理的解释,您说我该怎么解释?你们说卢女士的死因是过量注射肉毒素导致呼吸衰竭,可我给她的注射量完全在安全线以内,我也在想怎么会出现这么诡异的事情呢。"

刘同微微点头:"这件事我们稍后再说,我现在想问一个问题。"

"请讲。"

"你是什么时候认识李源的?"

张媛媛一愣:"我不是说了吗?就是卢女士出事后的那几天呀!"

"在这之前你们不认识吗?"

"当然不认识,您怎么会这么问呢?"

"问问而已。"刘同从兜里摸出一张卡片递给张媛媛,说,"这个新加坡的电话号码您应该很熟悉吧?"

张媛媛望着那一串数字,不到两秒钟,她猛然抬起头道:"我不知道,这是谁的电话号码?"

"哦?你不知道?"刘同嘴角微微一扬,"那您再好好看看?"

张媛媛将卡片往桌上一丢,冷冷地说:"不用看了,我说不知道就是不知道。"

"张媛媛,你最好能配合我们调查。既然我能把这个电话号码准确无误地写在卡片上,你就应该知道我们不是在和你开玩笑。"

"刘警官,我真的不知道,你要我怎么回答你呢……好吧,就算我知道,那又怎么样?"

"对方是谁?"

"我不知道。"

"还说不知道?从上个月的二十六号起,你每天都会在凌晨两点多打这个电话,每次通话时长都不超过一分钟。而非常巧合的是,卢思美正好就是在二十六日凌晨两点多死亡的,张大夫,请你也给我一个合理的解释。"

"你们竟然窥探我的隐私?"张媛媛怒上眉梢,"我要去法院告你们。"

"那是您的事情,法院大门随时为您敞开着,我代表法官们欢迎你。但是现在请你回答我的问题,对方到底是谁?"

"我有权保持沉默。"

"你也有义务配合我们调查。"

"你们到底想干吗?难道你们怀疑是我和那位李先生串通起来害死了卢女士吗?"

"实话实说,我们是这么怀疑的。"

张媛媛一声冷笑:"真是天大的笑话!你们凭什么这么怀疑?证据呢?我要看证据。"

"怀疑是不需要证据的,只需要线索。"

"什么线索?"

"把你的手机给我,或者,你现在就给这个号码打过去,我要知道对方是谁。"

"假如我不呢？"

"那很抱歉，我可能会对你采取强制措施。"

"好！我打。"张媛媛拿起手机，冷言冷语道，"你们给我听好了。"

3

薛菲甩干伞上的水滴，拍了拍被雨水打湿的牛仔裤，然后带着何落走进银行。那个扎着发髻的女孩一眼便认出了薛菲，但她正在自动取款机前帮一位老人办理业务，于是便说："姐，您稍等一下，我这边马上就好。"

薛菲笑道："没关系，你忙你的，我去二楼找你们副行长，他在办公室吧？"

"在的。"

二人上楼时遇见了站在楼梯上吸烟的张旭升，他朝薛菲点了点头，却没有一丝笑容。薛菲便问："副行长在楼上吗？"

"在。"

"我怎么看您不大高兴，是不是又加班了？"薛菲打趣地说。

"不好意思，我出去透透气，你们忙。"张旭升将烟头掐在垃圾桶上，然后向一楼走去。

何落说："这金融系统的人压力比咱们还大呀？老是愁眉苦脸的，像一群诗人。"

"别说了，快走吧。"

办公室大门没有关，副行长举着电话正在骂人，直到看见薛菲，声线才降低了一个八度。他恶狠狠说了几句结束语后，挂了电话，转而笑盈盈地说："是薛警官啊，快请进。"

"不好意思，打扰您谈业务了。"

"不打扰，二位领导快请坐。"副行长从桌角拿了两瓶矿泉水放在茶几上说，"来，喝点儿水。"

"不用客气，我们今天来是想问几个问题。"薛菲说，"假如您现在方便的话。"

"方便，薛警官请讲。"

"你们这个支行里有没有短头发的女性员工？"

"短头发的？"副行长眉头一皱，想了想说，"有一个短发姑娘，不过已经辞职了。"

"什么时候辞职的？"

"大概半年前吧！"

"为什么辞职？"

"这个嘛……各方面原因吧。"

"能说说主要原因吗？"

"我估计主要是太累了，您知道现在这商业银行任务都很重，忙起来的时候女人当男人使，男人当驴使啊。这姑娘二十七八岁，天天忙工作，连谈恋爱的时间都没有，再不辞职不就麻烦了？女人一过三十，结婚就是大麻烦，相亲的时候都要被人挑三拣四，薛警官您说对不对？"

薛菲一脸尬笑："这姑娘叫什么名字？"

"叫宋欣茹。"

"她和魏行长的关系怎么样？"

"嗯……不怎么样，魏行长脾气不好，小宋脾气更倔，两个人经常吵架，有一次魏行长扣了小宋一个月奖金，两个人差点打起来。"

"是吗？那您觉得小宋辞职和魏行长有没有关系？"

"可能有一些。"

"小宋一直都是短头发吗？"

"没错，在这个支行干了五年多一直是短发，很漂亮一个女孩，就是性子太直，说话不会拐弯儿。"

"您知道她辞职后去哪儿了吗？"

"听说在云竹路上开了一家花店。"

"您有她的联系方式吗？"

"有。"

这家名叫"Strong life"的花店位于云竹路的一个转角，花店内弥漫着温暖的灯光。一面绿色的雨棚从大门向外延伸了半米的距离，雨棚下的左侧有三层彼此相连的铁皮支架，高低分明，其上摆满了花草的幼苗，五颜六色、错落有致，十分惹人欢喜。右侧摆着一张圆桌和三把藤椅，大概是供客人歇脚所用。一条小路通往花店大门，将两侧分隔开来，薛菲站在门前深深吸了口气，满鼻的馥郁花香着实沁人心脾。

"你好，请问有人吗？"薛菲将视线投入花店。

稍许，一个女孩从一盆等身高的绿植后面走了出来，甜甜一笑："二位要

罪无赦（二）

什么花？"

"你是宋欣茹吧？"

"对啊！你们是？"

薛菲亮出警官证道："我们是警察，能不能占用您一点儿时间？我们有几个问题想问你。"

"哦！"宋欣茹摘下手上的橡胶手套，"那二位进来说吧。"

"不用了，我们满脚都是泥，门外有三把椅子，咱们在那儿说吧。"

宋欣茹笑说："没关系的，屋里很脏了。"

何落接茬儿："就在门外吧，外边空气好。"

"好的，那二位请坐，我马上过来。"

宋欣茹的确是一头短发，两鬓的颜色略显金黄，但头顶却接近白色，两种颜色过渡得非常自然，毫无违和感。她的皮肤很白，五官精致，说起话来就像屋顶传来的风铃声。

"我喜欢这个发型。"薛菲说，"真的很漂亮。"

宋欣茹捂嘴一笑："卖花儿的都得装文艺，要不然就没人买了。"

"头发什么时候染的？"

"嗯……"宋欣茹嘟起小嘴儿，想了半天，"八月份染的，中旬吧。"

"两个多月了？"

"是啊。"

"黑头发还没长出来呀？"

"早长出来了，国庆节那天重做了一次。"宋欣茹撩起刘海，"您看，这才一个月，发根儿又黑了一大截。"

"挺好看的。"

"谢谢。"女孩笑问，"对了，您怎么会知道我的名字？有什么需要我帮忙的吗？"

"你原来是城市银行迎春路支行的员工吧？"

"对啊，我是那儿的柜员，半年前离职的，怎么了？"

"听说你和魏行长的关系处得不太好，经常吵架是吗？"

"她那个人特别独断专行，我根本懒得说她。没错，我经常和她吵架，主要是工作上的事情，私下里我们不怎么说话的。"

"这是你离职的原因吗？"

"不不不，我辞职不是因为她，最近两年银行下达的存款任务和贷款任务对我们这种没有社会资源的人来说根本就没法完成，除了工作、开会，经常还要接受其他领导的训斥。有些女孩为了拉存款，天天在酒吧里陪那些油腻大叔

喝酒，我不是那样的人，压力自然越来越大，与其每天过得不开心，还不如不干了。您看，我现在开这个花店就很好，每天都很开心，挣的钱也不比在银行挣得少。人这辈子，做一次选择很简单，要做一次对的选择，一定是运气。"

"看来运气不错嘛。"何落说。

"是啊，挺好的。"

薛菲问："你们银行有一个贷款客户叫张小年，不知道你认不认识？"

"张小年？"小宋略显困惑，"开晨会的时候好像听过，但没见过。"

就在此时，一个头戴鸭舌帽的男孩从雨中走来，年纪约莫二十岁，他朝宋欣茹喊道："姐，东西放哪儿了？"

"在屋里的货架上，你去拿吧。"

"哦！"

男孩走进店内，薛菲笑问："是你弟弟吗？"

"对啊，去年刚上大学，臭小子可调皮了。"

"他来拿什么了？"

"照相机，他们学校搞文艺演出，需要录视频。"

"这样啊。"薛菲将视线投入店内，看到男孩从货架上取下了一个纸袋，纸袋一面呈黑色，其上印有一枚硕大的微黄色五角星，偶然一个角度，在暖光灯下泛着浅浅的白色。

虚惊

第十五章

尘 埃

1

张媛媛无奈至极，颇显不悦："我可以挂免提，但你们不许说话，而且要保护我的隐私。"事已至此，张媛媛深知反抗不会有任何好处，也毫无意义。

刘同点头道："好的，我答应你，但你最好别耍诈。"

张媛媛故作坦然，双肩微微一耸："要是不放心，你来拨号啊？"

"那恭敬不如从命啦！"刘同拿起张媛媛的手机，按卡片上的号码拨了过去，挂了免提，又将电话放在张媛媛面前。

稍许，一个女人的声音从电话里传来，那声态娇柔百媚、嗲声嗲气，听得刘同天灵盖差点滑到后脑勺儿，这还不算什么，更让刘同震惊的是她对张媛媛的称呼："老公，怎么这会儿打电话呀？"

张媛媛安然自若，微微一笑："宝贝儿，你在哪儿啊？"

"我在免税店，给你买了好多礼物呢。"

刘同一听，心里也猜出了大概，难怪她刚才对薛菲那么感兴趣，原来她的菜是女人。钱华却越听越糊涂，不禁皱起眉头，嘴里一直嘀咕："这这这……"

张媛媛瞥了刘同一眼，又问："宝宝，我忘了，你回来的机票是哪天的？"

"明天啊！明天我就能见到你啦，是不是又想我了？"

"好，知道了，我把你这个新加坡的号码发给一个朋友，他明天会去酒店接你，到时候等电话，听到了吗？"

"你昨天晚上说过的呀！我记住啦。"

"还有,今天晚上要好好睡觉,我不和你视频了。"
"为什么?你不想看我了?"
"不是,今天晚上有应酬。"
"哼!是不是又找别的女孩了?"
"别瞎猜,就这样吧!我有客户来了,明天我去机场接你。"

张媛媛挂断电话,望着刘同笑道:"刘警官,这下满意了?"
"这位是您内人吧?"
"是我女朋友。"
"你凌晨打电话给她是因为……"
"我要看她,这就不用说那么仔细了吧?"
"哦!"刘同深深点着头,"您的隐私我们一定会保密,请你放心。"
"那就谢谢了。"
"我想问一下,卢思美来注射肉毒素的时候有没有和你交流过什么?比如,有没有和你说过她想要瘦腿的原因?"
"有,她说四五天后要和老公去参加一个晚宴,想表现得好一些,但她的腿部肌肉比较发达,想改善一下外形。我对她说注射这种药物,最起码要二十天左右才会出现肌肉萎缩的效果,短短几天之内,必然达不到瘦腿的目的。我劝她晚宴之后再来注射,那样会更好一些。"
"为什么?"刘同问。
"这种瘦腿针注射之后,针眼附近会出现局部淤青,一个星期左右才会逐步消散,假如四五天后去参加晚宴的话,那不就更影响美观了吗?"
"既然这样,她为什么还要坚持注射呢?"
"她说那更好。"
刘同满脸不解:"这是什么意思?"
张媛媛撇嘴道:"我也不明白。"
"那她还说什么了?"
"就这些了,别的也没说什么。"

刘同一脸沉思状,并在张媛媛面前来回踱步,转了三四个来回,说道:"钱华,你说吧。"
"好的。"钱华从文件夹中抽出尸检报告,似笑非笑地说,"张女士,我这里有几个问题想跟您核实一下,劳烦您想清楚之后再回答我,好吗?"
"放心,我一定知无不言、言无不尽。"
"好!请问,你给卢思美注射肉毒素时,都注射在了身体的哪些部位?"
"双腿腓肠肌内、外侧以及腓骨长肌。"

罪无赦（二）

"右小腿外侧的比目鱼肌有没有注射？"

"没有，因为她的比目鱼肌不算大。"

"腓肠肌内、外侧以及腓骨长肌上分别注射了多少针？"

"这个我要看一下注射记录，稍等。"张媛媛手握鼠标，在电脑桌面点开一个文档，一番检索后说，"双侧注射针数相当，单侧腓肠肌内侧注射针数总共六针，外侧总共八针，单侧腓骨长肌总共注射了九针。这样算下来，单侧注射的针数总共是二十三针。"

"少了吧？"

张媛媛立刻瞪大了眼睛："您什么意思？"

"刘队，看来真有问题。"

"说吧。"

"卢思美的尸体上可不止这些针眼儿，经我们尸检发现，她的右侧小腿上一共有二十六处针眼儿，除张女士所说的那二十三针外，我们在右小腿外侧的比目鱼肌上也发现了三处。"

"这怎么可能？"张媛媛惊声喊道。

"左侧小腿的确是二十三针，但我们在左大腿外侧的肌肉群上发现了两处十分显著的针眼儿，张媛媛女士，请你解释一下这是怎么回事儿？"

"这……这怎么可能？"张媛媛目瞪口呆，"我不相信，怎么会这样？"

刘同说："这多出来的五个针眼儿，也许正是卢思美的死因。"

"刘警官，这是有人要害我们，一定是这样。"张媛媛说，"您可以想想，我干了这么多年整容，怎么可能在顾客需要瘦小腿的情况下把针打在大腿上呢？这不是很荒谬吗？"

"十月二十五日下午，卢思美女士在你这里注射完毕后，被她的先生开车载回别墅，十月二十六日凌晨两点钟左右，于别墅内死亡。如此看来，这多出来的五针不是在你这里打的，就是在李源的车内或者她的别墅内。"刘同说。

"绝对不是在我这儿，绝不可能，我的操作绝不可能出现如此巨大的偏差。而且卢女士和我无冤无仇，我为什么要那么做呢？"

"整个注射过程是由几个人完成的？"

"我和另外两名护士。"

"你中途有没有离开过？"

"没有，从开始到结束，我一直都在。"

"你离开的时候，两名护士也离开了吗？"

"是的，注射完成后我们全都离开了，但护士每隔二十分钟会去看一次，询问受术者有没有不舒服的地方或者有没有其他需要。"

"你离开之后有没有再回去过?"

"没有。"

"注射过程是在哪儿进行的?"

"四楼的钻石 VIP 室。"

"室内有没有监控?"

"没有,但走廊里有。"

"可以去看看吗?"

"当然,二位请跟我来。"

离开花店后,薛菲跟何落二人直奔繁花市第二中学,他们将警车停在门前,等待着刘天然中午放学。薛菲坐在副驾上不停滑动着手机屏幕,她找了个借口加了宋欣茹的微信,主要是想看看她的朋友圈。

"有什么发现吗?"何落吐掉嘴里的口香糖问。

"从十月十号、十三号的朋友圈照片来看,她都是白色短发。"

"刘天然也没说是黑色呀。"

"假如是白色短发,我猜刘天然一定会说,因为这个颜色太有个性了,不可能被忽视掉。"

何落笑道:"那可不一定,孩子在派出所里难免紧张,忘掉这个细节也不是没有可能。"

"可能性不大。"

"算了,还是别猜了,等他放学不就搞清楚了?"

"你认为小宋弟弟带走的那只匡威品牌的纸袋有没有可能是刘天然看到的那个袋子?"

"那个袋子是黑色的,五角星是黄色,刘天然看到的袋子是蓝色,五角星是白色的,我觉得不是。"

"可在暖光灯下,五角星真的有些发白,而且那种黑色也接近深蓝色,你能保证刘天然没看走眼吗?"

"薛队!你少安勿躁,见到刘天然不就搞清楚了?"

二人听了一会儿调频广播,约莫十分钟后,孩子们陆续从校门里鱼贯而出。薛菲给刘天然发了一条短信,大概五分钟后,一个孩子敲响了车玻璃,薛菲摇下车窗问:"你是刘天然吗?"

"姐姐好,找我什么事情?"

"外边下雨,上车说吧。"

"好。"

尘埃

罪无赦（二）

刘天然跳上后排座，叫了何落一声"警察叔叔好"，何落笑问："你叫她姐姐，叫我叔叔？你知道这姐姐年纪多大吗？"

"你给我闭嘴！"薛菲给了何落狠狠一捶，笑说，"天然，姐姐就问你几个问题，然后送你回家，怎么样？"

"不用，你们快问吧，夏雪还在门口等我呢。"

"夏雪是你同学吗？"

"对啊，我们中午去书店，不回家了。"

"好吧，那我长话短说。"薛菲问，"你那天夜里看到的短发女人是黑色头发还是白色头发？"

"黑色啊。"

"哦，那你看到的蓝色纸袋是这个吗？"薛菲将手机递给刘天然，屏幕上是宋欣茹弟弟带走的那只匡威品牌的纸袋。

刘天然端详了几秒钟，摇头道："不是这个，这是匡威的标志，五角星外边有一个圆环，那个没有圆环，只有五角星，而且那个袋子是天蓝色的，这个是黑色。"

"没有圆环？你确定吗？"

"嗯，我双眼的视力都是5.3，绝不会看错。"

"好，那你快去找同学吧，姐姐的电话你记下来，要是有事情，我还会发短信的。"

"好。"刘天然推开车门道，"姐姐再见，叔叔再见。"

何落笑说："怎么样？我说不是吧？那女孩怎么看都不像记仇的人，你看她那么天真、那么开朗，怎么可能拿着榔头到处砸人呢？"

"你喜欢人家吧？"

"没错！从明天起，我要做一个有生活品位的人，第一步就是经常去花店买花。"

"现在可怎么办呢？"薛菲摇下车窗，望着雨中熙来攘往的孩子们，心里全然没了方向。

"去吃饭吧，边吃边想，他们银行又不止一个短发女人。"

"好吧。"

就在何落转动方向盘的一瞬间，薛菲的视线在五彩斑斓的画面中搜索到了一颗无比醒目的白色五角星，她立马开门跳了出去，何落连忙踩下刹车喊道："喂！你干吗去？"

校门前人头攒动、摩肩接踵，薛菲在人群的缝隙中灵活地穿梭，在距警车二十米左右的地方，她一把将一个小女孩的胳膊紧紧攥住："小妹妹，别害怕，

230

我是警察,有件事想问一下你。"

小女孩瞠目结舌,好半天才回过神儿,用指尖把金边眼镜向上一推,怔怔地问:"怎么了?"

"你手里这个纸袋是哪儿来的?"

"这是我妈妈单位的。"

"我能看一下吗?"

"可以。"

纸袋呈天蓝色,背景中隐隐约约有几栋高楼大厦,正中印着一颗硕大的白色五角星,五角星中央赫然写着"天脉"二字,纸袋下方有一排中文:天脉房地产开发有限公司。再下面是一排英文和公司地址以及传真电话等联系方式。

薛菲笑问:"你妈妈在这家公司上班吗?"

"对啊!"

2

监控画面从卢思美和两名护士进入右侧的四〇三号房间开始,八分钟后,身穿白衣的张媛媛也进入了这个房间。视频快进,约莫半小时内,有两名顾客、三名护士和两位医师分别进入了四〇五号房间和四〇八号房间。大约一小时后,张媛媛和两名护士一齐离开,又过了二十多分钟,四〇八号房间的医师和护士也离开了,与此同时,一名护士进入卢思美所在的房间逗留了不到一分钟。

"这位护士叫什么名字?"刘同问。

"叫张晓蕾。"张媛媛说。

"稍后我想见一下。"

"可以。"

就在此时,刘同看到四〇八号房间又走出一个面戴口罩的医师,于是喊道:"暂停!我没记错的话,这间房里只有一位医师,而且刚刚离开,怎么又出来一个?"

张媛媛说:"您看差了吧?"

"绝对不会,继续播放。"

张媛媛按下播放键,只见这位医师向斜对面走去,最后竟然进入了卢思美

罪无赦（二）

所在的四〇三号房间。刘同连连咋舌，让张媛媛继续快进。不到十分钟，四〇五号房间的护士和医师也离开了，又过了八分钟，那位神秘医师离开了卢思美的房间，回到了四〇八号房。

"四〇八号房间从头到尾只进去了一名医师，怎么会凭空多出来一个呢？"刘同望着张媛媛费解的表情说，"您要不信，可以把视频倒回去看看。"

张媛媛按下倒退键，这次她只关注四〇八号房间的情况，四〇八号房间的客人是一位短发女人，她戴着淡蓝色口罩和一名护士、一名医师一起进入房间，大概一个半小时后，医师和护士一同离开，不到两分钟，这位神秘的短发医师走出四〇八，穿过走廊进入了四〇三号房。

张媛媛倒吸了一口冷气："完了，这不是我们的医师，这好像就是那位顾客呀！"

"顾客的名字能查到吗？"

"当然，二位请跟我来。"

刘同随张媛媛来到前台，经护士一番查询后，打印机里缓缓吐出了一份业务记录单。张媛媛拿起细看并念道："那天四〇八号房间做的业务是面部及颈部皮肤护理，顾客的名字叫齐兮兮。"

"什么？"刘同惊声道，"叫什么名字？"

"齐兮兮，这里有她的身份证复印件，您可以看一下。"

刘同接过记录单，望着附在其中的那张身份证复印件，感觉浑身过电，钱华站在一旁，半天才挤出一句话："刘队，我看这事儿好像简单多了，你说呢？"

"真是不敢想象啊。"刘同摇头道，"能在这种情况下作案，心理素质远超常人。"

张媛媛笑说："刘警官！真心感谢你，要不是你来查监控，我跳进黄河也洗不清了。"

"这话说早了，就算齐兮兮假扮成医师去过卢思美的房间，那也不能直接证明卢思美的死和她一定有关，只能说她现在是重点嫌疑人，在真相大白之前，您和那两位护士的嫌疑依旧存在。"

"好吧，我问心无愧，但愿刘警官能让真相大白，我翘首以盼。"

"假如可以的话，我想再见一下那两位护士。"

"没问题。"

经刘天然确认，那只天脉房地产公司的纸袋正是他那天夜里看到的纸袋，绝不会错。

薛菲跟何落将车停在了天一大厦门前,向东步行不到百米,二人抵达了天脉房地产公司新楼盘的售楼中心。虽说天气不佳,但前来看房的人还是很多,一位姓张的经理接待了他们。

薛菲一开口便切入正题:"张经理,我们是警察,您不用给我们介绍房子,我现在只有几个问题想跟你核实一下。"

张经理频频点头,满脸职业性的微笑:"好的,我一定认真回答。"

"齐兮兮是你们这里的员工吧?"

"是啊!她可是我们的销售明星,这地方的售楼经理没一个能比得上她。"

"她一直留短发吗?"

"没错,一直是短发,十年如一日的短发。"

"有染发的情况吗?"

"没有,她的头发一直是黑色的。"

"我看你们的女经理们都穿着黑色短裙和上衣,还有黑色高跟鞋,这是你们的工作要求吗?"

"对,这是公司的要求,衣服是公司统一定做的。"

"他们上下班都会这么穿吗?"

张经理苦笑道:"没错,我们这个售楼中心是临时的,没有更衣间,大家来之前都穿好了,离开的时候也没法换,只能回家再换。"

"那……齐兮兮在吗?劳烦您帮我叫一下。"

"不好意思,她已经两天没来上班了。"

何落环顾四周道:"去哪儿了?"

"昨天请假说去医院看病,今天不知道是为什么,总之没来,电话也打不通了。"

"怎么会这样?"

"我也不知道。"

薛菲说:"您现在能帮我联系一下吗?"

"好的,我试一试。"

张经理掏出手机,拨通号码,将听筒放在耳畔等候了几秒钟,连连摇头道:"还是打不通。"

"关机了?"

"没错。"

"那齐兮兮平时和银行的人来往多吗?"

"银行的人?我们和各家银行的人来往都比较密切,因为涉及购房贷款的事情,但您说齐兮兮的话,她老公就是银行的。"

罪无赦（二）

"哪家银行？"

"城市银行啊。"

"城市银行？"薛菲双目圆睁，"是迎春路支行吗？"

"没错，是迎春路支行，她老公叫张旭升，我们都认识。"

"张旭升？我知道了，谢谢你。"

薛菲转身离开，立即掏出手机打给刘同："刘队，我发现了一条至关重要的线索。"

"我也发现了一条至关重要的线索。"刘同的语气铿锵有力。

"什么？"

"你先说。"

"那个蓝色的纸袋是天脉房地产有限公司的袋子，齐兮兮是天脉房地产公司的售楼经理，而齐兮兮的老公是魏冬芹的下属张旭升。"

"啧啧啧……天哪！"

"怎么了？"

"你猜我和钱华发现什么了？"

"快说呀！"

"卢思美注射肉毒素的当天下午，齐兮兮假扮成医师去过卢思美所在的房间，并且停留了将近二十分钟。"

"天哪！怎么会这样？"

"章毅刚刚打来电话，他查到了齐兮兮和李源过去的交集。"

"什么？"

"一九九一年至一九九五年六月，李源曾就读于繁花市第二小学。一九九五年二月，齐兮兮转学至繁花市第二小学。二人都是四年级三班的学生，也就是说，他们不只是售楼经理和买房客之间的关系，他们早在二十一年前就彼此认识了。"

"二十一年前！真是难以想象啊！你说李源在那个学校读到了一九九五年六月？之后他去了哪儿？"

"西班牙。"

"那齐兮兮呢？"

"她留在了繁花市二小，一直念到毕业，后来转入繁花市三中，初中阶段以优异的成绩考入繁花市重点高中，三年后考入繁花大学攻读心理学专业。"

"心理学？"薛菲第一时间想起了苏健。

"没错，是心理学。"

"那我们现在该怎么办？"

"还能怎么办？先抓人吧。"

"可是据齐兮兮的同事说，她已经两天没来上班了，电话也打不通，他们也不知道齐兮兮去哪儿了。"

"你联系一下她老公，问问什么情况。假如齐兮兮在家那最好不过，假如不在，我们也要对她的房子进行搜查。"

"知道了，那李源呢？"

"我已经派人去盯梢了，先抓齐兮兮吧。"

"好的，那我要不要把这些事情告诉她老公？"

"可以说，已经没什么隐瞒的必要了，我现在最担心的……算了，抓紧行动吧。"

"我知道你担心什么，我也担心，假如齐兮兮真的已经跑路了，那所有线索都会断在她身上。"

"没错。"

薛菲挂断电话，何落忙问："刘队怎么说？"

"抓捕齐兮兮。"

"啊？光凭这条线索？不行吧？"

"快走，咱们上车再说。"

"好！"

3

黄昏时分，冷雨渐停，遥远的海平面上出现了一片许久未见的晴空。几辆警车匆匆驶过海岸公路，车里的刘同远眺夕阳，那满眼的余晖似几道灼目的火焰，将安静而孤独的海面切得支离破碎。

薛菲跟何落回到银行，张旭升正独自一人在二楼的办公室里吃泡面，见薛菲走来便问："您二位怎么又回来了？行长下班了。"

"我们不找行长。"薛菲说。

"那你们？"

"找你。"

张旭升将泡面推到一旁，用纸巾抹去嘴角的油，微笑道："怎么了？还是魏行长的事情吗？"

罪无赦（二）

薛菲在张旭升对面的旋转椅上落座，跷起二郎腿说："同事都走光了，你怎么不回家？"

"我要加班呀！"

"为什么就你一个人加班呢？"

"手里一堆活儿，不加班怎么行？"张旭升强颜欢笑，那笑容又瞬间消失。

"可是你不回家，齐兮兮就要一个人吃饭，长此以往，她难道没意见吗？"

张旭升一愣，嘴角微微抽动了几下："你们认识兮兮？"

"见过几面。"

"哦？在什么地方？"

"在警局。"

"怎么……会在那儿呢？"

何落问："你现在能联系到她吗？"

"我刚刚打过电话，她关机了。"

"你知道她去哪儿了吗？"

"她出差了，应该在广州。"张旭升满脸费解，"不是，我想问一下，兮兮怎么了？"

"你真的什么都不知道？"

"到底出什么事儿了？"

薛菲淡淡地说："好，那我告诉你，现在我们怀疑伤害魏行长的凶手就是你的妻子齐兮兮。"

张旭升先是一声冷笑，然后哈哈大笑起来："胡说八道，这怎么可能？你们是来搞笑的吗？她和魏行长无冤无仇，为什么要那么做？你给我一个理由？"

"你认识李源吗？"

"谁是李源？"

"看来你对此一无所知啊。"

"到底谁是李源？"

"李源是一个生意人，很有钱，同时也是齐兮兮的小学同学。就在前些天，李源的妻子卢思美非正常死亡，我们怀疑这起案件也和齐兮兮有关！"

"什么？"张旭升立马从凳子上蹦了起来，"为什么和兮兮有关？"

"张旭升，我现在就要一句实话，齐兮兮是不是跑路了？"

"不可能，你们肯定搞错了，我们家兮兮绝不会干那些违法的事情。"

薛菲提高了声调："告诉我，她是不是跑路了？"

"没有！我说过了，她去出差了。"

"你撒谎！齐兮兮所在公司的经理说她已经两天没去上班了，根本就不存在出差的情况，为什么要撒谎？"

"我没有撒谎，她真的出差了，她在广州，她会回来的。"

"看来你真的要包庇她了？"

"我没有！你们为什么不相信我呢？她真的出差了。"

"张旭升，你好好想想，假如她真出差了，她们公司的负责人怎么会不知道呢？而且就算出差，电话为什么要关机？你不认为这很奇怪吗？"

"这有什么好奇怪的？她的手机摔坏了。"

"哦？是吗？你怎么知道她手机摔坏了？"

"昨天晚上她给我打过电话。"

"用谁的号码？"

"是她的。"

"用谁的手机？"

"我不知道。"

"你没问吗？"

"我不知道，我不知道。"张旭升缓缓摇着脑袋，"我不知道。"

何落问道："张旭升，你怎么了？"

"你们一定搞错了，我们家兮兮绝不会干那些事情。"

薛菲说："无论如何，她现在是重点嫌疑人，张旭升，你想证明齐兮兮是清白的吗？"

"她肯定是清白的！你们冤枉好人。"

"好，你敢带我们去你家看看吗？"

张旭升言辞果决："为什么不敢？"

何落将车停在张旭升家楼下时，刘同已带队等候多时，看到十来个警察先后从警车上跳了下来，张旭升似乎才恍然大悟，齐兮兮可能真的出事儿了。

刘同上前同张旭升握手，笑道："张先生，齐兮兮的情况你大概都知道了吧？"

"我不知道。"张旭升冷声答道。

刘同脑袋一歪，望着薛菲说："菲菲，你没有告诉张先生吗？"

"我说过了，他不相信。"

刘同浅浅一笑："张先生，我知道你可能一下子接受不了这些事情，但请你相信我，我们之所以能查到齐兮兮身上，绝不会是捕风捉影。"

张旭升掏出手机说："我能再给兮兮打个电话吗？"

"不用了，我们的人一直在打，目前仍处于关机状态。假如能接通的话，

罪无赦（二）

我们会第一时间进行手机定位。"

"那你们现在是要搜查我的房子吧？"

"没错，您不用担心，搜查过后我们会尽量恢复原状，假如不小心损坏了您的财物，我们会赔给您。"

"看来……我好像没别的选择喽。"

刘同从章毅手中接过一张纸，迅速在张旭升面前展开，其上有繁花市公安局的印章和局长李在言的私印："张先生，这是我们局签发的搜查证，按正常法律程序，您有知悉的权利，看看吧。"

"不用了！"张旭升神情淡漠，轻轻摇头道，"你们跟我来吧。"

搜查在章毅的指挥下有条不紊地开展起来，刘同请张旭升来到阳台，这里是二十三楼，高度足以俯瞰遥远的海面，目力所及之处，几艘白色游轮宛若纸船一般在金波粼粼的海面随波逐流。

二人都点了支烟，彼此无声地吸了一会儿，是刘同打破了这黑夜之前的沉寂："这个阳台的风景真不错，可惜太阳马上要沉入海面了。"

刘同转头望着表情麻木的张旭升，笑说："这场雨应该过去了吧？"

"不，还没有过去，今天晚上还会下。"张旭升说。

"你看天气预报了？"

"没有，单纯的感觉而已。"

"你挺厉害呀！"刘同趴在阳台护栏上说，"还能预测天气？"

"我能闻到雨的味道，隔着几十公里就能闻到。"

"特异功能吗？"

"不知道算不算。"

"那你能闻到齐兮兮的味道吗？"

张旭升点头道："能，但她的气味儿好像越来越弱了。"

刘同不自觉地吐起了烟圈儿："张先生，你和齐兮兮结婚这么久，你觉得她是一个什么样的人？"

"她是一个好妻子、好女人，她很勤奋，也很踏实，她生活勤俭，非常顾家。最重要的是……她从来都不会骗我。"

"你觉得她爱你吗？"

"当然！"张旭升努起嘴说，"她很爱我。"

"你哭什么？"

"哦！不好意思，我眼睛不太舒服。"

"你了解她的过去吗？"

张旭升将烟头丢在地上，用脚捻灭："大概知道一些，她没有爸爸，妈妈

二婚，她从小在奶奶身边长大。我们结婚前夕，她妈妈来过，要给她钱，她不要，两个人最后不欢而散。兮兮对我说，她永远都不会原谅她妈妈。"

"这么说来，这是她心里的恨咯？"

"将心比心，我要有这样的妈妈，我也不会要她的钱，这不能算恨，应该是怨吧。我问过她，假如有一天你妈妈没人照顾了，你会照顾她吗？她说她会。"

"你知道她爸爸是怎么没的吗？"

"听她说是被车撞死的。"

刘同一声冷哼："这就是你说的她不会骗你？"

"您什么意思？"

"他爸爸……"

刘同正要娓娓道来，章毅突然走进阳台，手中提着一个天脉房地产公司的纸袋："刘队，可能就是这个袋子了。"

"在哪儿发现的？"

"鞋柜里。"章毅将戴着白手套的五指伸进纸袋，缓缓勾出了一双黑色的男士皮鞋，"刘队你看，鞋底儿有泥渍。"

"张先生，这是你的皮鞋吗？"

"没错，是我的皮鞋，怎么了？"

"最近穿过吗？"

张旭升思忖片刻，摇头道："这一双，很久没穿了。"

"多久没穿了？"

"大概有一年了吧！这双鞋比较磨脚，穿了几个月就没再穿过，怎么了？"

刘同下巴微微一扬："拿走吧。"

章毅转头回到客厅，张旭升忙问："刘警官，这双鞋到底怎么了？"

"魏冬芹被袭击后，凶手在现场留下了许多泥渍脚印，从脚印大小来看，应该是一双四十三码左右的男士皮鞋，所以案发之初，我们将嫌疑人的性别锁定为男性，这给我们的侦查带来了许多麻烦，也出现了许多令人费解的情况。"

张旭升眼神迷离，问道："您的意思是？"

"你应该能想到吧？"

"你是说……兮兮用我的皮鞋伪造了现场？"

"可能性很大。"

"太可笑了，这根本不可能。"

"可不可能都是推测而已，脚印比对之后，结果自然会清楚。"

"你们是怎么怀疑到兮兮头上的？"

尘埃

239

罪无赦（二）

"这个嘛……恕我不能相告，因为我们要保护目击证人，希望您能够理解。"

"目击证人？"

"没错。"刘同又问，"对了，有一个问题我想请您认真回答一下，在你的存储设备里有没有张小年的录音？"

"张小年？"

"没错，你们的贷款客户张小年。你有没有用什么设备录制过张小年和魏冬芹之间的对话？"

张旭升约莫回想了几秒钟，道："可能录过，我们去催债的时候会把客户说的话录下来，这又怎么了？"

"在手机上，还是录音笔？"

"大多数在手机上。"

刘同伸出掌心道："方便吗？"

"什么？"

"手机。"

刘同接过张旭升递来的手机，大喊章毅的名字。

"刘队，怎么了？"章毅问。

"手机里可能有张小年的录音，带回队里查一下。"

"好。"

就在此时，薛菲大步流星而来，眉头紧锁道："刘队，钱华发现了一点儿东西，你过来看看吧。"

刘同、张旭升随薛菲来到卧室，只见钱华捧着一个托盘走了过来："刘队，找到这个了。"

刘同定睛一看，托盘里竟放着三枚白色针管，其中一枚顶端带着银色的针头："在哪儿发现的？"

"床头柜里的一个纸盒里。"

"张先生，这几枚针管你见过吗？"

"没有，我从没见过，这到底是怎么回事儿？"

钱华说："这支带针头的针管里可能有残留的肉毒素。"

"确定吗？"刘同问。

"这需要送回队里化验。"

"菲菲，你抓紧时间送回队里。"

"好的。"

张旭升问道："肉毒素？什么肉毒素？刘警官，求你告诉我，这究竟是怎

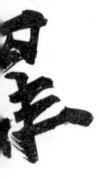

么回事儿？"

"张先生，您少安勿躁，我会慢慢告诉你的，好吗？"刘同说，"钱华，除了针管，有没有发现药物？"

"没有，只发现了这些针管。"

"章毅。"

"在。"

"齐兮兮的电话接通了吗？"

"队里没回信儿，应该还没有。"

"告诉技术队，现在不能坐以待毙了，从这个小区的监控开始给我查，我要立马知道齐兮兮的行踪。假如她已经乘交通工具离开繁花市，立马申请通缉令，听到了吗？"

"明白。"

张旭升听到"通缉令"三个字，立刻像丢了魂儿，他握住刘同的胳膊，低声道："刘警官，至于这样吗？我妻子是什么样的人，我再清楚不过了，这里面……这里面一定有什么误会，求求你不要发什么通缉令，这会毁了她的，会毁了她！"

"张先生，我能理解您的心情，但请你相信我，我们不会冤枉任何一个好人，当然，也不会放过一个坏人。我们会反复确认证据的有效性后再锁定嫌疑人身份，而且通缉令也不是随随便便就能发出来的，它需要有力的证据作为支撑。您现在还不了解案情，所以才会认为我们的行为有些唐突，假如您愿意，稍后可以和我一起回队里，我会把案件的来龙去脉给您讲清楚，放心吧。"

"刘队，你不觉得很奇怪吗？"薛菲说。

"什么？"

"齐兮兮为什么要把这些针管带回家呢？难道不应该第一时间处理掉吗？"

"没错，这的确是一个问题。"

4

魔方大酒店是繁花市唯一一家五星级酒店，它临海而建、傍山而立，楼体仿佛几块水晶魔方错落有致，横亘于绵延的植被之间。酒店西侧拥有大片私人沙滩和种类多样的海上娱乐设施，每到圣诞前后，想在魔方订一间房，几乎比

罪无赦（二）

登天还难。

黄昏时分，李源一路行色匆匆地进入了魔方大酒店，他没在前台开房，而是直接进入通往酒店客房的电梯。负责盯梢的小丁和小钱望着电梯缓缓爬升，心里多少有些不知所措。

"怎么办？"小丁问。

小钱望着头顶的楼层数，淡淡地说："在七楼。"

"我问你现在怎么办？"

"他没去前台开房，应该是有人在等他。"

"上去吗？"

"不，刘队说不能打草惊蛇。"

"那咱们怎么办？"

"就在大厅等。"小钱掏出手机说，"我发短信给刘队。"

小钱用短信告之刘同，李源已进入魔方大酒店，刘同回复：继续盯。

大约二十分钟后，李源走出酒店，打车离开，小钱、小丁一路紧跟。李源在玫瑰路中段下车后，走进了一家比较高档的餐厅，隔着橱窗张望，小钱看到李源和几个中年男人一一握手后，进入了酒店后段的包厢。

刘同回到队里时，天已经黑透了。他将张旭升请到办公室，把整个事件的来龙去脉大致说了一遍。张旭升边听边流泪，口中反复嘀咕着：不可能，这不可能。

"张先生，关于齐兮兮的事情，大概就这些了，我知道你可能一下子很难相信这些事情，但假如没有十足的证据，我们也不会如此武断地将她锁定为嫌疑人。"刘同一抿嘴，淡淡地说，"说实话，我现在甚至怀疑陈明外的死并非只是正当防卫么简单了。"

张旭升双手掩面，捧着脑袋低声说："她不会那么傻，她不会。"

"好吧，你不是要看证据吗？那你先看看，这柄铁锤你见过吗？"刘同将一张照片放在了茶几上。

张旭升拿起照片看了看，然后缓缓闭起双眼，无声抽噎道："没有。"

"张先生，你在撒谎，否则你不会对这张照片有如此强烈的反应。"

"我不知道，我没有见过。"

"你肯定见过。"

"我说没有！"张旭升奋力喊道，表情却瞬间从激动变成了迷茫，"没有，我没有见过，这不是我们家的。"

"我什么时候说这是你们家的？"

就在张旭升欲言又止时,章毅忽然推门而入,将几张纸递给刘同道:"刘队,第一份是脚印比对结果,根据鞋底的大小、花纹以及磨损状况来看,就是这双鞋。第二份是钱华的化验报告,他们的确在那支带针头的针管内提取到了肉毒素,而且是高浓度的肉毒素。"

刘同大致在报告上扫了一眼,然后将报告放在张旭升面前:"您看看吧,这都是铁证,我们不会冤枉好人……"

话音未落,薛菲突然闯入办公室,神情紧张地说:"刘队,你出来一下。"

"张先生,你看报告,我先失陪一下。"

刘同随薛菲来到办公室门外,急问:"怎么了?干吗慌里慌张的?"

"我们查到了齐兮兮今天下午的开房记录,她没有离开繁花市。"

"在哪儿?"

"今天下午六点多,齐兮兮在魔方大酒店登记了一个房间。"

"魔方大酒店?"刘同震惊不已,"确定吗?"

"不能确定是本人,但身份信息完全一致。"

"不好!"

"怎么了?"

"李源去过那儿。"

"你怎么知道的?"

"盯梢的小钱给我发过短信,我怎么就没想到呢?"刘同狠狠挠了挠鬓角,"快,让一分队在楼下集合,去魔方大酒店!"

"是。"

"另外通知小钱和小丁,可以收网了。"

"你是说现在把李源抓回来?"

"不是现在,是立刻、马上!"

晚八点后,三辆警车停在了魔方大酒店门前,刘同刚从车上跳下来,一位身穿红色西装、脖颈扎着蝴蝶结的男迎宾快步跑来,问道:"先生你好,请问你们是警察吗?"

刘同亮出警官证说:"我们可能要在你们酒店内实施一次抓捕行动。"

"这样啊!"迎宾从腰后拔出对讲机说,"那请您稍等一下,我这就通知经理。"

"这是紧急行动,我们恐怕没那么多时间等你们安排。"

"不过,酒店内都是客人,我们怕引起恐慌。"

"放心,我们要抓的人很安全,不会对其他客人造成威胁。你现在可以叫

罪无赦（二）

经理到前台，我会向他说明情况。"

"好的。"

前台工作人员很快查到了齐兮兮所在的房间，七楼七〇八号套房，电卡正在使用中，说明屋内应该有人。刘同和酒店经理大致商量后，他们决定断开七〇八号房间的网络，让一位酒店工作人员前去敲门，以维修网络的名义引诱齐兮兮将门打开，假如齐兮兮不开，工作人员会用备用房卡将门打开。

在电梯缓慢向七楼攀升的过程中，刘同对何落等人说："齐兮兮我见过，应该不会有什么危险，不到关键时刻，大家不要拔枪，听到了吗？"

众人纷纷回应："听到了。"

"门打开后，我第一个，何落第二个，其余人跟在我们身后，抓捕方式尽量温和一点儿，假如室内还有其他人，可以拔枪警告进行控制，明白？"

"明白。"

刘同又看向随行的酒店工作人员，这是一个二十来岁的小伙子，他显得非常紧张，眉头一直挤着深深的川字纹："小兄弟，待会儿一定要自然一些，千万不能这么紧张，否则一眼就会被看出来。你放心，我们一定会首先保证你的安全，好吗？"

年轻人狠狠咽了口唾沫，点头道："好的。"

随着电梯"叮咚"一声，铁门缓缓打开，刘同第一个进入铺满蓝色地毯的走廊，不远处有一男一女正坐在走廊里的豪华沙发上窃窃私语，刘同上前道："你们好，我们是警察，请二位现在离开或者回到自己的房间，我们正在执行任务，请二位配合一下。"

男人点了点头，牵起女人一溜烟儿地不见了。

众人来到七〇八号门前，分列大门两侧，刘同对站在门前的工作人员点了点头，他便敲响了七〇八的门，喊道："您好，酒店网络刚才出现故障，我是维修人员，方便的话请您开一下门！"

屋内毫无回应。

年轻人继续敲门："您好！酒店网络发生故障，我是来维修的，请您开一下门！"

仍旧毫无回应。

刘同侧耳倾听，似乎能听到屋内有若隐若现的音乐声。他指了指门锁，轻声道："用房卡。"

随着锁芯转动声传来，刘同迅速将门把手往下一按，大门应声而开，只见屋内灯火通明，奢华的装饰全都泛着刺目的光泽，一股淡淡的香味儿扑鼻而来。刘同第一个冲了进去，这是一间豪华套房，外部的客厅内空无一人，从整

齐的摆设来看,就像没人来过一样。里间卧室的门虚掩着,屏气凝神间,所有人都能听到源源不断的音乐声从门内溢出,那是一首大家都耳熟能详的歌曲,女歌手以柔情似水的声线吟唱道:"终于你找到一个方式分出了胜负,输赢的代价是彼此粉身碎骨……外表健康的你心里伤痕无数,顽强的我是这场战役的俘虏……"

隔着门缝,刘同看到卧室内也亮着灯,缓缓将门推开,一双蓝色的高跟鞋赫然映入眼帘,随着视野逐渐增宽,白色的脚踝、纤细的小腿、蓝色的裙裾以及平坦的小腹先后进入视线。

突然,刘同愣住了。

他看到齐兮兮平躺在床上,右侧手腕流出的鲜血已将金色的被套全部浸透,并顺势滴在白色的地板上。这些血液似乎仍在流动,以难以察觉的速度向四面八方渗透、扩散,它们的力量是那么微弱,正如空气中的血腥味儿一样微不足道。

薛菲紧随刘同进入卧室,看到眼前这一幕,她立马捂起嘴,骇然到说不出话。

何落看到齐兮兮左手上的那把水果刀,不禁喊道:"快!快叫救护车!"

"好像已经没呼吸了。"刘同淡淡地说。

何落立马掏出手机,打开灯光,照在齐兮兮的瞳孔上,然后又摸了摸她的脖颈,最后一声怒吼,狠狠地朝地板跺了几脚。

"章毅!"刘同转头道,"叫钱华的法医组过来吧。"

"是。"

齐兮兮化了浓妆,虽然面色已然苍白,但表情仍旧鲜活。她穿着湛蓝的连衣裙,就像熟睡一般静静躺在刘同面前,似乎正在做一个很甜的梦。她左手握刀横放在小腹上,无名指上那枚精致的钻戒像一个谜,让人看不到一丝丝光亮。她的手机放在床头柜上,那首《征服》依旧固执地播放着,手机充电线连着墙角的插座,刘同猜测,这可能是为了保证让音乐不间断地播放下去。

薛菲戴起手套,拿起手机道:"刘队,是循环播放。"

"她想让来的人都听到这首歌。"

"为什么是这一首?"

"不知道。"

薛菲顶出SIM卡槽,发现手机内根本没有电话卡,便说:"难怪一直关机,原来没有电话卡。"

"不知道张旭升看到这一幕会作何感想?"

阳台前的圆桌上放着一包烟、一枚打火机和一个烟灰缸,烟缸里有一枚烟

罪无赦（二）

蒂，只抽了一半的样子，过滤嘴上有桃红色唇印，和齐兮兮的口红色一致。圆桌旁的凳子上放着齐兮兮的手提包，电视机下方的桌台上有一杯咖啡，已经没有了温度。

何落擦干眼泪说："刘队，我想出去透透气。"

"你怎么了？"

"不知道，心里特别难受。"

"去吧。"

二十分钟后，钱华的法医组进入现场，经过一番勘查，他确定齐兮兮的死亡时间为下午七点到八点之间，死亡原因为割腕后动脉大量出血，导致失血性休克死亡。

"这女人太厉害了。"钱华满脸叹服。

"为什么？"刘同问。

钱华举起自己的右臂说："手腕上的动脉隐藏得很深，想要切到它必须忍受强烈的疼痛感，除非抱着必死的决心，一般人很难做到。从她手腕上的切口深度来看，这种伤口绝不是一刀能切出来的，我刚才仔细观察了一下切口的纹理，可以看出刀口有来回切割的动作。说心里话，这是我近些年来见过的最惨烈的自杀方式。"

"能确定是自杀吗？"

"应该可以肯定。首先，被害人身上没有被束缚的迹象，也没有打斗的痕迹，说明她处在自由状态下。其次，假如伤口是他人切割，一定会进行反抗，但是从现场来看，她的死亡状态非常平静，甚至可以说安详。但是……"

"但是什么？"

"假如被害人处在麻醉状态下，那就很难说了。"

"辛苦你一下，今天晚上，最迟明天早上，我要看到尸检报告。"

"没问题。"

此时，章毅跑过来，气喘吁吁地说："刘队，据酒店监控显示，今天下午六点四十二分，李源的确来过这个房间，约莫二十分钟后离开的。"

"小丁他们那边怎么样？"

"照你的命令，他们已经把李源带回队里了。"

"好！"

刘同看向窗外的夜色，似乎今晚格外的黑，几分钟后，大雨再度降临，整个城市陷入了无尽的阴冷和苍茫。

第十六章

回 首

1

李源一身西装革履,像个在海边度假的绅士一样,悠闲地坐在审讯桌前,不时还吹着口哨。当刘同和薛菲在他对面落座时,他只是微微一笑,开口问道:"请问,你们有什么权力把我关在审讯室里?"

刘同笑道:"听说我们的人抓你的时候,你正搂着一个老板的女秘书在KTV里跳舞。啧啧啧,满脸通红,喝了不少酒吧?"

"对不起,警察同志,我真的没时间在这儿和你们扯淡!公司一大堆事情等着我去处理,都是上百万的生意,耽搁不起啊。"李源指手画脚道,"快说吧,为什么要抓我?假如你们不给我一个合理的解释,我一定会告你们滥用职权。"

刘同一阵冷笑。

"你笑什么?"李源泛起微微怒色,"有什么好笑的?"

"你当真觉得我会平白无故把你抓到这儿来吗?"刘同说。

"那你说呀!我到底怎么了?"

"认识齐兮兮吗?"

"你是说那个售楼小姐吗?"

薛菲说:"没错,就是那个售楼小姐!"

"认识啊,前不久我在她那儿买过别墅,怎么了?"

"她死了!"

罪无赦（二）

李源一声冷哼，双目圆睁道："死了？死了就死了呗，跟我有什么关系？"

"你知道她死在什么地方了吗？"

"我怎么知道？您问的问题都很奇怪呀！我和她只有几面之缘，怎么可能知道这些事情？我劝你们还是抓紧把我放咯，别等到我把律师叫来，那可就迟啦。"

"那你叫啊？你都在这儿坐了半个小时了，为什么不叫？"

"我在等你们给我一个合理的解释！"

"哦，合理解释啊！好啊？我来告诉你……"

"菲菲，让我来。"刘同转头道，"李先生，我现在告诉你，请你听清楚了。今天晚上八点半左右，我们在临海的魔方大酒店七〇八号套房内发现了售楼小姐齐兮兮的尸体，经法医初步勘查，死亡原因为失血性休克死亡。"

"不是啊警官，我现在就想问你一句，这到底跟我有什么关系？"

"齐兮兮的死亡时间为今天下午七点到八点之间，而你，李源先生，你在今天下午六点四十二分去过齐兮兮的房间，并在二十分钟后离开，也就是说，你应该目击了齐兮兮痛苦的死亡过程。"

"你们有什么证据？"

"第一，我们的人一直在跟踪你，你应该有所察觉吧？第二，酒店监控完整记录了你在酒店内的行踪。怎么样？需要我把酒店监控给你放一遍吗？"

李源颇显无奈，望着天花板，伸出舌头舔了舔双唇道："好吧，我承认！我承认我去找过她！"

"那就说说吧，为什么要去找她？为什么在你离开的同一时间段，她死了？"

"我去找她谈买房的事情，我也不知道她为什么死了。"

"天大的笑话！"刘同怒声道，"一个售楼小姐在五星级酒店开一间套房，约你在套房里谈买房的事情？告诉我，你认为天底下有几个人会相信你的话！"

李源笑说："我不管谁信谁不信，我说的就是事实。"

"好，看样子你不会说实话了，那就让我来给你捋一捋吧。"

"洗耳恭听！"

"你认识陈明外吗？"

"陈明外？谁是陈明外？"李源反问。

"一个跳街舞的少年，喜欢和已婚女性交往，他擅长在夜店给女人的酒杯中下药，并将迷晕的女人带去酒店实施强奸。大多数受到侵犯的女性会选择隐忍，甚至有人会产生依恋，且长期与陈明外保持情人关系。"

248

"这和我有什么关系?我又不认识他!"

"你可以不认识她,但你不可能不认识自己的妻子卢思美吧?"

"你什么意思?"

"卢思美和陈明外保持着长期的情人关系,难道你不知道?"

"放狗屁!"李源恶狠狠地说,"我告诉你,你要再污蔑我已经去世的妻子,我一定不会让你好过!"

刘同眉目紧锁:"李源,你能不能动动脑子?你是不是认为我们警察都很无聊,所以才把你请过来让你见识见识我们污蔑别人的能力?"

"那你有什么证据能证明我的妻子和陈明外有那种关系?"

"一家夜店的酒保见过卢思美和陈明外约会,而且不止一次。根据这条线索,我们查到了陈明外和卢思美的开房记录,你要看一下吗?"

"不用,我不看。"

"为什么?"

李源双目微合,长叹道:"因为我知道!"

薛菲狠狠拍打桌面,金刚怒目道:"你刚才还说你不知道!现在怎么又知道啦?"

刘同让薛菲少安勿躁,转头又问:"李先生,能说一下你是什么时候知道的吗?"

"很久以前了。"李源说到这儿,原本盛气凌人的姿态逐渐消失,变成了一副怅然若失的样子。

"具体什么时候?"

"大概一个月前吧。"

"你是怎么知道的?"

"那天晚上我在办公室加班到很晚,大概凌晨吧,小美打电话问我回不回家。那阵子真的很忙,签了一堆合同,我连续很多天都睡在办公室里。我告诉小美让她先睡,意思是不回去了,当然,我又不能说得那么直接,因为我再想让她失望,毕竟我们结婚也没几年。等我做完合同已经是凌晨两点多了,睡在沙发上怎么都睡不着,心里有一种很奇怪的感觉。想起小美的电话,心里总觉得特别亏欠她,于是我决定回去陪陪她。"

"你回去了吗?"

"去了,可是她不在家。我打电话给她,她竟然对我说她在家里睡觉。"

"那个时候你就认为她出轨了,是吗?"

"不,那时候我一直在朝好的方面想,我不相信她会那么做,因为我知道她是爱我的。"

罪无赦（二）

"后来呢？"

"虽然我反复告诉自己，小美绝不会背着我在外边胡来，但我的心里始终都不那么舒坦，像扎了一根钢钉，不，不是一根，是密密麻麻的钢钉。我拔不出来，说实话，我没有那么大度让自己若无其事。于是我找了一位私家侦探，没过几天他就给我拿来了一些照片和一沓开房记录。"

"这个侦探很厉害嘛！"

"没错，也许这世上没有他查不出来的事情。就是从那天起，我知道了小美和这个陈明外的关系，他们在照片里那么亲密，就像一对初恋的情侣，我很嫉妒，很难过，也恨自己冷落了小美。"

"你恨卢思美吗？"

"不，我不恨她。"

"那你恨陈明外吗？"

"我不恨任何人，我只恨自己。"

薛菲问："李先生，你知不知道陈明外已经死了？"

李源犹豫片刻，云淡风轻地说："我知道。"

"你知道？"薛菲略显惊讶，"你是怎么知道的？"

李源突然皱起眉头，泪光盈盈道："兮兮，是兮兮告诉我的。"

"什么？齐兮兮告诉你的？"

"是！有天晚上我请兮兮在东林塔的旋转餐厅吃饭，她对我说，她把陈明外给杀了。"

"她为什么要告诉你这件事？"

"我说不上来，我也不知道她为什么要那么做。"

刘同问："她杀了令你蒙羞的男人，这绝不是一个巧合吧？"

"你什么意思？"

"是你教唆齐兮兮去杀陈明外的吧？"

李源眉眼低垂，面容变得深沉起来："我不知道……我不知道那算不算教唆。"

"我敢肯定，你一定给齐兮兮说过你和卢思美之间的事情，包括卢思美出轨的事实，没错吧？"

"是的，我说过。"

"一个买房的人和一个售楼小姐讲这些事情，很奇怪呀！"

"其实……我和兮兮早就认识……"

刘同笑说："这我们知道，一九九一年至一九九五年六月，你曾就读于繁花市第二小学。一九九五年二月，齐兮兮以插班生的身份进入了你所在的班

级,你们成了同学。"

"没错,我和她是同桌。虽然我们只在一起上了四个月的课,但我们的关系非常好,后来我和父母去了西班牙,这才失去了联系。前两年我回来过,联系了几个同学,但同学们都没有她的消息。在我的世界里,兮兮就像人间蒸发了一样,我不知道怎么做才能找到她。"

"你在找她?"

"是!我一直在找她,我想她了。"

"看来你们的关系不一般呀?"

"我们的关系是一种你们任何人都无法理解的关系!无法理解!"

薛菲说:"是吗?有多么无法理解?"

"抱歉,我无法形容。"

"对于两个小学生来说,只在一起待了短短四个月,能有什么样的关系?恋爱吗?"

"不,不是恋爱,那是友谊。"

刘同眨了眨眼道:"好了,说说后来的事情吧,你们是怎么重新联系上的?"

"上个月经朋友介绍,我和小美去天脉房地产公司的楼盘看房,在售楼中心遇见了她。"

"真是蓦然回首,兮兮却在灯火阑珊处啊!"刘同笑说,"那时候你知不知道卢思美已经出轨了?"

"不知道,那时候还没有发现。我在兮兮那儿买了一套别墅,后来一起吃过几次饭,但都很寻常,无非是老同学叙旧而已。当我知道小美出轨之后,我心里特别难过,甚至后悔让人去查这些事情,真的,我有种骑虎难下的感觉。"

"你害怕和卢思美当面对质,因为你怕离婚,说得更准确一些,离婚之后,你会损失一大笔财产,没错吧?"

"不,结婚之前我和小美签过一份协议,我们彼此是经济独立的,根本不会出现分割财产的情况。"这样的回答倒是让刘同始料未及。

"但据我所知,卢思美根本就没有工作,她如何经济独立?"刘同又问。

"她有工作,她是我的秘书,主要负责我们公司和国外公司的联络事务。"

"这就是说,你会发工资给她?"

"当然,你们可以在她的银行流水上看到每个月的进账,对方账户一定是我们公司。"

"既然如此,你为什么会有骑虎难下的感觉?"

"那几天我过得很压抑,因为害怕失去小美,我不知道该怎么办。有天晚

罪无赦（二）

上，我约兮兮吃饭，喝了些酒之后，我突然想把事情都告诉她，也许说出来，可能就不会那么难过了，当时我是那么想的。"

"你说了吗？"

李源点头道："说了，我把侦探说的话从头到尾给她讲了一遍。"

"怎么说的？能具体些吗？"

"我说小美背着我找了一个年轻男人，叫陈明外，没什么正式工作，在一家夜店以跳街舞为生。他喜欢搭讪已婚女性，经常给女人的酒杯里下迷药，我怀疑小美就是被他下了药。"

"你没有告诉她那家夜店的地址吗？"刘同问。

"说了。兮兮当时很气愤，问我小美是被迫的还是自愿的，我真的难以启齿，但事实又摆在那儿，我也不想为了面子而撒谎。我说从现在的情况来看，小美应该是自愿的。兮兮问我那家夜店在什么地方，我问她想干吗，她说她想去领教一下这个陈明外到底有多厉害。"

"你怎么说的？"

"我很感谢她，在那个时候，我最最需要的是一个可以倾诉的对象。我让她别管我的事情，她问我想怎么办，我说我想冷处理，也许过一段时间，小美自己会回头的，我可以当作什么事情都没有发生过。兮兮骂我懦弱，说我不像一个男人。"

"后来呢？"

"在她强烈要求下，我把夜店的地址告诉了她。但她答应过我，她顶多找陈明外谈一谈，也许她能说服陈明外离开小美。兮兮的口才很好，说话也有理有据，我想，也许她真的能帮我劝退陈明外。"

薛菲说："可是她杀了陈明外。"

"说实话，直到现在我都不敢相信她会那么做。那天在东林塔上第一次听她说起这件事的时候，我一开始只觉得荒诞，听她一本正经地描述了自己的杀人过程之后，我才感到一丝丝恐惧，真是太可怕了。"

"你认为齐兮兮是一个笑里藏刀的人吗？"

"不，她是个善良的女人，她理解我的痛苦，之所以杀了陈明外，完全是为了替我出气，但我不知道该怎么感谢她，因为这种事情……我觉得我害了她，我欠她的。"

刘同沉思片刻，低声问道："也就是说，她为了帮你出气而杀了人？"

"是。"

"我真的很好奇，你们到底是什么关系？小学时代只在一起待了四个月，中间长达二十一年没有见面，就算再见无非也是几顿饭的时间，能好到她为你

252

去杀人的那种关系吗?"

李源缓缓抬起额头,已是热泪盈眶:"关系?我们的关系,都要从二十一年前的那个春天说起。"

2

一九九五年三月十四日,北京一批青年科学家成功从恐龙蛋化石内提取了恐龙的基因片段,这个消息令许多人产生了对未来的遐想。一个星期后,繁花市第二小学四年级三班的教室内,李源听到前排一个男生在说霸王龙的可怕之处,他说他在一本百科全书上见过它,比一辆坦克还要大。李源非常想问问霸王龙究竟长什么样子,但他又不敢问,因为整个班级里没有人和他玩。

李源坐在教室最后一排的课桌上,这是一张双人课桌,却只坐了他一个人。这是老师的安排,从一年级到四年级,一直如此。

三月中旬,天气已渐渐温暖起来,湿润的海风偶尔吹进窗台,李源似乎能听到海浪的声音。

早晨第二节是数学课,代课老师是班主任文老师,在李源印象里,文老师的外表像一个白面书生,但他心胸狭隘、脾气暴躁,常常笑里藏刀、表里不一,大家都很害怕。

上课铃响后,文老师带着一个陌生小女孩走了进来,李源立刻意识到,她可能就是那个早晨大家都在议论的插班生。

她身体非常瘦弱,个头儿却不算矮,就全班女生来说绝对算数一数二的高,而小学时期的女生普遍比男生高,李源感觉她至少比自己高出一个脑袋。她的眼睛大大的,像秋天的大葡萄沾了晶莹的晨露,她从进门开始就一直在笑,笑得既有灵性又很漂亮。蓝色的蝴蝶结发箍后面扎着长长的马尾辫,也许她喜欢蓝色,蓝色的书包、蓝色的发箍、蓝白相间的布鞋。

文老师将手里的书放在讲台上,拍了拍手掌说:"同学们,我来给大家介绍一下,这是我们新来的插班生,名字叫齐兮兮,大家欢迎一下。"

同学们掌声雷动。

"大家好,我叫齐兮兮,以后请大家多多关照。"

齐兮兮站在讲台上,给同学们深深鞠了一躬,李源不禁暗自赞叹,这个女孩真厉害,不仅彬彬有礼而且举止潇洒得当,想来自己平时站在讲台上一句话

罪无赦（二）

都说不出来，他不得不打心眼儿里佩服她。

"齐兮兮，你视力怎么样？"文老师问。

齐兮兮扬起小脸，爽朗地说："老师，我视力很好，你是想让我坐在最后一排吗？"

"你怎么知道我要让你坐在最后一排？"

"因为只有最后一排有座位啊。"

文老师淡淡一笑："看来你视力的确不错，那你去坐吧，和那个男同学坐在一起。"

"谢谢老师！"

当文老师让大家把书翻到第二十三页的时候，齐兮兮坐在了李源身旁，并将书包塞进课桌，李源低声问："你为什么不先把课本掏出来呢？"

"课本没有带。"齐兮兮小声说，"我能和你看一本吗？"

"哦！那你的铅笔盒呢？"

"铅笔盒也没带。"

李源满脸惊讶："你怎么什么都没带呀？"

"带那些没用。"

"为什么没用呢？上课都要带课本的呀。"

"总之就是没用。"

"哦，那你书包里都是什么呀？好像挺沉的。"

"没什么。"齐兮兮看了看李源的书皮，"你叫李源？"

"对啊。"

"你有没有吃的东西？"

李源揉了揉眼睛问："你没有吃早餐吗？"

"嗯，很饿。"

"我有麦丽素。"

"那就算了。"

"为什么？不喜欢吃麦丽素？"

"那个很贵的。"

李源笑说："没关系，我家里还有一箱呢！"

"你爸妈对你真好。"

"哝！快吃吧，别被文老师看见了。"

齐兮兮偷偷吃了起来："李源，谢谢你。"

李源捂嘴道："别客气，我还有一袋，也可以给你。"

站在讲台上的文老师突然喊道："李源，你在干吗？"

李源起身道:"没有,我什么都没做。"

坐在第一排的一个戴着二道杠的女孩起身说:"文老师,李源今天早上抄作业了,我劝他不要抄作业,他还骂我。"

"李源,方婷婷说的是真的吗?"

李源刚想张嘴,另一个戴着一道杠的女孩又站了起来:"文老师,方婷婷说的是真的,我看见李源抄作业了,还听见他骂方婷婷不要脸,让方婷婷去死,班里好多人都听见了。"

"文老师!"李源说,"我不是故意骂她的,是她先骂我的,她骂我是抽筋怪,我才骂她不要脸的。"

文老师说:"方婷婷,你作为班长能及时揭发同学抄作业的恶习,老师很高兴。周小雨,你作为小队长能够勇敢站出来替同学说话,老师也很高兴。下课后在奖励表上给你们每人加两朵小红花。李源,你抄作业被揭发已经不是一次两次了,再这样下去,我看你就退学吧。"

李源默默低下了头。

"方婷婷,你去打李源十板子。"

"好的,文老师。"

方婷婷从课桌里取出了一条小臂长短的凳子腿,然后快步来到李源面前,义正辞严地喊道:"把手伸出来!"

齐兮兮望着方婷婷胳膊上的二道杠,转而又看向她嫉恶如仇的脸,拳头不禁捏了起来。

李源乖乖伸出手掌,方婷婷恶狠狠地说:"你给我抬高些!"

全班上下全都注视着李源,有的人在笑,有的人在窃窃私语,文老师则端起面前的茶杯悠哉悠哉地喝了起来。方婷婷似乎使出了浑身力气狠狠敲了下去,只听"啪"一声,李源疼得直跳脚,嘴里不断发出"嘶嘶嘶"的痛叫。

方婷婷说:"快些!还有九下,大家还要上课呢!"

李源的脸皱成了包子褶:"你能不能轻一点儿?"

"我打别人的时候也这样,快!伸出来呀!"

方婷婷又毫不留情地打了九下,这才回到课桌,文老师说:"李源,下次再抄作业,可就不是这么简单了,坐下!"

李源坐回凳子,埋头哭了起来。

齐兮兮小声道:"别哭了,我看看你的手!"

李源抹干眼角的泪,将手伸给齐兮兮,齐兮兮看了看,拿起笔在李源的作业本最后一页写了一行字:"没关系的,下课后用凉水冲一冲吧。"

李源回复说:"疼死我了,感觉像被针扎了一样。"

罪无赦（二）

齐兮兮接着写："这个叫方婷婷的是班长吗？"

"是的。"

"老师经常让她打人吗？"

"对啊，还有那个周小雨，她是语文课代表，也经常替语文老师打人，她和方婷婷是一伙的。"

"你说她骂你是抽筋怪，为什么？"

李源犹豫了一下："因为我有病，犯病的时候会抽筋，还会吐白沫、尿裤裆。"

齐兮兮望着这行字，一时不知该如何回复。

李源看了看齐兮兮僵住的脸，眼泪不禁又流了下来："你是不是也不想和我做朋友了？"

齐兮兮立刻挥笔："不，我要和你做朋友。"

"为什么？可是他们都不喜欢我。"

"因为你给我麦丽素吃。"

李源擦去眼泪："真的吗？我每天都可以给你吃麦丽素。"

"谢谢你，我喜欢和你做朋友。"

下课后，齐兮兮走进女厕所，正好碰到了方婷婷和周小雨等人，方婷婷堵住齐兮兮的去路，笑道："齐兮兮，我告诉你，李源是抽筋怪，他抽筋的时候会尿裤裆，还会吐白沫，你要小心他吐在你的脸上。"

"真的吗？"齐兮兮满脸惊讶。

"骗你干吗？全班都知道他抽筋啊。"周小雨说。

齐兮兮皱起眉头，连忙牵起方婷婷的手说："班长，你可不可以给老师说一下？我想换座位，我不想和他坐在一起了。"

"你害怕了？"

"对啊，万一他尿在我身上，多恶心呀。"

"好吧，下周开班级生活会，我告诉老师好不好？"

"谢谢班长。"

方婷婷转头问周小雨："下节什么课？"

"体育课。"

"齐兮兮，咱们一起走吧。"

"等我上个厕所。"

"好，我们等你。"

李源把书本收进课桌，正准备离开的时候，看到齐兮兮的书包张着口，他特别好奇齐兮兮来上学为什么不带课本和铅笔盒，但书包又很沉的样子。于是

256

他往里一看，吓了一跳，只见书包里装的都是一块块完整无缺的大板砖，大概有七八块儿。他连忙拉起拉链，又向课桌里推了推，额头不知不觉渗出了一层冷汗，心里不断嘀咕着：她为什么要背一书包的大板砖呢？

体育课前十分钟是自由活动，男生们要么在踢足球，要么在打乒乓球，只有李源一个人埋头坐在升国旗的石阶上。他看到齐兮兮已经和方婷婷她们打成一片，有说有笑地在球场边你追我赶，这让他心里难免又失落起来，不仅失落，还带着埋怨。他开始慢慢有些生恨，他恨齐兮兮骗了他的麦丽素。

方婷婷踢了几脚周小雨的鸡毛毽子，笑说："你的毽子太轻了，我奶奶做的毽子可重了，我至少能连踢二十下。"

齐兮兮突然从兜里摸出了一个五彩的鸡毛毽子，说："哝，试试我这个？"

方婷婷一看，大为惊喜："哇，这么好看的毽子，谁做的？"

"是我亲手做的。"齐兮兮不无骄傲地说。

"真的吗？"周小雨接过毽子，看了又看，"这颜色是你自己染上去的？"

"对啊！"

"用什么呀？"

"用画油画的涂料。"

"真厉害。"方婷婷将毽子拿在手中，爱不释手，"兮兮，你能给我也做一个吗？"

"你喜欢吗？"

"嗯，特别喜欢。"

"那这个送你咯！"齐兮兮笑说。

"真的吗？"

"真的呀！我喜欢和班长做朋友。"

"那我呢？我也想要！"周小雨说。

"没问题，我今晚回家就给你做。"

"谢谢兮兮。"

三个人高兴地踢起了毽子，不一会儿，体育老师吹响了集合哨，全班开始列队集合。

体育老师张老师留着平头，满脸痘痘，个头儿也不高，皮肤还特别黑，有人说他是非洲来的黑旋风。张老师说："运动会马上就要开始了，所以我们今天要进行百米冲刺跑的训练，冯秋楠，你是上届运动会女子百米跑的冠军，一定要好好训练哦。还有男生，你们也要争口气！文体委员，带队去球场。"

一个大个儿男生喊道："是。"

方婷婷看了看站在她身后的冯秋楠，转头对齐兮兮说："有什么了不起

罪无赦(二)

的？学习那么差，光跑得快有用吗？跑得快又不能当饭吃。"

周小雨说："上届运动会，校长都表扬她了，她的奖品是一套《十万个为什么》。"

方婷婷冷嘲热讽道："我才不稀罕呢！再说了，她学习那么差，能看懂就怪了。"

齐兮兮问："班长，你体育不好吗？"

"我是来学习的，又不是来练体育的，要那么好干吗？"

"可是你学习那么好，体育很差的话，人家会叫你书呆子的。"

"叫就叫呗，我不在乎。"

"班长，你想一下，假如你今天能跑过那个冯秋楠，体育老师一定会对你刮目相看。"

"怎么可能？我跑不过她的。"

"就算跑不过你也要使劲儿跑，老师只要看你特别努力，也一定会夸你的。"

"你说得也有道理。"

李源站在队伍后面看到齐兮兮和方婷婷窃窃私语，心里气不打一处来。但他似乎又习惯了被人冷落，就算心里再气，也只能面对现实，毕竟在大家眼里，他是一个怪物般的存在。他心里明白，从齐兮兮知道自己会抽筋、尿裤裆的那一刻起，她的心里肯定不会再拿自己当朋友了。

球场跑道是水泥夯筑的，虽然经常修护，但小学的孩子们上蹿下跳是家常便饭，表面也因此经常出现一些大坑小洼，不过整体还算平整。

百米冲刺训练即将开始，张老师将同学们一一分组，每六人一组，分列一号跑道至六号跑道。方婷婷被分到了冯秋楠这组，而齐兮兮被分到了其他组，她偷偷和冯秋楠这组的一个女生进行了互换。

齐兮兮对方婷婷说："你要努力跑，我会跟在你后边给你加油。"

方婷婷说："嗯！我一定会努力。"

3

一声哨响，冯秋楠箭也似的飞奔而去，其余五人不分伯仲，齐兮兮不断在方婷婷耳畔高喊："班长，快！再快些！"

方婷婷一咬牙，拼了命地冲刺起来，渐渐将其余几人甩在身后。齐兮兮一直保持在方婷婷身后半米的地方。冯秋楠毫无悬念地拿下了第一名，张老师站在终点附近朝位列第二的方婷婷大喊："好样儿的！加油加油！"

"班长，快跑啊！"

在距离终点大约十五米的地方，方婷婷爆发出了自己最强的动力，眼看就要到达终点时，齐兮兮右脚向前一迈，连同自己和方婷婷全都绊倒，方婷婷周身轻盈，速度又快，霎时间飞出一米多远，狠狠摔在了跑道外的一个井盖上。

所有人都吓坏了，就连张老师也乱了阵脚，齐兮兮缓缓从地上爬起来，望着自己鲜血淋漓的手掌，她的嘴角难以察觉地向上扬了起来。而方婷婷似乎失去了知觉，只有双脚在微微抽搐。

齐兮兮被送往校医室，她的右膝、右臂以及双手布满擦伤，虽然看上去令人心惊，但并无大碍，方婷婷则直接被送往医院，据校医说，方婷婷伤到了头部和左侧肋骨，伤势比较严重。

第四节课刚上，张老师和齐兮兮走进了文老师的办公室。望着齐兮兮可怜楚楚的样子，文老师问："张老师，这究竟是怎么回事儿？"

张老师说："跑步训练，两个孩子离得太近，腿绊在一起摔倒了。"

"你确定不是齐兮兮在后面推搡了方婷婷？"

"当然不是，我在现场啊！"

"张老师，你要这么说可就是学校的责任了。"

"文老师，这话什么意思呀？"

"齐兮兮，你先回去上课吧！"

齐兮兮离开后，文老师说："张老师，你可得想清楚了，假如不是齐兮兮推搡了方婷婷，那你是要负责任的。"

"无论谁负责，事实就是事实，怎么能胡乱冤枉一个孩子呢？方婷婷被送医院之前还在问齐兮兮有没有事情，两个孩子的关系非常好，我怎么可能歪曲事实、信口胡说呢？文老师，你所说的推搡完全就是凭空乱造，作为老师，为了撇清责任去抹黑另一个孩子，我可干不出这样的事情。"

文老师一声冷哼："好啊，那你自己去给校长交代吧！我只是作为朋友提醒你，在能够合理减轻自己责任的范围内尽量去减轻自己的责任吧。"

"谢谢你的提醒，再见！"

"张老师！"文老师喊道，"我在这所学校干了十四年，希望你能好好想想我说的话！"

张老师转头一笑："是啊，文老师可是学校里的红人，听说马上要升教务处主任了？怎么样，是不是准备把你那套借刀杀人的教学模式做个全校推

罪无赦（二）

广呢？"

"什么借刀杀人？"

"听说文老师从来不对孩子动手,但是经常让那些学习好的孩子去打那些不听话的孩子,这样一来不仅能起到威慑作用,也能把自己撇得干干净净,真是厉害呀！我听说这个年级已经有很多老师在学习你的先进经验了。"

文老师笑说："事实证明,比起那些傻头傻脑打孩子的老师,我的方法绝对是一流的,否则我也不会每年都拿教育先进奖！你说呢？"

"你真的为孩子们想过吗？你在一个小小班级里创造了一个不平等的阶级社会,谁学习好谁就有资格命令别人、体罚别人甚至打别人。曾经有一个学习特别好的孩子对我说,她经常做噩梦,梦到班里那些差学生打她,而那些差学生都是被她打过的人。她说她努力学习的原因就是为了保住打人的资格,因为她害怕将来有一天,她学习不好了、落后了,会被别人打回来。一个小小的孩子,内心被教化得如此黑暗,未来长大成人会变成什么样子？文老师,你想过吗？"

"这本来就是一个弱肉强食的世界,学校也好、社会也罢,强者就是强者,理所当然拥有更多的资格与荣耀,为了保住这些光环,他们只能越变越强,这有什么不好吗？"

"你这样的人也能当老师,真是令人汗颜。"张老师冷冷地说。

"我不仅能当老师,我还能做教务处主任、副校长、校长、教育局局长、教育厅厅长,而你呢？你马上就要面临被校长处分甚至开除的危险。去吧张老师,校长在等你。"

"太可怕了,你真是一个可怕的存在。"

齐兮兮回到教室的时候,老师还没有来。周小雨看到齐兮兮的手臂上缠满了纱布,起身便问："兮兮,你没事儿吧？"

兮兮轻声道："没关系的。"

齐兮兮刚回到课桌落座,自然课老师便推门而入。

见李源低着头不理她,齐兮兮便小声问："你怎么了？为什么不理我？"

"别和我说话。"

"为什么？"

"因为你和她们做朋友了,你也看不起我。"

齐兮兮拿起笔继续在作业本上写了起来："傻子,我在替你报仇啊！"

李源心头一惊,彻底愣住了,他傻傻地望着齐兮兮,写道："真的吗？"

"当然,我愿意做你的朋友。她不仅打你,还背地里说你的坏话,我不会

让别人欺负我的朋友。"

"你是为了我的麦丽素吗？"

"当然不是，我说过了，我喜欢和你做朋友。"

李源委屈得直流眼泪："你不怕我尿裤裆吗？"

"不怕，而且那又不是你的错。"

"谢谢你。"

"不客气。"

"谢谢你。"

"不客气。"

"谢谢你。"

"你要学会保护自己，保护自己才是最重要的事情，明白吗？"

李源狠狠点了点头。

自然课老师从一个纸箱中拿出了许多树叶和植物种子的标本分发给大家传看，教室里顷刻变得嘈杂起来，大家都在议论这些精致的标本，李源却问齐兮兮："你的书包里为什么装那么多砖头呢？"

"你动我书包了？"

"我不小心看到的。"

"不要告诉别人，听见了吗？"

"好的。"

"想知道为什么吗？"

"想。"

此时前排正巧传来了几页标本，其中有一片很大的枫叶，齐兮兮拿着枫叶说："这片叶子肯定长在一棵很高很高的树上，你信吗？"

"不知道。"李源频频摇着脑袋，满脸的不明所以。

"我要像那棵树一样变得高大强壮，到那时谁也别想欺负我。"齐兮兮说，"这就是我背砖头的原因。"

"可是，你不累吗？"

"这样才能锻炼自己呀！"

第十七章

往 事

1

四月中旬,期中考试结束了,齐兮兮以优异的成绩排名全年级第二、全班第一,她的崭露头角着实令文老师大呼意外。

方婷婷因伤一直在家休养,本学期恐怕很难再回到课堂了。班长一职长期空缺,许多事情都由学习委员暂时代管。

这天下午的班级生活会上,文老师提议由齐兮兮出任班长一职,并给齐兮兮颁发了醒目的二道杠臂章。所有人都对这个安排毫无异议,因为齐兮兮的实力摆在那儿,短期之内几乎无人能撼动她在老师心目中的地位。

文老师要求前排的一个男学生给齐兮兮让位,齐兮兮看了看李源,起身道:"文老师,我不用换位置,我的视力很好,难道您忘了?"

文老师说:"难道你愿意和那些差学生坐在一起吗?"

"我坐在这里可以更好地监督他们学习,有我在,他们连作业都不敢抄了。"

"好吧!"文老师无奈道,"那你要保证不能被他们影响到你自己的学习!"

"请老师放心,不会的。"

下午放学后,李源让齐兮兮在校门前等他,没过几分钟,李源一路跑来,笑说:"你闭上眼睛!"

齐兮兮把戴在头上的粉色圆顶旅游帽向上推了推,问:"为什么要闭眼睛呢?"

"闭上吧！我有礼物要送给你……好了，睁开吧！"

齐兮兮一看，李源手里竟然拿着两板巧克力："这个……是送给我的吗？"

"当然，只送给你。"

"这个很贵的吧？"

"我不是说过了吗？我有的是零花钱……哝！拿着呀？"

"我不能要。"

"你就拿着吧！难道你不想做我的朋友了？"

"想。"

"那就拿着吧！"

李源将巧克力塞进了齐兮兮手中。

"兮兮，你还想要什么礼物，我都可以送给你，只要你一直做我的朋友，我什么都可以送给你。"

"走吧，咱们该回家了。"

"好的。"

李源边走边问："兮兮，你背这么多砖头真的不累吗？"

"我今天又加了一块儿。"齐兮兮甜甜一笑。

"可是你整天背着砖头走来走去，一本书也不带，学习为什么会那么好呢？"

"学习要偷偷地学，记住啦？在学校里一定不能被大家看到你在认真学习。"

"为什么不能被看到？"

"假如被看到的话，你考试再好大家也觉得这是理所当然，假如考得不好，人家会觉得你傻，这样就更看不起你了，明白吗？"

"这样啊。"

"但假如你偷偷地学，一旦考得很好，大家就会对你刮目相看。你看看文老师，他就认为我很厉害，否则也不会让我当班长，不是吗？"

"对。"李源想了想又问，"那你学习的时候，你妈妈会盯着你吗？"

齐兮兮没有回答，李源以为兮兮没听见，于是又问："你妈妈会盯着你学习吗？"

"我没有妈妈。"

"不可能，大家都有妈妈，你为什么没妈妈？"

"我只有爸爸。"

"那你爸爸会盯着你吗？"

"不，他才懒得盯着我呢，他喜欢喝酒。"

罪无赦（二）

"他是做什么的？为什么喜欢喝酒呢？"李源问。

"他在海里打鱼，不经常回家的。"

"那你晚上去哪儿吃饭呢？"

"回爷爷奶奶家。"

"哦！我妈妈总盯着我学习，我都快烦死她了。兮兮，把你书包给我背一会儿吧，我也想锻炼锻炼。"

就在二人途经一条窄巷时，突然被两个男生拦住了去路，李源细细一看，他们都穿着繁花市第四中学的校服，看样子应该是初中生。带头男生斜挎着书包，长头发遮住了眼睛，他说："你叫李源吗？"

李源心头一惊，捏了捏手心儿的汗，颤颤巍巍地说："对，我是李源。"

"听你同学说你挺有钱的？"

"我没钱。"

"给我们借点儿呗，就借五块钱，我们急着去游戏机房打游戏呢。"

"我说了，我没钱。"

男生将书包丢在地上，扭了扭脖子说："好，那我现在就弄死你。"

他身旁那个胖一点的男生望着齐兮兮说："小姑娘，你赶紧走吧，我们不动你。"

"你傻呀？"长头发说，"她跑出去喊人怎么办？"

"好吧！"李源突然说，"我给你们钱，但你们不能打人。"

"那快点儿呀？"

李源哆哆嗦嗦地掏出钱包，突然被齐兮兮一把拦在身后。

"我们不会给你钱！"齐兮兮面目冷峻，淡淡地说。

"你说什么？你个臭丫头，你再说一遍？"

"我们不给你钱！你打我呀？"

长头发抬手就给齐兮兮一耳光，听到"啪"一声，李源吓得向后连退三四步。

齐兮兮将旅游帽挂在脑后，淡淡一笑："你就这点儿本事？再打呀？"

胖小子双目圆睁道："喂！这小姑娘疯了吧？"

长头发二话没说，蓄足力气又一巴掌抽了过去，这一巴掌直接将齐兮兮掀翻在地，她手中的巧克力也掉在了远处。李源不禁又向后退了几步，看得目瞪口呆。长头发顿时捧腹大笑，却不料齐兮兮又爬了起来，嘴角流下了鲜红的血："来呀！再打呀！你能把我打死吗？只要你打死我，我们就给你钱。"

"好，那我今天就弄死你！"

齐兮兮笑了笑，松开自己的书包，取出一块板砖丢在地上说："你敢用这

个打我吗?"

李源一看,吓得哭了起来,站在原地不停地抹着眼泪。

"你这个兔崽子,我看你是真想死!"

长头发捡起板砖,胖子连忙劝道:"喂喂,算了吧,这个真能砸死人的!"

"你们给我滚!"长头发气得满脸通红,上前便抡起板砖,谁想身后传来胖子一声尖叫。

"快跑啊!"胖子一阵风掠过。

长头发转头一看,身后竟来了两个警察,他连忙丢下板砖、捡起书包准备开溜,却被齐兮兮死死拽住了衣角。俗话说狗急跳墙,听见警察大喊"别跑",他更是方寸大乱,抬腿便重重一脚踹在齐兮兮的小腹上,齐兮兮一声闷哼,却死死不肯松手,长头发便又是一脚,这才将齐兮兮踹倒在地。但一切为时已晚,他还是被警察活逮了。

坐在玫瑰路派出所的办公室里,齐兮兮一直捂着肚子,她对警察说:"警察叔叔,他不仅要抢我们的钱,还想杀了我。你们看到了,他准备用砖头砸我脑袋,要不是你们来得及时,我可能真被他打死了。"

警察咒骂道:"这两个小王八蛋,这几天我们一直在抓他们,到处抢小学生的钱不说,还想杀人。孩子,你没事儿吧?"

"没关系。"齐兮兮摇了摇头,"就是差点儿被他们打死。警察叔叔,他们会坐牢吗?"

"应该不会。"

"可是他们刚才想杀我。"

"杀人未遂的话,也许会被关进少管所。"

齐兮兮起身,委屈地哭了起来:"警察叔叔,你一定要把他们关进去!否则,否则他们会回来报仇的。"

警察露出了既同情又怜惜的表情,不禁皱眉道:"孩子你别哭,相信叔叔,我一定会让他们受到应有的惩罚,不哭了。"

"谢谢叔叔。"齐兮兮擦去眼泪,转头对坐在一旁瑟瑟发抖的李源说,"咱们走吧,李源。"

警察忙说:"先别走,那两个孩子的家长马上就来,我让他们带你去医院检查一下。"

"不用了叔叔,我没关系的,只要你能把他们关进少管所,别让他们出来报仇就行。"

"可是我看你肚子很疼啊?"

"没关系的,李源,咱们走吧。"

罪无赦（二）

"要不你们稍等一下，我送你们回家。"

"谢谢叔叔，真的不用了。"

齐兮兮将自己和李源的姓名以及所在学校、班级写在一张纸上，留给警察后便离开了。走出派出所的时候，夜色已然降临。齐兮兮牵着李源的手向那条他们被抢的小巷走去，李源低声问道："咱们去干吗？"

"回去拿东西啊？你没关系吧？"

李源眉眼低垂，摇着小脑袋说："对不起，我应该保护你的。"

"你这样可不行哦，你连自己都保护不了，怎么保护我呢？"

"可是刚刚，你真的不害怕吗？"

"不害怕呀！"齐兮兮微微一笑，"为什么要害怕？你越是害怕，就越是弱小，那样不但保护不了自己，还会让别人想要再来欺负你。记住哦，要想保护自己，就要有胆量。"

"可是刚刚，他差点儿就打死你了。"

"怎么会呢？那个板砖儿是打不死人的。"

"你怎么知道打不死人？"

"因为……有人用它打过我。"

"真的吗？"

齐兮兮摘下旅游帽，低头拨开头发让李源看。

"看到了吗？这道疤！"

"这是真的吗？"

"当然是真的，所以我才不害怕呀。"

"兮兮，你真厉害。"

二人一路回到小巷，最后在路灯下找到了遗失的巧克力，可惜全被人踩碎了。齐兮兮一粒粒地捡起来，不停流着眼泪。

李源站在一旁说："兮兮，别要了吧，待会我再买给你。"

"不，这是你送我的礼物，这是我收到的第一份礼物。"

"可是已经被人踩碎了，不能吃了呀。"

"谁说不能吃。"齐兮兮拿起一粒碎片，在身上擦了擦，然后丢进嘴里笑说，"真甜。"

"你怎么又哭了？"

"因为巧克力很甜呀。"

2

"虽然我觉得兮兮有些奇怪,但那个时候只有她愿意和我玩,所以我打心底拿她当最好的朋友。"李源笑说,"刘警官,能给支香烟吗?"

刘同拿出香烟连同打火机一齐递了过去,李源点了一支,吞云吐雾道:"也许你们从没感受过孩子之间的歧视,那是一种纯粹的冷酷,孩子不会伪装,他们一旦把你当作异类,就会毫不留情地加以排斥,甚至侮辱、殴打。长此以往,你的痛苦会成为他们快乐的源泉。"

刘同说:"那齐兮兮为什么会和你交朋友呢?难道她不怕被排斥吗?"

"她不怕。"

"为什么?"

"因为她表面和大家一样,心里却住着一只猛兽!"

"什么意思?"

"一开始我并没意识到这一点,直到后来……我看到了那只猛兽。"

"后来?"

"没错。"

那天一早,李源正在抄齐兮兮的数学作业,被学习委员于爽逮了个正着。齐兮兮出任班长职位,于爽本来就不爽,她大声质问齐兮兮:"你身为班长竟然让李源抄你作业,我这就去告文老师!"

"你给我站住!"齐兮兮喊道。

"干吗?"

"你过来!"

"我过来又怎么样?"

"你真要去告老师吗?"

"那当然。"

齐兮兮一把撕住于爽的短发,挥手就是一巴掌,于爽又瘦又小,转体半圈像天女散花似的摔倒在地,号啕大哭。

"去吧,快去告吧。"

"齐兮兮,你给我等着!"

罪无赦（二）

同学们全都跑来围观，于爽哭哭啼啼地向大门跑去，周小雨问："兮兮，你干吗要打她呢？"

"因为她胡说八道！"

不出所料，李源和齐兮兮被叫到了文老师的办公室，于爽则站一旁伤心地抹着眼泪。文老师问道："齐兮兮，你为什么要打于爽？"

"因为她胡说八道！我根本就没给李源抄作业，文老师，大家都知道于爽想当班长，可你把班长给我当，从那天起她就一直记恨我。"

"文老师，我没有！"于爽强力申辩，"我亲眼看到李源在抄齐兮兮的作业啊！我说我要告老师，齐兮兮就打了我。"

"文老师，我今天可以把班长的职位让给于爽。"齐兮兮八风不动、满脸淡定，"因为我只想好好学习，真的没时间和于爽这样的人打交道。"

"于爽，你是不是冤枉齐兮兮了？"文老师说，"她学习这么好，我相信她是不会给李源抄作业的。"

"文老师，我没有！真的是我亲眼看到的。"

"那肯定是你看错了！好了，都回去吧，马上就要上课了！"

齐兮兮说："文老师，虽然于爽冤枉了我，但我不应该打她，我向她道歉。于爽，对不起！我错了。"

于爽委屈得泪流满面："我不接受你的道歉！文老师，李源肯定抄作业了，我真的看到了。"

"李源！"文老师喊道，"你是不是抄作业了？"

"没有，我没有抄。"李源低声道。

于爽突然跑出办公室，一眨眼又跑了回来，手里拿着两本作业说："文老师你看，这是齐兮兮和李源的作业，几乎一模一样。"

文老师大致扫了一眼，就这些数学题来讲，齐兮兮能全部做对那是意料之中的事情，但李源也能全部答对，这就有些奇怪了，尤其是最后一道思维拓展题，别说是李源，连班里的中等生都不一定能做出来。

文老师瞥了李源一眼，拉着脸问："李源，这都是你自己做的吗？"

"是我做的。"

"好。"文老师将最后一道题的题目抄在了一张白纸上，"来，你再给我解一遍。"

"文老师！"齐兮兮突然道，"是我错了，我不该给他抄作业的，我本来是想教他怎么做，但早上的时间又不够，所以我让他先抄下来，打算下午再给他讲一遍。文老师，对不起。"

"李源，是这样吗？"

"是的。"

"你们三个跟我来!"

回到教室,文老师让于爽先坐回去,然后让齐兮兮和李源站在讲台上,顷刻间,所有人都安静下来。文老师大声道:"各位同学,大家都知道我对抄作业的人非常反感,但是李源同学屡教屡犯。今天,他又抄了,而且抄的是班长的作业,真是令人无法容忍。"文老师转头道,"李源,把裤子脱了,面朝黑板!快!"

李源转过身,脱下裤子露出了白花花的光腚,全班同学都哈哈大笑。

文老师将一条凳子腿塞进齐兮兮手中,说:"齐兮兮,你来打,打十下。"

"文老师,你不应该这么做。"齐兮兮说。

"我叫你给我打!快呀!"

李源轻声道:"兮兮,你打吧。"

齐兮兮闭起眼睛,轻轻打了一下,文老师一把夺过凳子腿,只听"啪"地一声,听着都叫人肉疼不已,李源随之一声惨叫,紧接着痛哭起来。

文老师将凳子腿丢在地上,恶狠狠对齐兮兮说:"看到了吗?就这样打!"

齐兮兮捡起凳子腿说:"好的文老师,我知道了。"

刘同笑问:"她打了吗?"

"打了,打得比文老师还狠。"

"为什么?"

"兮兮说假如打得不狠,文老师是不会罢休的。"

"后来呢?"

"打到第八下的时候我的癫痫病犯了,大家就看着我在讲台上口吐白沫,小便失禁。"李源长叹道,"真是噩梦般的一天呀。"

"让文老师这种人当老师,真是令人毛骨悚然。他现在还在当老师吗?"

"兮兮做了一件可怕的事情,让文老师成了众矢之的。"

"哦?什么事情?"

"那是我挨打的当天下午……"

下午放学后,齐兮兮不知从哪找来了一根钢管儿,半米长,饮料瓶口粗细。她将李源带回无人的教室,又从某个同学的课桌里找来一副乒乓球拍,然后锁了门说:"屁股还疼吗?"

"疼。"李源捂着屁股悻悻地说。

"你回家后会告诉家长吗?"

往事

罪无赦（二）

李源的脑袋摇得像拨浪鼓："我妈要知道我抄作业的话，说不定会再打我一顿。"

"你今天在讲台上尿裤子的时候，你知道有多少人在笑你吗？"

"我不知道。"

"文老师这样对你，你难道不想报仇吗？"

李源望着齐兮兮手里钢管儿问："怎么报？"

齐兮兮把钢管塞进李源手里说："打我！"

"为什么？我为什么要打你？"

"用钢管打我的腿，狠狠地打。"

"我不，我不能打你。"

"你不打我，咱们就永远没办法报仇了！"

"可这到底是为什么？"

"听着，你必须狠狠地打，听到了吗？把你心里的气全都撒在我身上！"

李源泪流满面："我不！我不能这么做。"

齐兮兮像发了疯一样喊道："你必须做！"

"我不敢，我不敢！"李源不停擦着眼泪。

"听着，先用这铁棍打我，打我的腿。然后，你要用乒乓球拍抽我的脸，狠狠地抽，明白吗？"

"我不能伤害你。"

"不！"齐兮兮喊道，"这是我们保护自己的唯一方法。"

李源抽噎道："兮兮……你吓到我了，我好怕。"

"不要哭了，你是男孩子，你不能哭。"齐兮兮扶着李源的肩膀说，"李源，文老师的办公室怎么进去你知道吗？他的门上有一个小窗户，原本从里面扣着，我今天下午去领作业的时候趁机顶开了。你打完我之后，把铁棍和乒乓球拍全都送进去，藏在文老师的桌子下面，藏得深一点儿，听到了吗？"

第二天一早，玫瑰路派出所的肖警官带着一份诊断报告走进校长办公室，彼时，体育课张老师正站在校长桌前，刚刚递交了一份自我检查。肖警官大致说明来意后，校长让张老师先离开，但张老师听到警察和校长的谈话与文老师虐待孩子有关，出门便故意将门虚掩，躲在门后偷听起来，校长办公室门外的回廊异常安静，因此张老师听得一清二楚。

校长请肖警官和同行办案人员坐进沙发，笑问："这到底是怎么回事儿啊？"

"这个叫齐兮兮的小女孩我见过。"肖警官说，"是一个非常懂事听话的孩子。"

"没错,她学习也很好,前不久才转来我们学校的,您在哪儿见过她?"

"前些天有两个初中生抢她的钱,她很勇敢,不仅没有被吓倒,还帮我们把人抓住了,因此受了些伤。"

"这样啊!那文老师又是怎么回事儿?"

肖警官将诊断报告放在校长面前,说:"您看看吧,这是第一人民医院给齐兮兮开的诊断报告,小姑娘双腿大面积皮下出血,右小腿轻微骨折,面部有多处挫裂伤,鼻骨轻微骨折,左眼球严重充血伴有剧痛,大夫说极有可能会影响视力。"

"这……这是文老师干的?"

"不,确切地说,只有一部分是他干的。"

"什么意思?"

"昨天晚上八点钟左右,孩子躺在我们派出所门口,满脸是伤,被我们的警员发现后立马送到医院救治。听孩子说她爸爸是渔民,不在家,我们就联系了她的爷爷奶奶。大概到晚上十点多,孩子的意识渐渐清醒了,我问她到底怎么回事,是不是又遇到抢劫的人了。孩子说不是,这是被同学和文老师打的。"

"被同学和文老师?这……这是怎么回事呢?"

"齐兮兮给一个同学抄了作业,这个文老师让那个抄作业的同学当着全班人的面脱掉裤子,然后让齐兮兮用凳子腿打他的屁股,结果这孩子癫痫病发作了。下午放学前,文老师把这个抄作业的孩子叫到办公室,威胁他不许把今天的事情告诉家长,看这孩子不吭气,文老师又把齐兮兮叫去,然后对抄作业的孩子说,是齐兮兮打了你,现在你可以打回来。"

"怎么会有这种事呢?"

"校长,你先听我说。"

"好。"

"文老师把一副乒乓球拍塞给这个抄作业的孩子,说随便打,打什么地方都行。这孩子说他不想打,文老师说必须打,否则就让齐兮兮接着打他。孩子害怕,就用拍子轻轻打了齐兮兮一下,文老师说必须打脸,否则不解恨。孩子可能是害怕了,这才在齐兮兮脸上打了好几下。"

"天哪!怎么会有这种人?"

"文老师问抄作业的孩子解不解恨,那孩子还是不吭气,文老师便拿出一根钢管递给他,让他抽齐兮兮的腿。孩子被吓哭了,文老师一把抢过钢管,在齐兮兮腿上狠狠抽了一顿。"

"真是不敢相信啊,他怎么会是这样的人?您可能不知道,这个文老师在我们学校一直是先进教师,马上就要提教务处主任了,我从没听说他打过孩子,这是真的。肖警官,这里面是不是有什么误会啊?"

"没误会!"体育课张老师猛然推门而入,"这些都是真的。"

肖警官转头道:"这位老师,你说什么都是真的?"

张老师怒色冲冲:"我知道,文老师从来不打孩子,这没错,但他经常让学习好的孩子去打学习差的孩子,这许多人都知道,只有校长充耳不闻,我们年级有几个老师现在跟他学得一模一样!"

"张老师!"校长愤而起身,"你在胡说什么?"

"我有没有胡说,你心里最清楚!你认为让学生打学生,学校就不用负任何责任,所以你放纵他们胡作非为,一个好好的小学,孩子们本该拥有一个阳光快乐的童年,现在呢?现在变成什么了?孩子们拼命学习,竟然是为了保住打别人的资格,这难道不可笑吗?警察同志,我可以作证,这个文老师的思想非常可怕,他曾对我说这世界是弱肉强食的世界,学习好的孩子是强者,学习差的是弱者,强者理所当然可以去践踏弱者,这会让强者更强。"

肖警官起身,脸色铁青:"校长,我希望在我们去各个班级调查之前,你最好能说实话,你说实话的好处是,我们可以在小范围内解决此事,假如你不说实话,那就让电视台和相关部门介入吧。"

校长身子一软又坐了回去:"好,我说,我的确知道有些老师让孩子打孩子,这也的确是文老师的发明。"

"这样的人,你们也敢把他提成教务处主任?"

"是我的错……不过我真没想到事情会发展得如此恶劣……是我失职啊。"

"你能意识到这一点也不算晚,现在就有劳你跟我们走一趟吧。"

"你们要带我回派出所吗?"

"校长,你想多了,我是让你带我们去见这个文老师。"

3

肖警官真的在文老师的办公桌下搜到了钢管和带血的乒乓球拍,文老师却一脸憷然,不禁质问:"这到底是怎么回事儿啊?"

校长让其他老师先出去,又让张老师叫来了班里的几个孩子,他们是李源、周小雨和于爽。肖警官让三个孩子依次说出自己的名字,然后问道:"李源,昨天抄齐兮兮作业的人是你吗?"

"是!"李源双手背在身后,低着脑袋说。

"挨打的也是你吗?"

"嗯。"

"是文老师让你在全班面前把裤子脱掉的吗?"

"嗯!"

文老师赶忙接过话茬儿:"警察同志,事情不是你想的那样……"

"你给我闭嘴!"肖警官喊道,"老老实实坐在那儿!"

校长厉声道:"文老师,肖警官没问你,你最好不要插嘴!"

"于爽、周小雨,你们都看到了吗?"

"看到了。"周小雨说。

"我也看到了。"于爽微微点头。

"是文老师让齐兮兮打李源的吗?"

这个问题让周小雨和于爽全都低下了头。

"你们别害怕,从今天起,文老师不会再走进你们的教室,因为校长已经不让他当老师了,是吗校长?你来告诉孩子们。"

校长俯身一本正经地说:"对,你们不要害怕,实话实说。"

周小雨缓缓抬起头:"是的,是文老师让齐兮兮打李源的,文老师自己也打了一下,后来李源就尿裤裆了。"

"于爽,是这样吗?"

"是。"

文老师突然又说:"昨天就是这个叫于爽的小孩来举报李源抄作业的,要不是她,我也不会打李源,她才是罪魁祸首。"

"文老师,我在学生们面前已经给你留了面子,你要再这样瞎嚷嚷,我现在就把你带走。"肖警官说,"所以,先管好你自己的嘴。"

于爽哭着说:"警察叔叔,我不应该揭发李源的,我对不起李源,对不起。"

"别哭了,你没什么错,不过李源以后要是再抄作业的话,你可以问问他为什么不自己写,是不会呢还是懒得不写。假如是因为懒惰,你还得告老师,假如是因为不会,你可以讲给他听啊,你说对不对?"

"嗯。"

"好了,你和周小雨先回去吧。"

两个孩子离开后,肖警官让李源脱下裤子,真是满眼紫红、惨不忍睹。

"好了,穿起来吧。"肖警官问,"还疼吗?"

"不敢坐。"

罪无赦（二）

"一坐就疼？"

"嗯。"

"校长，孩子都这样了，待会是不是应该送医院看看呢？"

校长连连点头："对，等一下我们送他去。"

"李源，昨天下午放学前，你和齐兮兮是不是来过文老师的办公室？"

"嗯，来过。"

"什么时候来过？我怎么不知道？"文老师惊问，"肖警官，这孩子在撒谎呀！"

"文老师让你用乒乓球拍打齐兮兮的脸，是不是？"

"嗯。"

"胡说八道！"文老师立刻从凳子上弹了起来，身旁的警察一把捏住他的脖子，又狠狠按了回去。

"肖警官，这孩子在撒谎，您这都是哪儿听来的呀？"

"然后，文老师用这根钢管狠狠抽了齐兮兮一顿，打击的主要部位是双腿，没错吧？"肖警官问。

"不是抽，是砸。"李源冷冷地说。

"你认为他为什么要打齐兮兮？"

"因为他害怕我把昨天的事情告诉我爸妈。"

"是打你的事情吗？"

"还有让我脱裤子的事情，还有犯病的事情，文老师说这都和他没关系，因为都是齐兮兮干的。他打齐兮兮是为了给我出气。"

站在一旁的张老师说："这样就算齐兮兮的家人找来，他也可以说是齐兮兮殴打同学在先，还把这个同学打到癫痫病发作，所有责任全都成了齐兮兮的，因此教训一番也没什么问题，真是机关算尽啊。"

"你个小王八蛋！"文老师满脸充血、青筋爆胀，一声怒吼道，"去死啊你！肖警官，你相信我，我根本就没干过这些事，真的！是这个小王八蛋在骗你！"

"齐兮兮现在就躺在医院里，这该怎么说？"

"不对，是这两个小王八蛋一起在骗你！他们在骗你呀！"

"你还为人师表，竟然满口脏话，你这样的人是怎么混进教师队伍的？"

"肖警官，你相信我，我不可能做这样的事情。"文老师神情恍惚，"这些年来我一直都让学生打学生，我自己从没有动过手的。"

"你这个骗子！"校长骂道，"周小雨刚刚才说你昨天亲手打了李源，这叫从来没动过手？"

274

"除了昨天,我真的没有!校长,难道你不相信我吗?"

"你以为让孩子打孩子的这种教育方法很好吗?"肖警官问。

文老师说:"校长,你曾经是支持我的呀!你告诉他们,我这个方法有多好?你告诉他们我带的那些好学生里,有多少考上了重点高中!他们怕落后,怕被人反超,他们永远都满怀斗志,这有什么不好吗?"

"然后呢?"张老师说,"然后去恃强凌弱?"

"怎么了?恃强凌弱不对吗?咱们面前这个校长不就仗着自己的地位,抢走了我的爱人吗?"

"你给我闭嘴!"校长喊道,"你们离婚,我们自由恋爱,这和地位有什么关系?"

肖警官一看,这狗咬狗的情况已初现端倪,于是连忙将话题扯回来。

"文老师,你所说的这些都是你的个人问题,我们无权干涉。"肖警官说,"现在你涉嫌虐待儿童,请你跟我走一趟吧。小陈,铐起来带走。"

"肖警官,你们不能这样冤枉好人啊。"

"好人?你也算好人?摸着良心说,假如你有两个孩子,一个聪明,另一个笨,你会怎么做?难道你要天天让那个聪明的去打那个笨孩子吗?带走!"

"从那天起,文老师再也没有回来,听说他被教育局禁止再从事教育工作,后来好像出国做生意了,也有人说他得了癌症,死了。"李源望着刘同,又点了一支烟,"也是从那天起,我再没有挨过打,也没有再抄过作业。"

薛菲一脸凝重:"这个齐兮兮真是太厉害了。"

"后来呢?"刘同问。

"五月份,兮兮终于回来了,就是邓丽君去世的那几天,所以我记得很清楚。那段时间我爸妈在闹离婚,因为我爸的生意越做越好,他在外边找了一个女人。"

下午放学后,李源和齐兮兮一路回家,他们途经一家蛋糕店,齐兮兮望着橱窗里的蛋糕问:"李源,你吃过蛋糕吗?"

"当然,不过太甜了,不怎么好吃。"李源转头问,"你呢?"

"蛋糕上面那层白色的东西是什么呀?"

"是奶油啊!你没吃过吗?"

齐兮兮摇头道:"没有。"

李源牵起齐兮兮跑进蛋糕店,指着货架说:"想吃哪个随便挑!"

"可以吗?"

罪无赦（二）

"当然可以！我说话你还不信吗？快挑吧。"

"我想要这个，这个上面有一把小伞。"

"那是巧克力。"

"我可以要这个吗？"

"没问题！"李源仰着脑袋给糕点师说，"阿姨，我要买这个。"

"要不要写字？"

"嗯……要写。"

"好，你把要写的字写在那张纸上吧。"

李源拿起桌上的笔，写下了"齐兮兮生日快乐"七个字。

"李源，我的生日还没到呀！"

"你生日是哪天？"

"十月二十七。"

"那不是快了吗？"李源笑说，"就当提前过呗。"

糕点师让他们在旁边的桌椅上稍等片刻，李源放下书包问道："兮兮，你生日都不吃蛋糕吗？"

"嗯，我奶奶会煮面条给我吃。"

"为什么呢？过生日为什么要吃面条呢？"

"我也不知道。"

"你这么长时间都住在医院吗？"

"不啊，我在爷爷奶奶家。"

"那你爸呢？"

"他在家。"

"他打鱼回来了？"

"嗯。"

李源趴在桌上，低头小声问："兮兮，我想问你一个问题。"

"什么呀？"

"假如你爸和你妈要离婚，你跟谁呢？"

"我想跟我妈，可是我妈不要我，她根本连家都不回。"

"你说过你没有妈妈的呀？"

"怎么会呢？每个人都有妈妈。"

"这么说，你爸妈已经离婚了？"

"嗯，是的。"

"难怪呢，那你说我跟谁呢？"

"你爸妈也要离婚吗？"

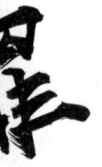

"对呀,昨天晚上他们吵架,我都听到了,我妈说我爸在外边找了一个狐狸精,所以才要和她离婚的。"

"狐狸精?"

"对啊!就是狐狸变的女人。"

"不会吧?怎么会有这种人呢?"

"真的,我妈说这狐狸精有法术,把我爸的魂都勾跑了。"

"那你怎么办?"

"我要跟我爸的话,这狐狸精也会勾我的魂,所以我要跟我妈。"

"你妈骗你的,这世上根本就没什么法术。"

"你不信?"

"我不信。我也不信狐狸能变成女人,是你爸喜欢那个女人了,他们要在一起生孩子。"

"真的吗?"

"当然,有了新孩子,就不喜欢你这个旧孩子了。我妈就是这样的,她现在和另一个男人生了新孩子,她现在根本就不喜欢我。"

"那我该怎么办?"

齐兮兮环顾四周,小声道:"你不能让他们生出新孩子。"

"这该怎么做呢?"

"你见过那个女人吗?"

"没有。"

"嗯,总会有办法的。"

第十八章

终章前夜

1

黄昏时分,两个人在公园石砌的圆桌上写完作业,又玩了一会儿秋千,天色才渐渐黑了下来,李源打开蛋糕,插了十一根蜡烛,然后一一点燃。望着淡淡的橘色烛光,齐兮兮不禁热泪盈眶,李源问齐兮兮为什么要哭,齐兮兮摇着脑袋,一句话都没说。

"那你许愿吧!"李源说。

"许什么愿?"

"随便咯,比如你想要什么、想变成什么样的人,什么都可以。"

"好了,我许完了。"

李源说:"这不行,许愿要闭眼睛的。"

"我不想闭眼睛。"

"为什么?"

"眼泪会流出来。"

"兮兮。"李源眉眼低垂,想了想说,"以后让我保护你吧。"

"你保护不了我,至少现在不行。"

"那等我长大了总可以吧?"

"不可能,因为总有一天你也会长出胡子,和那些大人一样坏。"

"不会的,就算长出胡子,我也会保护你的。"

二人沉默了许久,李源又说:"算了,那你吹蜡烛吧。"

蛋糕太大，两个孩子根本吃不完，李源让齐兮兮带回家给爷爷奶奶吃。八点刚过，路上的行人少了很多，二人经过一个路口时，李源看到了他爸的黑色桑塔纳轿车。

"这是我爸的汽车呀。"李源站在车门前说。

"你爸的汽车？怎么会停在这儿？"齐兮兮问。

"我也不知道。"李源环顾四周，突然看到他爸和一个长发女人坐在汽车对面的一家西餐厅里，两个人有说有笑，相谈甚欢。

"兮兮，我爸在那儿！"

"在哪儿？"

"那个，和一个长头发女人坐在一起。"

"那是你说的狐狸精吗？"

"可能吧。"

"李源，你的机会来了。"

这家叫"德龙姆"的西餐厅是繁花市有史以来第一家西餐厅，九十年代初开业的时候还上过报纸和繁花市电视台，餐厅里一派法式装修风格，漂亮的彩绘玻璃点缀在天花板上，古铜色的墙纸上挂满了精美的油画，邓丽君的歌声不时在人们耳畔萦绕不去，桌面上的银制餐具让用筷子吃饭的人们感觉无比高档。在齐兮兮和李源相识的一九九五年，这里毫无疑问是繁花市消费最高的餐厅之一，在这里吃饭的人大多是赚到钱的生意人，工薪阶层想在这里吃顿饭，恐怕要花去半个月的生活费。

李源在这里吃过几顿饭，对餐厅内的情况大致了解。

此时此刻，李源的父亲李建军和他的情人胡诗音正在一边吃牛排，一边聊着他们的未来，但他们做梦也想不到，今夜这顿饭竟成了他们的告别餐。

八点三十七分，李建军去卫生间方便，留下胡诗音一人坐在桌前，她将视线投入美妙的夜色，似乎看到了自己美丽的未来，于是跟着餐厅里的音乐情不自禁地哼唱起来。突然，一个孩子的声音打破了她的幻想："你这个狐狸精！"

胡诗音转头一看，吓了一跳。这是一个十来岁的小男孩，穿着小学校服，背着书包，此刻正凶神恶煞地望着她。胡诗音眉头紧锁，问道："你是干吗的？"

"你是不是准备和我爸生孩子？"李源问。

胡诗音眨了眨眼："你是？你是李源吗？"

"我问你，你是不是准备和我爸生孩子？"

胡诗音"噗嗤"一下笑了出来："对啊？我是准备和你爸生孩子呀！不过我们会带着你，阿姨会像你妈妈一样对你好的！"

罪无赦（二）

"你做梦！"

胡诗音笑着从咖啡壶里沏出一杯热咖啡，笑说："孩子，坐下来，阿姨请你吃牛排！"

李源向前走了两步，就在他靠近桌面的一瞬，他迅速端起咖啡狠狠地泼在了自己的脸上。

胡诗音惊呆了，她脸庞上的高傲立刻荡然无存，望着这孩子被烫得发红的脸，胡诗音的瞳孔都快要从眼眶里爆出来了。李源打碎咖啡杯，又迅速拿起胡诗音面前的餐刀，狠狠在自己身上划了一下，顿时血流如注。

"孩子！你这是要干吗？"胡诗音喊道。

李源笑了笑，然后扔掉刀具，躺在了地上。

胡诗音连忙起身，就在此时，李建军回来了，当他看到自己的儿子满脸是血地躺在胡诗音脚下时，他只是呆呆地问胡诗音："这是怎么回事儿？"

"建军，这孩子……"

"我问你，这到底是怎么回事儿？"

"爸爸，你带我回家好不好？"李源望着李建军，痛哭流涕道。

李建军连忙从桌上取来一块布，重重压在李源的伤口上说："走，爸爸带你去医院。"

"建军……"胡诗音缓缓摇着头，呆若木鸡道，"这不是我干的。"

"你给我闭嘴！"李建军像一头暴怒的野兽，一双眼睛被气得血红。

"爸爸，我好疼。"

"儿子，你压住伤口，爸爸这就带你去医院，啊？"李建军一把抱起李源，转头对胡诗音说，"想不到你是这种货色。"

"爸爸！"李源抽噎道，"这个阿姨还用咖啡烫我的脸，我好疼。"

"儿子，是爸爸的错，咱们这就去医院。"李建军带着李源大步流星地离开了。

"这道疤现在还能看见。"李源指了指右脸说，"那天之后，我爸对我满怀愧疚，无论我妈怎么骂他，他都不还口。那个女人后来找过我爸，试图解释清楚，但我爸怎么会信她呢？我爸都想杀了她，这是我爸的原话。"

刘同问："这些事情，都是齐兮兮教你做的吗？"

"对啊，兮兮问我那个餐厅里有什么东西可以伤害自己，我说有刀有叉，她说那就用刀，这样我爸一定会相信我。至于用咖啡泼自己，那是我临时起意。"

"之后没过几个月，你就和父母一起去了西班牙。"薛菲说。

"是的,不过在去西班牙之前,还发生了一件事,那是我一辈子都无法忘记的。"

"什么?"

"我在医院里住了好几天,直到烫伤不疼了才回到学校。那天清晨当我见到兮兮的时候,她就像变了一个人,很长时间都没有和我说话。"

"为什么?"

"因为她的秘密。"

李源不知道齐兮兮为什么不理自己了,无论他怎么问,齐兮兮都只字不提,有几次又欲言又止,李源猜齐兮兮一定遇到了什么问题。

早上的四节课,李源一直处在忐忑不安的状态中,他非常担心齐兮兮,但齐兮兮除了一本正经地听课外,几乎连脖子都不转一下,甚至课间休息也悄悄地趴在桌上,一动不动。

下午放学后,齐兮兮自顾自地走着,李源追来大声质问:"你今天到底怎么了?为什么一句话都不说呢?难道你不想知道我有没有成功吗?"

"不想。"

"到底是为什么?你怎么了?"

"没怎么。"

李源无奈之下一把握住齐兮兮的胳膊,却见齐兮兮眉头紧锁,似乎有一股疼痛感拂过她的脸颊。李源连忙松手道:"兮兮,你怎么了?我捏疼你了吗?"

"别问了,快回家吧。"齐兮兮不冷不热地说。

李源握住齐兮兮的手,将她袖口撸起,登时看到皮肤上有一坨坨圆形的红色伤口,大概有七八处,有的红肿溃烂,有的正在流脓。

"这是怎么了?"李源双目圆睁。

"没怎么。"兮兮仓皇将手缩回,把袖子又放了下来。

"走,我带你去医院!"

"不去!"

"那你告诉我,这到底是怎么回事儿?"

"快走吧,我还有事情。"

"什么事儿?你都这样了?"

"我爸快回来了,我要去买面条,他回家要是没饭吃,我又要麻烦了。"

"这是你爸弄的?"

"是啊,他用烧红的铁勺烫的。"齐兮兮笑说,"不过没关系,总有一天我都会还回来的。"

罪无赦（二）

"他为什么要这么对你？"

"因为他是坏人。"

"走，我们去找警察叔叔。"

"没用的。"齐兮兮轻轻摇头，笑说，"我爸说过，我是他亲生的，就算把我打死也不会有人管。"

"真的吗？"

"真的。"

"那你爷爷奶奶知道吗？"

"不知道，我不能告诉他们。"

"为什么？"

"我爷爷经常骂我爸是不争气的东西，要是被我爷爷知道的话，我会更不好过的。"

李源稍加思索道："可是你伤成这样，不去医院怎么行？"

"放心，我能忍。"

齐兮兮回到家后，写了一会儿作业，当她听到门开的声音时，她连忙跑了出去，看到醉醺醺的齐泽斌坐进了客厅沙发。

"爸，你回来了。"齐兮兮说。

齐泽斌半睁着眼睛，问道："饭做好了吗？"

"我没做饭。"

"为什么不做？"齐泽斌语带挑衅。

"我不想做。"齐兮兮理直气壮。

"是吗？我看你想找死吧！"齐泽斌脱掉一只鞋狠狠甩了过去，端端砸在齐兮兮的脑袋上，"你现在跟你那个不要脸的妈一样不要脸！滚！等我睡醒了再收拾你。"

"那你睡吧。"

齐兮兮回到自己的房间，看了看头顶的挂钟，然后又回到桌前接着写作业，十分钟后，她又看了看挂钟，时间是八点十五分。她丢下手里的钢笔，起身脱掉校服，粉色的吊带衫露出了白皙的肩膀和猩红的胳膊，那左侧小臂上的烫伤由于严重溃烂，致使淡黄色脓液在皮肤的沟壑间大量淤积，散发着一股淡淡的腥臭。齐兮兮却对此毫不在意，她根本就懒得去看那些伤口，似乎完全就不存在，因为在她心里，这样的疼痛与她受到的屈辱相比，根本不值一提。

她拿起桌上的水果刀，然后来到镜子前，望着自己毫无表情的脸，露出了一个天真的微笑。她开始用刀割自己的肩膀，但每一刀都很浅，只要有鲜血流出来，这一刀就算成功了。她回到客厅，将水果刀丢在茶几上，然后来到齐泽

斌身旁。她将划过指尖的血滴在齐泽斌的手上和脸上，而齐泽斌扯着震天的呼噜，对此毫无察觉。

门外，齐兮兮的爷爷转动钥匙，推开大门。李源第一个跑了进来，看到浑身是血的齐兮兮躺在地上，似乎失去了知觉。

爷爷看到眼前这一幕，又看了看躺在沙发上的齐泽斌，彻底震怒了，他气得浑身发颤、泪如雨下，二话没说便上前狠狠一脚踹在齐泽斌的肚子上，齐泽斌一惊，立马弹坐起来，揉了揉眼睛，嘴里似乎细嚼慢咽着什么，问道："爸，你怎么来了？"

"我问你，兮兮身上的伤是你弄的吗？"

"对啊……是我烫的，怎么了？"

"孩子有什么错？你为什么要这么做？"

"我一见她就想起她那个不要脸的妈。"

"你这个王八蛋！我……我今天非杀了你不可！"

"爸，你别闹了。"

爷爷四下一望，顺手抄起茶几上的水果刀，扑过去便狠狠捅进齐泽斌的肚皮。齐泽斌打鱼为生，精瘦却孔武有力，他一把将老头推飞，重重摔在茶几上，玻璃面顷刻碎了一地。齐泽斌看了看插在肚皮上的刀，怒声吼道："爸！你疯了吗？"

"你这个逆子、畜生！我今天要是不杀了你，我就不姓齐了。"

"爸，你要为了这个小畜生杀我？"

"你才是畜生！畜生！"爷爷捡起一片尖口玻璃又扑了上去，这次他毫不犹豫地刺进了齐泽斌的脖颈，喷了他一脸的热血。

"爸！"齐泽斌满口吐血、眼神呆滞地说，"你……要吃……吃枪子儿的。"

"我这辈子，我最后悔的事情就是生了你这么个混账东西啊！"爷爷痛哭起来。

"爷爷！"李源喊道，"快送兮兮去医院吧！"

"好，去医院。"爷爷一起身，没走两步突然又倒了下去，原来他的后腰上已扎满了玻璃。

李源把手里的烟头丢在地上，说："我叫了几个邻居来帮忙，碰巧有一个医生，他断定齐泽斌已经死了，大家这才把爷爷和兮兮送到医院。兮兮没什么大问题，爷爷抢救了一整晚，手术很成功，但情况并不稳定。第二天警察去找他的时候，他把事情全交代了，齐泽斌的致命伤在脖颈，那块作为凶器的玻璃上只有爷爷的指纹。"

终章前夜

283

罪无赦（二）

"这个我们知道。"刘同说，"根据卷宗记录，嫌疑人齐飞宇用玻璃刺穿了齐泽斌的左颈动脉，导致其当场死亡。案发后第三天，齐飞宇因多器官功能衰竭而死亡。"

"没错，我听兮兮说，玻璃伤到了爷爷的内脏，根本救不活的。"

"这个计划又是谁做的？"薛菲问。

"是我和兮兮一起商量的。"李源说，"我认为爷爷看到兮兮被虐待后，一定会带兮兮走，顶多口头教训一下她爸，我没想到爷爷会动手杀了他，这完全是意料之外的事情。"

"那之后呢？"

"后来我就去了西班牙，从此和兮兮失去了联系，直到我在售楼中心遇见她。"李源淡淡一笑，"这就是我们的关系，是不是很传奇呢？"

2

"你的妻子卢思美是怎么死的，你心里有数吗？"刘同笑说。

李源斩钉截铁地说："我知道。"

这是十一月第一天的最后一个小时，刘同已显得有些疲惫，李源的故事讲了将近两个小时，除了让刘同和薛菲感觉齐兮兮的确是一个可怕的角色外，似乎也没能从中捕捉到什么有用的信息。

刘同揉了揉眼睛，问："哦？你知道什么？说说看？"

"是兮兮干的。"

"什么？"刘同目瞪口呆，"你怎么知道的？"

李源把玩着手里的打火机说："是兮兮告诉我的。"

"什么时候？"

"今天下午。"

"今天下午？在酒店吗？"

李源点头道："没错。"

"为什么？她为什么要今天下午告诉你？"

"兮兮让我娶她。"

"你是说，齐兮兮要和你结婚？"

李源丢下打火机，双目微合道："是的。"

"李先生,请把齐兮兮和你的对话从头到尾复述一遍。"

"今天下午六点多,兮兮约我在魔方大酒店见面,我赶到的时候,她正坐在前厅喝茶,一副忧心忡忡的样子。我问她怎么了,她说有些事情要跟我讲。"

齐兮兮说:"我不知道该怎么讲,这些天我一直睡不着,我感觉自己快要承受不住了。"

"到底什么事情?"李源问,"需要我帮忙吗?"

"李源,卢思美是我杀的。"

"什么?"李源惊得像弹簧一样从沙发上蹦了起来,"你说什么?"

齐兮兮望着李源,眼眶渐渐湿润起来:"还要我再说一遍吗?"

"我不信,你为什么要这么做?"

"卢思美要和你离婚,你不是很痛苦吗?"

"那你也不能杀了她呀!"李源怒声喊道。

齐兮兮几声冷笑:"她那样伤害你,难道你还爱她吗?"

"你什么时候下的手?那天晚上你分明没有进她的房间,你怎么做到的?"

"当然是在美容院咯。"

"你给她注射了肉毒素?"

"对啊,而且是高浓度的。"

"你从哪儿弄来的?"

"这我自有办法。"

"这么说,那天晚上是你故意引我出去的?"

"没错!"

"齐兮兮,你真的疯了,你这个杀人狂!"

齐兮兮怒火攻心,翻脸咆哮道:"我还不是为了你!李源,你现在为什么这么懦弱?你那么爱她,她在做什么?她背着你花天酒地、纸醉金迷,她不但不理解你,还要伤害你,你居然能装作视而不见?我为了保护你杀了这对狗男女,你竟然说我是杀人狂?"

"就算这样,她也不该死。"

"不!她该死!"

"是,我是恨她,自从我知道她出轨之后,我没有一天不恨她。但我们相爱过,我也反省过自己,这不是她一个人的错,是我没尽到一个丈夫的责任,我对她的关心不够。我们本来可以和平分手的,至少彼此有一个念想。可是你,你为什么要这么做?"

"你懦弱,你从小就那么懦弱,现在也一样。"

罪无赦（二）

"不，我已经不是小时候的我了，而你还是那个小时候的你，可怕的女人。"

"是吗？现在觉得我可怕了？"

"你去自首吧。"

"哼！"齐兮兮一阵冷笑，"你忘了你曾经说过要保护我？现在怎么了？我为了不让那个贱人伤害你而杀了她，你竟然让我去自首？"

"兮兮，你不该这么做，你已经杀了陈明外，为什么还要再杀小美呢？我无法理解。"

"李源，娶我吧。"

"什么？你现在都在说什么呀？"

"我要你娶我。"

"为什么？"

"我为你做了这么多，难道你不该娶我吗？李源，我们才是一样的人，你只有和我在一起才会有安全感，不是吗？"

"不不不！"李源摇头道，"兮兮，你搞错了，你是一个铁笼，我是一只飞鸟，在铁笼里固然安全，但我要的是自由，你明白吗？"

"自由？自由重要吗？世界这么冷酷，最重要的难道不应该是保护自己吗？"

"兮兮，你疯了。"

齐兮兮给李源倒了一杯咖啡，擦干眼角的泪说："好了，我不想和你吵架，坐下喝一杯吧。"

"不用了。"李源冷冷地说，"从今天起，咱们老死不相往来。"

"说完那句话我就离开了。"李源说，"刘警官，她是怎么死的？"

"应该是自杀。"刘同淡淡地说。

"也许是我刺激到她了吧。"李源说，"她从小就是一个很极端的人，这么做也在意料之中。"

"你为什么不答应娶她呢？你不喜欢她吗？"

"我怎么会娶一个这么冷酷的女人回家呢？"

"李先生，我有一些疑问。"

"什么？"

"齐兮兮是怎么知道卢思美去天成美容医院打瘦腿针的？你能给我解释一下吗？"

"自从我都知道小美出轨之后，我在她的卧室安装了监听器。那天下午她

给我岳父打电话，说她想和我离婚，我的心像刀扎一样。后来她又打给天成美容医院，约了瘦腿针，之后离开了别墅。我很难过，于是打电话给兮兮，我知道她会安慰我，聊了十来分钟，我心里宽慰了许多。就在聊天的过程中，她问过小美在哪儿，我说去天成美容医院打瘦腿针了，可当时我并没有多想，因为我心乱如麻，根本就想不到那方面的事情。"

"监听器还在吗？"

"在。"

"这么说是你不经意透露了卢思美的行踪？"

"是我的错，是我害了小美。"

"那天夜里你送卢思美回家后不久，齐兮兮就出现了。"

"是的，我准备再投资一套别墅，她是来给我送资料的。其实自小美出轨之后，我就和兮兮好上了，这套别墅就是买给她的。"

"你们待了一会就离开了。"

"现在想来应该是兮兮故意引我离开的，我们在那家日料店待了很久，大约凌晨才离开。我送她到家的时候都快凌晨一点了，她让我不要回别墅，我问为什么，她说她在我办公室里藏了一个礼物。"

"所以你回办公室了？"

"对，兮兮送了我一枚铂金戒指，我找了很久才找到。那时候是凌晨两点多，我也不想再回别墅了，所以就照常睡在了办公室。"

"这么说，是齐兮兮设局让你远离卢思美，因为她知道肉毒素致毒需要一个过程。"

"应该是这样吧。"

"真歹毒的女人呀！"

"不。"李源微微一笑，"不是她歹毒，是我太愚蠢。"

薛菲问："李先生，我很好奇，为什么一开始你不对我们说实话呢？"

"因为我不想再提起她，我只想让一切快些过去，简直像一场噩梦。"

3

张旭升守在齐兮兮的尸体旁哭了将近四个小时，十一月二日凌晨两点十七分，刘同和薛菲来到法医室，刚一进门钱华便说："怎么劝都不听，一直牵着

罪无赦（二）

手，根本就不放开呀。"

"你下班吧。"刘同说，"这里交给我。"

"能行吗？"

"放心吧。"

"好，那我先走了，千万别让他碰尸体的伤口。"

"好的，辛苦你了。"

齐兮兮的尸体盖着白布，苍白的面容宁静而安详，似乎正在做一个清新美妙的梦。双脚上裹着一件男士西服，应该是张旭升的衣服。

刘同来到张旭升面前，轻声问："为什么要裹住她的双脚呢？"

张旭升将齐兮兮的手握在掌心，就像在为她取暖，头顶的挂钟滴滴答答地响着，张旭升小声道："兮兮怕冷，一到天冷的时候，她的脚会特别特别的凉。"

"张先生，听我一声劝，先回家吧。"薛菲说。

"我能带她一起回去吗？"

"不好意思，现在恐怕不能！"

"为什么？"

刘同说："张先生，齐兮兮已经走了，在你面前的只是一具尸体而已，我可以理解你的心情，但眼下您最好能配合我们的工作，好吗？"

张旭升颤抖的手指轻轻划过齐兮兮的脸颊，笑中带泪道："兮兮，快起来，咱们回家好不好？"

刘同长长出了口气："张先生，回家吧！"

张旭升缓缓抬起头，满面愁容："我不信那个法医说的话，刘警官，你告诉我，兮兮到底是怎么死的？"

"死因是失血性休克，现场没有打斗和挣扎的痕迹，死亡时的状态非常平静，所用的刀具上也只有她本人的指纹。所以我们初步推断，十有八九应该是自杀了。"

"不可能！"张旭升提高了声调，"兮兮不可能自杀，她为什么要自杀？"

"你认识一个叫李源的男人吗？"

"谁？"

"李源，他是齐兮兮的小学同学，两个人的关系……恕我直言，可能非常不一般。"

"是他？兮兮的死和他有关？"

"你认识他？"

"告诉我！是不是和他有关？"

"齐兮兮死亡之前,他曾去过齐兮兮所在的酒店房间,据李源刚刚交代,齐兮兮要求和他结婚,被他当场回绝,齐兮兮可能无法接受这个现实,所以选择了自杀。"

"他放屁,他放屁!"张旭升转头看向齐兮兮,"老婆,他们一定在撒谎,对不对?"

"张先生,也许你对你妻子还不够了解,这段时间以来,你难道没有察觉到她有什么异常吗?"

张旭升泪流满面,拼命摇着脑袋说:"不,你们都在撒谎,兮兮根本不可能是那种女人,她是一个好妻子。"

薛菲说:"张先生,根据我们现有的证据基本可以断定,她杀了李源的妻子卢思美,杀了卢思美的情人陈明外,这说明什么?这说明他和李源的关系绝对不简单,你现在可以好好想想她为什么要这么做。"

"是那个男人杀了兮兮!是他杀了兮兮。"

"你认识李源,对吗?"

"不认识,但我见过他,是他杀了兮兮,对不对?"

"我已经说过了,齐兮兮自杀的可能性几乎是百分之九十。"刘同叹息道:"张旭升,不要胡思乱想了,快回家吧。"

"我不,我不能回去,我要陪着兮兮。"

"你要陪她到什么时候?"

"刘警官,我不信兮兮会自杀。"张旭升将齐兮兮的手放回原处,拭去泪痕道,"我更不信兮兮会抛下我和那个男人结婚,他一定在撒谎,一定在撒谎!"

"先回家吧!"

"不!"张旭升狠狠戳着自己的胸口喊道,"你们不了解兮兮,我了解她,就算她出轨,她也不会和我离婚再去和另一个男人结婚。"

"为什么?你为什么能这么肯定?"

"因为我爱她,她说过永远都不会离开我。"

"人是会变心的。"薛菲说,"有多少誓言能经得起风吹雨打呢?"

"你们要相信我,那个男人一定在撒谎。"

刘同说:"就算他在撒谎,那又怎样?齐兮兮自杀的可能性非常大,你要知道,一个人选择自杀,原因可能是多种多样的。就目前来说,齐兮兮的自杀十有八九和李源有关,从她自杀前约见李源这一点就能看出来。李源在她心目中到底是什么地位,也应该一目了然吧?张旭升,面对现实好不好?"

"这么说,你们已经认定兮兮是为了那个男人而自杀的了?"

"我再说一遍,首先,我们还没有确定齐兮兮是不是自杀,只不过从现场

终章前夜

289

罪无赦（二）

情况来看，自杀的可能性很大。其次，假如自杀成立，我们会进一步调查她自杀的原因，直到水落石出为止。至于李源的口供，由于没有录音证实，我们自然不会未经核实而全盘采信。"刘同说，"但齐兮兮的犯罪事实基本是可以认定的。"

"我明白了，那我就等着刘警官给我一个交代。"

"回家吧。"

"我什么时候能带她回去？"

"我们会通知你的。"

"让我再陪她一会儿吧！让我再看看她好吗？我还有好多话要跟她说，她那天走得太急了，急得连一句再见都没有说。"

"刘队，就让他多待一会儿吧。"薛菲满眼晶莹，难掩悲戚。

十一月二日清晨，停了一夜的冷雨又下了起来，整个城市又被涂上了一片阴郁。据公安局保安说，张旭升是凌晨六点多离开的。刘同甩干雨伞上的水滴，走进公安局大楼，看到了卢思美的父亲卢天正满脸焦急地在警容镜前来回踱步。

刘同笑说："卢先生，您来了？"

"刘警官！"卢天正快步上前，"这到底是怎么回事儿？李源说小美是被一个叫齐兮兮的女人害死的？"

刘同环顾四周："这儿不方便说，咱们去办公室吧。"

"好！"

二人来到办公室，卢天正急切地问："刘警官，请你告诉我，李源说的是真的吗？"

刘同极不情愿地点了点头："是真的。"

"证据找到了吗？"

"找到了。"

"怎么会这样？"卢天正伤感万千，老泪纵横，"我们家小美到底和这个女人有什么过节？"

"目前来看，这个齐兮兮和李源的关系很不一般，她之所以毒死卢思美，很可能是为了李源。"

"什么？"

"李源难道没告诉你卢思美出轨的事情吗？"

"出轨？这怎么可能？"

"我知道您可能不大相信，但经多方证实，卢思美的确和一个叫陈明外的年轻人长期保持着情人关系。据李源交代，当他得知此事后曾多次找齐兮兮诉

苦，齐兮兮大概是为他出气，于是先杀了陈明外，后杀了卢思美。"

"李源和她到底是什么关系？"

"您可以理解为情人关系。"

"我听李源说她自杀了？"

"没错，李源说齐兮兮杀人之后，要求李源和她结婚，不料被李源拒绝，因此选择了自杀。"

"天底下怎么会有这么歹毒的女人呢？"

"卢先生，事已至此，您节哀顺变吧。"

"她是为了李源的钱吧？"

"到底是为了金钱还是为了感情，目前还很难说，总之是为了李源。"

"太可怕了，真是太可怕了。"卢天正双手掩面，"这么说，一切都结束了？"

"可以这么说吧。"

"好吧！"卢天正擦去满脸泪花，"谢谢你了，刘警官。"

"接下来有什么打算？"

"接下来带小美回家。"

刘同灵光一闪："卢先生，我突然想到一个问题。"

"什么？"

"您上次来的时候说过，卢思美很有可能是李源害死的，因为假如卢思美离婚的话，李源的利益会受到损害，没错吧？"

"是的。"

"但是据李源交代，他和卢思美在结婚前曾签过一份经济独立的协议，这个情况您知道吗？"

"协议？"卢天正思忖片刻道，"好像有一份什么协议，但我从没问过。"

"协议在哪儿？您知道吗？"

"在小美的妈妈手里！"

"假如方便的话能替我核实一下吗？"

"好的，我这就给西班牙打电话。"

经卢思美的母亲核实，那的确是一份关于婚后财产的协议，大致内容是说，婚后二人的经济收入彼此独立，但是为共同生活而支出的部分除外，协议中还提到了不动产，规定了夫妻一方购买的房产，对方享有居住权和使用权，但房屋产权以及因产权产生的其他相关利益均由出资方享有，对房屋产权的处置，对方不得干涉。

"现在看来，您说的那个杀人动机是很难成立的！"刘同说。

卢天正唏嘘道："不好意思，是我冤枉他了。"

"没关系的，您当时的心情我可以理解。"

"可是话说回来，小美的死……算了，我现在还能怨谁呢？还是怨我吧，只怪我当时鬼迷心窍，答应了这桩婚事。我原本以为小美嫁入李家，从此会过上衣食无忧的幸福生活……怪我，都怪我呀！"

送走卢天正，薛菲等人已在会议室等候多时，刘同看了看表，已是上午九点十三分，许多人经过一夜奋战，似乎都没休息好，就连精力无限充沛的薛菲也直打哈欠。

"昨天晚上辛苦大家了！"刘同说，"庆幸的是案件已接近尾声，大家再加把劲儿，等侦查结束后，我请大家吃火锅。"

"又是那家苍蝇小店吧？"李亨笑道。

"这次去旁边那家！"

"那是一家人开的，一个二哥一个二嫂。"

"闭嘴，你爱吃不吃！"

"吃吃吃！去吃二嫂。"

"好了，章毅先说吧。"

章毅翻开面前的卷宗道："先来说说魏冬芹的案子吧。首先，我们在张旭升家发现的那双皮鞋，其鞋底大小、花纹以及磨损状况与留在案发现场的鞋印基本吻合，为保万无一失，我们让体重接近齐兮兮的警花小李穿上鞋，在相同的水泥地上做了二十份拓印，比对结果基本接近。其次，我们在张旭升的手机中发现了一段张小年与魏冬芹的对话录音，其中张小年的确说过一句'魏冬芹，你不要再逼我，否则我一分钱都不会再还'的话。昨天夜里，我们在齐兮兮的手机中找到了大致相同的录音，不同的是这段录音只截取了张小年的对话，删除了魏冬芹的部分。最后，经张旭升确认，那把铁锤确系他工具箱中遗失的一件。至此魏冬芹案证据链齐全，可以结案了。"

"好的，说说卢思美的情况吧。"

薛菲转头道："卢思美的案子我刚刚已经把资料发给大家了，证据链也很完整，可以结案。"

"好，那现在大家可以讨论一下陈明外的案子该怎么办？"

薛菲说："这个案子当时检察系统介入过，公检双方一致认定为正当防卫，因此我们才撤案的。从案情和证据上来看，陈明外的确具有强奸的主观恶意，客观上也实施了下药、强奸等犯罪行为，现在只凭李源单方面的供词去怀疑齐兮兮具有杀人的主观恶意，我觉得有些说不过去，要想重新立案的话，必须掌握有力的证据才行。"

"薛队说得没错,我也是这么想的。"何落随声附和。

"章毅,齐兮兮的手机里还有哪些有价值的线索?"

"除了那段录音,基本没什么了。"

"薛菲,我们刚到酒店的时候,手机里的那首歌是循环播放,没错吧?"刘同问。

"是循环播放,而且非常奇怪的是,这首歌也只截取了前四句。"

"这么说循环播放的只有那四句?"

"没错。"薛菲念道,"终于你找到一个方式分出了胜负,输赢的代价是彼此粉身碎骨,外表健康的你心里伤痕无数,顽强的我是这场战役的俘虏。"

"这明显是在说一种对抗的状态。"李亨说。

何落说:"也可能是在表达那种因爱生恨的情感吧?"

刘同思忖道:"是在说谁呢?难道是李源吗?"

"输赢的代价是彼此粉身碎骨。"李亨默念歌词道,"可李源没粉身碎骨呀?"

"算了,先不说这个,你们在齐兮兮的死亡现场都发现什么了?"刘同问。

何落说:"阳台的烟灰缸里有一枚烟蒂,卧室的圆桌上有一包香烟和一个打火机,圆桌旁的藤椅上放着手提包,前厅的茶几上有一些茶水和一杯咖啡,咖啡没人喝过,茶杯上有齐兮兮的口红印,床头柜上放着手机,除此之外,没别的东西了。"

"有什么不同寻常的地方吗?"

"没有。"

"钱华,可以确定是自杀了吗?"

"齐兮兮的血液内没有酒精,也没有其他麻醉类药物,可以确定是自杀了。"

"确定吗?"

钱华撇嘴道:"刘队,其实你心里早认定是自杀了吧?"

刘同抱臂,仰天长叹:"谁还有说的?要是没有就准备结案吧!"

"我有!"

第十九章

终 章

1

"我有!"薛菲应声道。

"什么?说说看!"

薛菲拿起两张照片说:"大家有没有特别留意齐兮兮自杀所用的这把刀?"

"有什么问题吗?"章毅问。

"这是一把精致小巧的折叠水果刀,宝石蓝色的刀柄,技术组在刀柄两面均发现了齐兮兮的指纹,但大家有没有注意到?在刀柄一面的下方有一个太阳脸的小贴纸,直径不到半厘米。"

章毅说:"这个我们发现了,不过一个小贴纸能说明什么呢?有些人特别喜欢拿这种贴纸到处贴,比如队里的小孙,他的笔记本电脑上几乎都贴满了。"

"对啊!"李亨说,"这很常见的。"

"我要说的重点并不是水果刀上的贴纸。"薛菲放下照片,又从面前文件夹中取出了一张折成四方的彩页,并在众人面前缓缓展开,"大家看,这是我昨天在酒店房间内的一本《服务指南》中找到的一张繁花市旅游地图。"

"这地图我看见了,有什么问题吗?"何落问。

"仔细看。"

"你是说?"何落惊声道,"这些也都是贴纸吗?"

薛菲起身将地图竖在众人面前道:"大家可以看到,在这张地图上分布着许多小小的太阳脸,但这些都不是贴纸,而是直接印刷在册的。不难发现,每

一个太阳脸都标注着一个旅游景点,据魔方大酒店的服务人员说,入住魔方大酒店的客人大多是来本市休闲旅游的,虽说现在手机导航系统非常精确,也非常好用,但酒店仍坚持为顾客无偿提供旅游地图,这是酒店的传统,也是为了增加客户对酒店的好感度,最重要的是地图上也投放了一部分广告,这是一箭多雕的好事情。"

刘同问:"地图上的太阳脸和刀柄上的贴纸难道有什么联系吗?"

"因为刀柄上有一个这样的贴纸,所以我对这张地图格外注意。昨天夜里,我将地图拿回家看了很多遍,但始终没有发现什么异常的地方。今天早晨我起床的时候,我五岁的外甥小壮正站在地图前吃早餐,他一见我就喊,大姨,新华书店不是旅游景点啊。我当时一愣,赶紧拿起地图又看,结果大家猜猜,我发现了什么?"

"是印刷错误吗?"章毅问。

"大家看好啦!"薛菲将手伸向地图,然后在百合路新华书店的地标上轻轻抠下了一枚太阳脸的小贴纸,"别着急,还有一枚!"

"海岸森林?"章毅瞪大了眼睛,"这是什么情况?"

"今天早上我要求魔方酒店发来一张原版地图,经比对发现,原版地图的新华书店和海岸森林根本没有这两个太阳脸。"薛菲说,"而且经我证实,这两枚贴纸和那把水果刀上的贴纸一模一样。"

刘同沉思道:"你的意思这是齐兮兮故意留下的?"

"应该是。"

"会不会是李源弄的?"李亨问。

"从他昨天的表现来看,他没必要画蛇添足。"

"菲菲。"刘同说,"看来你已经认定这是齐兮兮故意留下的线索了?"

"目前我是这么认为的。"

"那就是说,这件事情的背后……可能另有隐情?"

"所以我们还不能结案,至少要搞清楚这是什么情况。"

何落说:"假如真是齐兮兮留下的线索,又这么隐秘,而酒店房间只有李源去过,是不是说明她不想让李源发现这些线索?"

"很有可能!所以我推断,齐兮兮一定知道自己死后,李源会仔细检查她留下的东西,为避开李源,她才会留下这么隐秘的线索。"

"但是这么隐秘,难道就不怕我们也找不到吗?"刘同问。

"不,她确信我们能找到,因为她把那本《服务指南》藏在了卫生间的浴巾里,这么做就是为了引起我们的注意。"

"没错,那本《服务指南》的确在浴巾的夹层里。"章毅说,"勘查现场的

罪无赦（二）

时候，我也觉得奇怪，但并没有在里面发现什么异样，还是薛队细心。"

"这两个地方到底代表什么呢？"刘同满脸疑问。

"刘队，要开展排查吗？"

一位年轻干警皱眉道："新华书店还好说，海岸森林就麻烦了，那么大一片森林，怎么找呢？"

"好了，大家有活儿干了，都打起精神吧！"刘同起身道，"章毅，你负责把新华书店半公里以内的监控全都调出来排查，看齐兮兮最近两天有没有在这里出现过。"

"是。"

"李亨，你带一队人去海岸森林管理处，监控也好，目击者也罢，一旦发现齐兮兮出现过，立马报告。"

"明白。"

"菲菲、何落，跟我去新华书店。"

这家位于百合路上的新华书店是本市最大的书店，从上到下一共五层，由于是周三，书店里的人并不多。刘同来到前台咨询，报出了齐兮兮的姓名和电话号码，收银员很快查到了齐兮兮的会员信息。

"她已经很久没买过书了。"

"上一次买书是什么时候？"

"去年九月十八号。"

"什么书？"

"一本推理小说，一本建筑学的教材。"

"推理小说？"

"没错，是推理小说，书名叫《警号W的男人》，作者叫王措。"

"这些作家只会给人添麻烦。"刘同急冲冲地说，"你们的监控室在哪儿？"

"在二楼。"

刘同、薛菲来到监控室，调取了近三天的监控，由于新华书店只有一个大门可供顾客进出，只要齐兮兮来过，应该可以被轻松锁定。时间一分一秒地过去，很快就到了中午，窗外的冷雨稍稍停歇，很快又下了起来。刘同和薛菲将监控翻来覆去查了好几遍，结果一无所获。

彼时，章毅的工作量更加巨大，新华书店方圆半公里内的监控不下七十个，而且又不能确定齐兮兮的穿着打扮，毫无特点可言，章毅心里清楚，这种工作无异于大海捞针，只能碰运气了。

刘同、薛菲跟何落在新华书店附近吃了一顿快餐，然后将排查范围扩大到书店周围的店面，三个人拿着齐兮兮的照片分头走访，效果并不显著。将近下

午四点钟,李亨打来电话说,半年前有一个少女在海岸森林的腹地上吊自杀,从那之后管理处的人便二十四小时巡逻,没有见过齐兮兮,监控设备里也没有发现齐兮兮的踪迹,不过据管理处的一位工作人员说,大概半个月前,有一个开奔驰跑车的男人在森林小路上出现过,而且是午夜时分。

"奔驰跑车?"

"车牌号在监控设备里查到了,我把车牌号发给了交管部门,刚才收到信息反馈,是李源的车。"

"李源?他在森林里干什么?"

"管理处的人发现他的时候,他正坐在车里吸烟。"

"你去他停车的地方看过吗?"

"看了,什么都没有发现。"

"李亨,你有新任务了。"

"什么?"

"二十四小时监视李源,不许他离开本市,必要时可采取强制措施。"

"知道了。"

太阳即将落山,刘同等人依旧毫无收获,何落咧嘴道:"这女的不会在耍我们吧?"

"这就像一个谜语!"刘同喟然长叹,"只能说我们还没找到解谜的思路。"

薛菲一声叹息:"她到底想告诉我们什么呢?"

"你们可以想想,假如她藏了一个东西在这里,我们是根本找不到的。"刘同环顾人来人往的大街,"这样的话,她做这个标记就毫无意义。"

"你是怎么想的?"薛菲问。

"这个地方对她来说可能意义非凡,我们不知道,也许有人知道。"

"张旭升?"

"没错。"

"那我们现在去找他?"

"先打个电话吧,看他有没有时间?"

"好。"

张旭升的电话出人意料地处在关机状态,薛菲又拨通副行长的电话,副行长却说张旭升今天一整天没有上班,他也在找他,但一直联系不上。

"什么?没去上班?"刘同惊问。

"一整天都没去。"薛菲答道。

"电话也关机?"

薛菲点头道:"对。"

终章

罪无赦（二）

"糟啦！"

"怎么了？"

"李源要麻烦了！张旭升昨天问过好几遍齐兮兮是不是李源杀的，难道你忘了？"

夜色渐渐降临，正是下班时间，海星大厦各家公司的工作人员从一楼的大门鱼贯而出，一个身披蓝色雨衣的男人却逆着人流匆匆进入大厦，乘电梯直抵A座二十四楼。他来到天华进出口贸易公司的玻璃门前，看到大厅的开间工作室里有一个年轻人正在收拾手提包，于是上前笑问："你好，您这是要下班了吧？"

"是啊！"年轻人说，"你是干吗的？"

"哦！我是送快递的。"男人从雨衣中掏出一个小小的纸盒道。

"怎么现在才送啊？大家都下班了。"年轻人皱眉问，"谁的快递？"

"李源的。"

"哦，李总还没走，在里面的办公室，你进去送吧。"

"好的，麻烦你了。"

年轻人接了一个电话匆匆离开了，张旭升缓缓摘下雨衣帽子，转身将玻璃大门反锁，然后从袖口中抽出一把匕首，那刀尖寒光熠熠，偶有几滴水珠滑落地面。与此同时，李源正坐在电脑前审阅合同，桌上的手机突然震动起来，一看是刘同打来的，李源立即挂断。没几秒钟，电话又响了，李源接通道："刘警官，到底什么事情？我现在很忙呀！"

"李源，你听我说。"刘同坐在副驾驶位上，语速奇快，"你现在很危险，告诉我，你此刻在什么地方？"

"危险？为什么？"

"快告诉我你在哪儿！"

话筒里震耳欲聋，李源将手机拉远了半公分道："那个……我在公司办公室。"

"具体位置！"

"海星大厦A座二十四楼，天华进出口贸易公司。喂，你到底说什么危险？"

"待着别动。"

挂断电话，李源撂下手机暗自嘀咕："有毛病吧？"

突然"嘭"地一声，他的办公室大门被猛然破开，赫然出现在门外的人令李源不禁胆寒。

"张旭升？"

298

"哦?你认识我?"张旭升笑道。

李源看到张旭升手中的匕首,狠狠咽了口唾沫道:"张旭升,你想干吗?"

张旭升缓步向前,双眉向上一挑:"是你杀了兮兮吧?"

李源一把握住手机,起身向后退去:"张旭升,你别乱来,警察马上就到。"

"是吗?本来还想跟你聊一聊的,看样子只能现在动手了。"

"张旭升!"李源喊道,"齐兮兮不是我杀的,她是自杀!是自杀!"

"你以为我会信吗?你这么有钱,谁知道你有没有买通警察?"

"张旭升,你冷静一下,这样,我可以赔你一笔钱,怎么样?你开个价吧!"

"哦?这么说就是承认了?"

"我承认什么了?你别过来,我再说一遍,兮兮不是我杀的。"

"闭嘴!"张旭升怒吼道,"你也配叫她兮兮?你算什么东西?是你,是你毁了我们的生活,我现在什么都没有了,我现在只能杀了你!"

刘同赶到时,发现玻璃大门紧锁,屋内接连不断传来打斗声和嘶吼声,夹杂着零星的玻璃破碎的声音。何落连忙说:"我去找写字楼保安,兴许他们有钥匙。"

"来不及了。"刘同说,"菲菲,隔壁墙角里有两支灭火器,快拿过来。"

"好。"

刘同接过灭火器,狠狠砸向玻璃门,钢化玻璃顿时花了一片,但没有碎裂。何落来了第二下,这才砸出一片缺口,刘同临门一脚,玻璃才悉数散落地面。三人循声向办公室跑去,看到张旭升鼻青脸肿地骑在李源身上,正在用电话座机猛砸李源的头部。

刘同大喊:"住手!"

张旭升抬眼一看,连忙丢下座机,身体向左一蹲,捡起跌落在不远处的匕首道:"都别过来!再过来,我就杀了他!"

何落拔出手枪,厉声喊道:"张旭升,你要敢再动一下,我会立即开枪!"

"开枪?开呀?杀了我呀?"

"张旭升!"刘同喊道,"我说过了,齐兮兮是自杀,你这是干吗?你要把自己都搭进去吗?"

李源满脸是血,哈哈大笑道:"来啊?杀了我呀?你以为兮兮爱你吗?哈哈哈哈哈⋯⋯他一丁点儿都不爱你,你在她心里,就是一个可有可无的人,明白吗?"

"张旭升!"刘同的音量再次增高,"别听他胡说八道,你好好想想,假如齐兮兮不爱你，她何必去袭击魏冬芹呢？她这么做是为了谁？还不是为了你吗？为了让你能早些回家，为了你不再为扣工资而愁眉苦脸，为了你能在银行轻松一些，她宁愿去犯罪，你说这样的女人到底是爱不爱你？"

张旭升不禁泪流满面，泣不成声。

"张旭升，快把刀放下，听到了吗？"

"你告诉我。"张旭升抽噎不止，"兮兮到底是怎么死的？"

"是自杀。"

"真的吗？"

就在此时，李源突然伸手夺下张旭升的匕首，狠狠刺进张旭升的左肩又奋力一拔，鲜血顿时喷溅开来，宛如一片血雾。

刘同迅速上前控制住李源持刀的手："菲菲，快叫救护车。"

"叫什么救护车！"李源喊道，"我这是正当防卫，你放开我！"

何落将张旭升拖到一旁，脱下他的雨衣，紧紧按住他的伤口："能走吗？"何落问。

张旭升笑说："我不去医院，你带我去法医室，我想兮兮了。"

"薛队，别叫救护车了，现在是下班高峰，路上很堵。"何落说，"我的意思是简单包扎一下，赶紧送医院吧。"

刘同说："好，抓紧时间。"

2

张旭升的伤口很深，但没有伤及要害，经过一个小时的外科手术，被转到了普通病房。刘同见他意识清醒，便问："你有没有想过你杀了李源之后，你会怎么样？"

"我不知道。"张旭升有气无力地说。

"为什么要做这么愚蠢的事情呢？"

"刘警官，我想听你说句实话……你是不是被李源买通了？"

"你认为我收了李源的钱，然后替他掩盖罪行，是吗？"

"是的，请你回答我。"

"好，就算我收了李源的钱，那你想想，在你今天行凶的时候，我完全可以当场把你击毙，为什么要苦口婆心地劝你住手呢？"

"可是,兮兮是不会自杀的。"

薛菲说:"我们找到了两条新线索,很可能是齐兮兮留下的,你想听一听吗?"

"什么?兮兮留下的?"

"对。"

"快告诉我。"

"你好好想想,从你认识齐兮兮开始到昨天为止,有哪些地方对她来说很重要?"

张旭升一愣:"哪些地方?什么意思?"

刘同笑说:"我打个比方,比如我和我妻子,繁花大学的人工湖畔对我们来说很重要,因为在那里,我给我妻子过了她人生中第一个生日,也是在那儿,我们收获了爱情,那里对我们都很重要。"

薛菲瞥了刘同一眼,神情不禁恍惚起来。

"东林塔的旋转餐厅,我在那儿向兮兮求婚。"

"还有呢?"刘同问。

"还有玫瑰路的天宝楼,我们第一次约会就在那儿。"

"还有吗?"

"还有……抱歉,我想不到了。"

"海岸森林?"

"海岸森林倒是去过几回,只是散步而已,没什么特别的。"

"百合路上的新华书店呢?"

"新华书店?"张旭升眼睛一亮,"对,新华书店,那是我向兮兮表白的地方。"

"果然如此。"刘同道,"看来就算李源得到线索也不一定能找到,太聪明了!张先生,你说说看。"

"那是我和兮兮刚认识的时候,碰巧周末,我打电话问她在哪儿,她说她在新华书店。"张旭升沉思道,"我买了一条项链塞进信封,还写了一张表白的字条,之后我把信封粘在了新华书店门外那个废弃的邮筒里。我打电话给她,说我在书店门口等她,看她出来了,我躲在远处打电话,让她去那个废弃的邮筒里找一样东西。后来她找到了信封,很感动。从那天起,我们正式交往了。"

刘同转头道:"菲菲,快给章毅打电话,让他去那个邮筒里找一找。"

"好的。"

刘同又问:"那你再好好想想海岸森林。"

"海岸森林,我和兮兮没去过几回,顶多两三次,都是去散步的。而且我

罪无赦（二）

们一向只在森林外的海边散步，根本没进去过，听兮兮说森林里瘆得慌。"

"瘆得慌？"

"嗯，总之一次都没有进去过。"

李源的鼻骨轻微骨折，其余都是轻微挫裂伤，他躺在病床上闷闷不乐地望着李亨，手里却不停滑动着手机屏幕。见刘同和薛菲推门而入，李源立刻挺起身子，问道："刘警官，你们这是什么意思？为什么要限制我的人身自由？"

刘同笑说："这话怎么说的？我们是为你的安全着想，专门派人二十四小时保护你。你想想，张旭升就住在你楼下，假如再趁机上来复仇的话，是不是很危险？"

"我要求立刻回家。"

"可以，你现在可以回家，不过在我们说服张旭升放弃复仇之前，我们的人还得跟着你。"

"刘警官，你们该不会怀疑兮兮是我杀的吧？"

"这怎么可能？"

"我已经订了明天回西班牙的机票，所以你们不用派人跟着我了。"

"是吗？那恐怕要让您失望了，在我们结案之前，您哪儿都不能去。"

"这不就是怀疑我吗？"

"假如您什么都没做，多留几天又何妨呢？"

"可恶！"

刘同笑说，"我有些好奇，齐兮兮为了你而自杀，你好像一丁点儿都不难过啊。"

"可笑，她杀了我的爱人，我为什么要难过？现在她老公又来杀我，我还要难过吗？我恐惧都来不及呢！"

"你说在齐兮兮心里，张旭升是一个可有可无的人，这是齐兮兮亲口告诉你的吗？"

"当然。"

"在那种情况下，你居然还敢激怒张旭升，你不怕他真的杀了你吗？"

"他不敢杀我，他的眼睛告诉我他不敢。"

刘同笑问："哦？你怎么看出来的？"

"他没有自信，完全没有。我说兮兮要和我结婚，他虽然愤怒，但眼神里充满了自卑。"

"自卑到极点，难道就不会丧失理智杀了你？"

"不，我能感觉到，他应该知道兮兮不爱他，所以他不可能坚定信心来

杀我。"

章毅真的在新华书店门外的废弃邮筒里找到了一封信,信封用胶粘在邮筒内侧的顶部,非常隐秘,要不是刻意查找,根本就不会被人发现。信封里有一封写给张旭升的信,除此之外还有一条项链、一张李源的名片和魔方大酒店房卡的卡套。

名片和卡套上都有一个太阳脸贴纸。

回到队里的办公室,刘同拿着信封细细端详:"就这些吗?"

章毅说:"翻遍了,只有这些。"

薛菲接过信封说:"正面写着'给旭升',背面写着'亲爱的陌生人,假如捡到这封信,请送去市公安局刑警队,张旭升会重谢',看来齐兮兮是担心咱们拿不到这封信。"

"没错。"刘同说,"她那么聪明,肯定不会忽略掉意外事件的概率。"

"那么现在可以肯定,这封信就是留给我们的。"

刘同说:"菲菲,你先读一下这封信吧!"

"好。"薛菲将信纸展开念道,"旭升,原谅我不辞而别,本来打算不给你打电话了,但还是忍不住打给了你,习惯性地担心你有没有吃饭、有没有回家,习惯是一件奇怪的事情,总是难以抗拒。旭升啊,这些天你在掩饰自己的悲伤,对不对?你以为我没有发现吗?我从你那天夜里的宿醉、家里的空啤酒瓶以及你刻意闪躲的眼神中能看出来,你在极力掩饰自己的伤感,那天你在楼顶哭得像个孩子,我就站在离你不到十米远的地方,很抱歉,我没有勇气去安慰你。我心里明白,你一定发现了我的谎言,对吗?你一定看到我和他在一起了吧?老公,我不想做太多的解释,请你再相信我一次,我和他之间什么都没有发生,请你不要再为这件事而难过,好吗?"

"我想告诉你,魏冬芹被打这件事,是我干的。她不是一个好人,我经常看到她发给你的信息,她为了自己的业务,不仅压榨你的时间,为什么还要说那些羞辱你的话?我受不了你被别人欺负,希望她的离开,能让你工作顺利些。"

薛菲翻开第二页:"旭升,当你读到这封信的时候,兮兮肯定已经离开了,在我离开的这段时间里,你一定要照顾好自己。你是一个好男人,应该拥有一个幸福的家庭,让一个内心温暖的女人去爱你,明白吗?至于齐兮兮,不要再想她了,慢慢忘了她吧!我想你一定会问我为什么要离开,难道就不能好好生活下去吗?老公,我从没有和你聊过自己的过去,现在我来告诉你,童年时的齐兮兮是一个冷酷无情的女孩,冷酷到令人恐惧,后来在奶奶的关怀下,那个

终章

罪无赦（二）

齐兮兮渐渐懂得了什么叫爱，再后来她遇见了你，她的心脏才慢慢有了温度。但是，那个童年的齐兮兮总是徘徊不去，她总是在我脑海里出现，她不断呼唤我，不停对我招手，她勾引着我离开了原有的轨道，我恨她！现在，我终于和她分出了胜负，无论灰飞烟灭还是粉身碎骨，我终究赢了，赢得那么可笑，赢得如此无奈。"

"老公！"薛菲热泪盈眶，"我想再做顿饭给你吃，但恐怕要等到来生了。再见，爱你的兮兮。"

"什么分出了胜负。"坐在一旁的何落厉声道，"我看就是矫情，好好的日子不过，干吗非走这条路？"

"从信的内容来看，有一些信息是比较重要的。"刘同说，"第一，齐兮兮知道张旭升发现了她和李源之间的关系，她很内疚。第二，齐兮兮对张旭升是有爱的，她说自己和李源什么都没有发生过，应该是可信的。第三，她说她选择和童年时的自己一起粉身碎骨，这是不是从侧面证实了她自杀的事实？"

薛菲放下手中的信纸，揉了揉通红的眼眶说："假如真像信里所说，那她绝不会向李源提出结婚的要求，这在情感上是相悖的。"

刘同点头道："没错，假如信里说的是真话，那李源就是在撒谎！"

"那可不好说！"章毅道，"没准儿这封信只是安慰张旭升用的，你们说呢？"

"我看有这种可能。"何落说。

"真真假假，一定会水落石出的。"刘同说。

"那可不好说。"章毅又一咧嘴，"人的情感太复杂了，在情感的世界里，根本就没有真相。"

"没看出来你小子也是有故事的人。"

"我的故事能写本《资治通鉴》！"

"你给我闭嘴！"刘同笑道，"来看看这两样东西吧。"

"李源的名片，房卡的卡套，我实在想不到是什么意思。"何落满脸疑惑。

薛菲说："李源的名片是不是在说，这些事和李源脱不了干系？"

"哪些事儿？"

"陈明外、卢思美。"

"以及她自己。"

"对。"

刘同狠狠揉了揉太阳穴说："既然这封信里的东西是特意给我们准备的，那这把剑无疑是指向李源的。这张名片……"刘同的眼神瞬间一亮，"薛菲，留在陈明外死亡现场的那张名片，你还记得吗？"

"当然,和这张一模一样。"

"当时齐兮兮是怎么说的?"

"她说那是她客户的名片,应该是她不小心遗失在酒店里的。"

"没错。"刘同望着银光闪闪的名片说,"算上这张,一共两张,大家可以想想在正常情况下,初次见面的两个人会彼此交换名片,但第二次见面的时候还会再给名片吗?"

"一般不会。"章毅说。

薛菲沉思道:"而且李源和齐兮兮是老相识,没必要给两张名片。"

"假如是一次性给了两张呢?"何落说,"这种可能也不是没有。"

"没错,这种可能的确有,但并不大。"刘同说,"因为这种高档金属名片的厚度要远远大于纸质名片,而且每张都有塑封,一次递出两张的可能性太小了。"

章毅会心一笑:"我大概明白刘队的意思了。"

"说说看?"

"假如这张名片是李源给的,那在陈明外死亡现场发现的那张……"

"是李源留下的?"薛菲惊问。

"或者是李源不小心遗失在现场的。"章毅笑说,"刘队,您是这个意思吗?"

"没错,关于这条线索,我现在能想到的也只有这么多了。"刘同说,"先按这个方向查吧。"

"刘队,下命令吧。"何落起身道。

"这张酒店房卡的卡套所要传递的信息应该再明显不过了,章毅,你带人再去一趟魔方大酒店,这次要仔细查,决不能漏掉任何一个角落。"

"是!"

"薛菲、何落,咱们去陈明外的死亡现场。"

"好。"

将近凌晨,天空下起了瓢泼大雨,"花园之家"快捷酒店前台的男经理调取了陈明外案发当晚入住酒店的所有客人的名单,结果出人意料,他真的查到了李源的入住信息,入住的房号紧邻陈明外登记入住的房间。据监控显示,就在陈明外将齐兮兮抱入客房后不到三分钟,李源出现在同一层的走廊,行色匆匆地进入了陈明外所在房间的隔壁客房。

"刘队!"何落惊愕失色地望着监控屏幕,"这个齐兮兮真不简单呐!"

薛菲说:"李源入住的房间是三〇四,陈明外的死亡现场在三〇二,难道……"

终章

罪无赦（二）

"宋经理，三〇四房有客人入住吗？"刘同问。

"没有。"

"稍后能带我们去看看吗？"

"没问题。"宋经理点头答道。

"目前至少能说明一点，李源说他对陈明外的死一概不知，是齐兮兮在东林塔的旋转餐厅里告诉他的。"刘同转头道，"他应该在撒谎。"

三人随宋经理来到了三〇四号客房的阳台，这里距三〇二房的阳台只有半米的距离，假如没有恐高症，对于一个成人来说，从这里跳过去应该不是什么困难的事情。刘同站在阳台上大致观察了一下，没看到周围有监控设备。

"李源是早晨七点钟离开的，没错吧？"刘同问。

"对。"薛菲点头道。

"看来陈明外的死没那么简单啊。"

"留在现场的那张名片上有没有指纹？"薛菲问。

"没有。"

"这就麻烦了，光知道他来过这里，却找不到有力证据证明他去过三〇二，假如现在问他的话，他肯定会信口搪塞。"

"那我们该怎么办？"何落说。

刘同望着三〇二的阳台，问道："刚才咱们把监控视频又看了一遍，你们有没有发现一个很奇怪的地方？"

"什么？"薛菲双眉一挑。

"齐兮兮在喝了迷药之后显得浑身疲软无力，在那种情况下，她有没有足够的力量将那把水果刀刺入陈明外的脖颈，而且还有一定幅度的切割动作？"

"这简单，我们可以做一个试验。"

"什么试验？"刘同问。

"我们可以去问投放迷药的小鲁到底给齐兮兮酒里下了多少药，这杯酒大概又有多少毫升，我们按小鲁给出的剂量调制两杯这样的酒，让我和队里的小李喝下去。"

"为什么是你和小李？"

"因为全队只有我和小李的体重和齐兮兮接近啊。"薛菲说，"陈明外和齐兮兮离开夜店的时间我们是知道的，陈明外的死亡时间我们也知道，两件事前后顶多隔了一个小时，假如我和小李在喝完酒的一个小时后仍然没有力气，那不就证明杀死陈明外的另有其人吗？"

刘同摇头道："我认为这个试验的意义并不大，你要知道人与人之间的体质存在众多差异，就算体重接近，也不能等同视之，假如齐兮兮对那种药的反

306

应不大，恢复速度也更快呢？而且那种药对人体的损害究竟有多大你有没有想过？"

"齐兮兮第二天就恢复了，应该没什么问题。"

"刘队，我们可以多找几个人来试一试呀。"何落说，"就拿我来说，我一直在健身，身体素质很好，假如一个小时后我都举不起一把刀，那齐兮兮绝对不可能有力量杀死陈明外。"

"我举一个很简单的例子吧。何落，你身体素质很好这大家都知道，不过大家也知道你的酒量，两瓶啤酒立马醉得不省人事，对不对？"

"这倒也是。"

"所以说这个试验根本就没有任何参考价值。"

何落叹息道："看来又掉进死胡同啦！"

3

章毅带队把齐兮兮的死亡现场翻了个底儿朝天，硬是没找出半点儿蛛丝马迹，调查再次陷入了瓶颈。十一月三日一大早，刘同和薛菲再次来到医院，彼时张旭升还在睡觉，听到有人进门，张旭升缓缓睁开双眼，问道："刘警官，查到什么了吗？"

薛菲将手里的早餐放在病床一侧的柜子上说："先吃早餐吧！"

"我不想吃，快告诉我有没有查到什么？"

刘同在病床前的凳子上坐了下来，慢声细语道："查到了。"

"什么？"

"我们在你所说的那个邮筒里找到了一封信。"

"是吗？"张旭升立刻挺起身子问，"给谁的信？"

"给你的。"刘同打开手里的文件袋，然后递出了两张 A4 打印纸，"原件还不能给你，这是复印件，你可以看一看。"

张旭升刚看了一眼，泪水刹那间夺眶而出，读完信的时候已是泣不成声。

"信封里还有一条项链，这是照片，你看看这是不是你送他的那条？"

"没错……"张旭升涕泗横流，"是我送给她的。"

"这下你明白了吧，齐兮兮是爱你的。"刘同拍了拍张旭升的后背说，"好了，别哭了，生活还要继续，不是吗？"

罪无赦（二）

"她就这么丢下我一个人。"张旭升抽噎道，"她怎么可以丢下我一个人呢？"

"目前来看，齐兮兮的自杀又出现了许多疑点。张先生，接下来我要问几个问题，希望你能够振作精神，帮我们查清真相。"

"请问吧。"

"这两把刀你都见过吗？"刘同又递出两张照片。

张旭升举着齐兮兮自杀时所用的那把刀的照片说："这把刀是兮兮常年带在身边的水果刀。"

"确认吗？"

"确认！"张旭升抹去泪水，"这把刀是两年前我的一个贷款客户送给我的，据说是中亚生产的刀，刀柄是青金石做的，兮兮很喜欢，正好她又喜欢吃削皮的苹果，就一直带在身边，无论去哪儿都带着。"

"那这把天蓝色的呢？"

"这把我没有见过。"

刘同和薛菲相互一瞥。

"这把刀的刀柄是塑料的吧？"张旭升问，"请问这把刀和兮兮有什么关系？"

"你确定没见过这把刀吗？"

"没有。"

刘同暗想，就算再怎么喜欢吃苹果，一个女人的包包里也全然不可能同时装两把刀。

薛菲说："这把刀是齐兮兮杀害陈明外时所用的水果刀，据齐兮兮所说，她平时一直都带着这把刀，因为她喜欢吃苹果。她说她的同事都见过这把刀，后经齐兮兮的同事们证实，她的包包里平时的确装着一把蓝色的水果刀，当时我们就没有多想。"

"这是什么意思？"

"这就是说齐兮兮对我们撒了谎。"

"好了张先生，我的问题问完了，感谢你的配合。"刘同说，"我们已经联系了你的母亲，把你的伤情告诉了她，她可能稍后就到。"

张旭升嘴角一颤："刘警官，你们……什么时候能把兮兮还给我？"

刘同踌躇片刻道："应该快了，等侦查结束后，我会将她的尸体、信件以及那条项链一起还给你。"

回到队里，刘同召集薛菲、何落、章毅和钱华在办公室开会。

刘同说："现在可以肯定，齐兮兮杀害陈明外所用的这把刀并非齐兮兮一

直带在身边的那把,请注意,这两把刀的相似之处是刀柄的颜色,虽然从实物上看存在较大的色差,但我们在侦查陈明外被害案时并没有考虑到这一层,去证实的时候也只说是蓝色的水果刀。现在基本可以断定,这是齐兮兮故意给我们设下的圈套。"

薛菲想了想说:"我在回来的路上一直在想,这把刀是张旭升送给齐兮兮的,她是不是不愿意用这把刀去杀人,所以又重新买了一把与这把刀相似的?"

"无论如何,齐兮兮撒谎这一点是可以坐实的。"章毅说,"那这里面肯定有问题啊!"

"我想说,杀陈明外的人很可能就是李源,这一切都是李源一手策划的,他让人调查陈明外,掌握了陈明外的喜好,而陈明外本身就坏事做尽,又下药又强奸,于是他和齐兮兮串通起来将计就计,杀死陈明外之后以正当防卫瞒天过海。"何落慷慨陈词,"刘队,你认为呢?"

刘同说:"这个推断很合理,不过就眼下这些证据来说,实在不足以让李源认罪伏法。章毅,酒店那边真的没有一丁点儿线索吗?"

"我们找了两三个小时,就差把地板砖都翻起来了,根本什么都没有。"

"现在有贴纸的水果刀、地图、李源的名片都或多或少给我留下了线索,但这张房卡的卡套到底想说明什么呢?"刘同出神地望着卡套上的贴纸,这个小太阳的笑脸贴在一堆密集的小字之间。小字是介绍酒店设施的名词,从第一个开始依次是:二十四小时热水、私人游泳池、免费Wi-Fi上网、独立淋浴间、遥控窗帘、豪华餐厅、个人影院,贴纸正好贴在"豪华餐厅"与"个人影院"之间的空隙上。

"钱华,快!"刘同喊道,"把你手边那把小刀递给我。"

"怎么了?"钱华问。

"快呀!"

"是!"

刘同戴起手套,接过小刀,然后将卡套从塑料袋中取出,缓缓将贴纸揭开:"空调!"

"是空调。"薛菲立即问道,"章毅,查过酒店的空调吗?"

"空调?他们是中央空调……"

"问你查没查?"

"没有。"

刘同起身道:"章毅,带上技术队跟我走。"

"去哪儿?"

罪无赦（二）

"废话！当然是魔方大酒店！"

"现在吗？"

"你想等到过年吗？"

几近中午，天空的乌云裂开了一道缝隙，露出了湛蓝的天脉。当刘同和薛菲来到魔方大酒店时，得知齐兮兮的那间房已经有客户入住了，刘同要求经理迅速给客人调换房间，经理虽显得有些为难，但不得不言听计从。

技术队随后进入房间，先将前厅四面的空调格栅全部取下，竟然一无所获。

"还有吗？"刘同问。

"卧室里还有两段出风口。"章毅说。

"那你站着干吗？抓紧时间呀！"

"好。"

几分钟后，所有人都震惊了，就在章毅将卧室南侧的空调格栅取下的一瞬间，一个微型摄像机进入了刘同的视野。摄像机下缘垫着几块发硬的口香糖，将摄像机微微倾斜，正好能拍到卧室内的所有情况，一根黑线将一枚充电宝与摄像机相连，据章毅观察，充电宝和摄像机都已经没电了。

"摄像机里内存卡在不在？"刘同问。

章毅看了看说："在。"

"你们技术队的人带电脑了吗？"

章毅喊道："小孙，把电脑拿过来！"

刘同将内存卡插入读卡器，在电脑上读取数据，那触目惊心的画面开始接连不断地涌入刘同和薛菲的视线。

刘同连忙拿起手机，拨给李亨道："李亨，你在哪儿？"

"我在李源家的别墅外面蹲点儿呢。"

"还蹲什么点儿，现在立马把李源给我抓回来！"

"怎么了？"

"我不想再说第二遍。"

"是！"

薛菲按下电脑空格键将视频暂停，长叹道："这个男人真是太可怕了！"

"真是叫人大跌眼镜啊！"刘同说。

"齐兮兮这么聪明的女人竟然都被当成了一把枪。"

"从另一方面来讲，齐兮兮也是自愿的，可能在她的意识里，她认为李源曾帮她摆脱了父亲的虐待，现在做这些只不过是感恩罢了。"

说话间，刘同的电话振动起来，是李亨打来的："喂，抓到了吗？"

"刘队！这家伙跑了！"

"什么？"刘同猛然起身，厉声喊道，"你是怎么盯梢的？"

"我和小丁打了盹的工夫啊。"

刘同深吸一口气，冷静地问："别墅里没人了吗？"

"花园侧面的玻璃门开着，应该是从花园后面逃跑的。"

"你最后一次见他是什么时候？"

"半个小时前，他还出来倒过一次垃圾呀。"

"他的车呢？"

"他的车前些天出事故了，还在维修厂。"

"你们先归队吧，我让章毅调监控。"

"刘队……我实在是对不起大家。"

"别说这些废话！"

刘同挂断电话说："菲菲，李源跑了。"

"我听到了，现在怎么办？"

"收拾东西，先回去吧。"

下午两点多，章毅通过监控查到了李源的行踪，他离开别墅后在小区门外打车直奔海星大厦，在公司停留半小时后又乘车一路向南，出租车最后出现的地方是海岸森林附近。

"手机还是打不通吗？"刘同问。

"手机能打通，但一直无人接听。"章毅说，"他在海星大厦停留的半小时内有过一次通话。"

"打给谁的？"薛菲问。

"是一个境外电话。"

"哪里？"

"西班牙。"

薛菲着急地来回踱步："估计要跑路了，通知海关吧？"

刘同凝神道："机场在北面，他却一路向南，应该不是逃跑。"

"这家伙太狡猾了，还是以防万一的好。"

刘同点头道："好吧！章毅，你去通知海关，限制李源出境。"

"是！"

"菲菲，咱们去海岸森林。"

"好的。"

海岸的天空渐渐晴开，一阵风从森林上空掠过，惊起一片飞鸟汇入蓝天远处的云海。李源穿着一件雪白衬衣坐在海岸森林前的沙滩上，这里的沙粒很

终章

罪无赦（二）

粗，颜色偏褐，附近的海域也遍布礁石，因此来这里逐浪的人少之又少。阳光之下，蔚蓝的海水起起落落，李源点了支烟，深深吸了一口，然后出神地望着目力所及的远方，似乎是在聆听浪潮和海风的吟唱。

他想起了那个夏天，很遥远了，似乎比海平线更遥不可及。他想起了齐兮兮牵着他跑过这片沙滩，笑着问他："你还会回来的，对吗？"

李源捡起一块石子丢向大海，望着一掠而过的海鸥说："当然，我一定会回来的。"

突然，一个人坐在了李源身旁，转头一看竟是刘同，再看身后十米开外的地方，两辆警车旁站满了人。

李源拿起烟盒，递了一支给刘同："吸吗？"

刘同接过香烟点燃，笑道："天晴了，这里的风景不错啊！"

"我小时经常来这儿，难过的时候、孤独的时候都会来。"李源微微一笑，"我会把许多人的名字写在石头上，然后狠狠地丢进大海。"

"会舒服一些吗？"

"当然，你难过的时候可以试一试啊。"

"这么说，今天又有些难过了？"

李源将烟蒂掐灭在沙子里，理了理被风吹乱的头发说："不是难过，是孤独。"

"为什么？是因为你杀了齐兮兮吗？"

李源转头望着刘同，一声哼笑："刘警官，你在说什么呀？我不明白。"

"是吗？那我给你讲讲？"

"好啊！"

"那……咱们从陈明外说起吧！"

4

十月十五日夜十一点刚过，陈明外将齐兮兮抱进了"花园之家"快捷酒店的三〇二号房，柔润的灯光下，齐兮兮的反抗令他的亢奋冲上极点，甚至丧失了听觉，完全没听到阳台上那声格外醒耳的响动。

李源戴着皮手套，缓缓推开阳台大门，看到陈明外正骑在齐兮兮身上，满脸淫笑着说"强奸就强奸吧"。他一把拍掉齐兮兮手中的电话，开始撕扯齐兮

兮的衣服。

　　李源缓步上前，掏出水果刀，从陈明外身后一把握住他的下巴，然后将刀狠狠刺进他脖颈左侧，陈明外一声嘶嚎，奋力挣扎，李源浑身发力将他紧紧夹在怀里，手上的刀在肉中来回切割，鲜血如红色染料一般泼洒开来，浸了满床。没几秒钟，陈明外失了生机，齐兮兮见李源将陈明外的尸体丢在床脚，连忙拿起手机拍了拍，然后关掉视频录制，喊道："你为什么要杀他？"

　　"他不该死吗？"李源喘息道。

　　"不是说好让警察来抓他的吗？为什么要这么做？"

　　"别害怕，我们可以制造正当防卫的现场，你手里不是有证据吗？"

　　"不！我要报警，他的死和我无关！"

　　李源笑道："你想多了，我们是共同作案，你认为警察会放过你吗？现在咱们可是一根线上的蚂蚱呀！难道你想失去你心爱的老公吗？"

　　一片海浪拍打过来，李源淡淡一笑："这都是刘警官的幻想吧？"

　　"没错，这的确是我的幻想，但这个幻想有凭有据。"

　　李源躺在了沙滩上，望着无垠的天空说："哦？那你说说看啊。"

　　"你一共给过齐兮兮几张名片？"

　　"一张。"

　　"确定吗？"

　　"确定。"

　　"我们在陈明外的死亡现场发现了一张你的名片，又在齐兮兮的遗物中发现了一张，这怎么解释？"

　　"是吗？那也可能是两张吧。"

　　"据齐兮兮供述，杀死陈明外的那把刀是她常年随身携带的水果刀，但是据齐兮兮的老公张旭升指认，那把刀并不是齐兮兮的，这怎么解释？"

　　"我怎么会知道呢？"

　　"从你刚刚拿烟的手来看，你应该是左撇子吧？"

　　"没错。"

　　"所以你左手持刀刺进了陈明外的脖颈左侧，对齐兮兮来说则是右手持刀，我们留齐兮兮在警局吃过午饭，通过观察我们发现她是右撇子，所以这很合理。"

　　"当然合理，因为她就是凶手，这是她亲口所说啊！"

　　"可是案发当天夜里，你就住在陈明外死亡现场的隔壁房间？"

　　"是吗？那应该是一个巧合吧！"

终章

罪无赦（二）

"我从来不相信巧合。"

"你不信不代表它不存在。"

"好吧！那咱们再来说说卢思美。"

"这你们不是查清了吗？"

湿润的海风扑面而来，刘同也躺了下来，笑说："没错，齐兮兮的确给卢思美注射了高浓度肉毒素，但假如能及时得到抢救的话不至于死亡。"

"所以我说过，兮兮骗我出去就是为了让小美得不到抢救。"

"我可以再幻想一下当时的情景吗？"

"随你咯。"

十月二十五日夜，李源将卢思美送回别墅后不久，齐兮兮便赶到了别墅。她问李源："卢思美怎么样了？"

"我把她锁在卧室里了。"李源满脸惬意道，"她不会再出来了。"

"你又想干吗？你不是说只让她吃点儿苦头的吗？"

"不不不，她一样该死。"

"李源，你疯了吗？"

"我怎么可能疯了呢？你曾经不是说过，但凡伤害过我们的人都必须受到惩罚吗？你忘了？"

齐兮兮掏出手机说："你真是疯了，我现在就叫救护车。"

"随便吧，关键是你能不能把电话打出去。"

齐兮兮按下120，放在耳边一听，又看了看屏幕，惊声道："你安装了信号屏蔽器？"

"那当然，我怎么可能让那个贱女人打电话求救呢？"

"你真是疯了！"

"兮兮，别再想了，咱们去吃饭吧？"

"这里没信号，我可以出去打。"

"别忘了，你才是凶手！"

"不，我不是，我不是凶手。"

"好了，我向你保证，这是我最后一次让你帮我，以后再也不会让你做这些事了，好不好？"

几个孩子匆匆跑过沙滩，刘同说："我们在你的别墅里找到了手机信号屏蔽器，这你总不能抵赖吧？"

"没错，那是朋友送的，我从来都没有用过。"

314

"为什么要送你这种东西?"

"做生意的朋友太多,什么都送,这没什么好奇怪的吧?"李源说,"不过您编造的这些故事的确很精彩,假如这都是事实,那李源这个男人就太可怕了。"

"你认为我无凭无据地会来和你摊牌吗?"

李源坐起身来,笑道:"这片海留给你了,我要回家了。"

"稍等!这里风景这么好,就在这儿聊吧,我也懒得请你回审讯室了。"

"看来是要拿证据喽?来吧,让我看看你到底有什么证据。"

刘同转头喊道:"薛菲,把电脑拿过来!"

李源望着屏幕,目瞪口呆地问:"这是什么?"

"这是我们在齐兮兮的死亡现场发现的一台微型摄像机录下的视频。"

刘同按下播放键,齐兮兮和李源先后进入画面。

齐兮兮指着李源喊道:"你知不知道警察问我那张名片的时候我心里有多慌?"

"好了,是我不小心,但一切都过去了,我们设计的正当防卫不是成功了吗?你还想这些干吗?"

"因为你骗了我!你说好带警察来抓他的,你为什么要骗我?"

"好了,你不要这样好不好?"

"你杀陈明外用的那把刀和我包里的那把刀颜色一模一样,你早就想好杀他了,也早就打算好让我去自首,对不对?"

李源在椅子上坐了下来:"是啊,那又怎么样?"

"你真的那么恨卢思美吗?你把她关在那间房子里让她等死的时候,心里就没有一丁点儿难过吗?"

"兮兮,假如我不恨她,我会让你去给她注射毒药呢?他们都该死!"

"那天晚上你安装了手机信号屏蔽器,但你告诉我卢思美的手机上最后一个电话是打给你的,在她快死的时候,为什么要打给你而不打给120呢?啊?说明她还爱你!"

"她爱我?她爱我就这么对我吗?"

"李源,去自首吧!"

"你说什么?"李源喊道,"为什么?我扫除了一切障碍就是为了和你在一起,你居然让我去自首?"

"我是不会和你在一起的。"

李源起身道:"齐兮兮!你埋在海岸森林里的那封信是怎么说的,难道你

罪无赦（二）

忘了吗？"

"那是小时候，我现在根本就不爱你！"

"不！你爱我！"

"自从卢思美死后，我整夜整夜都睡不着。李源，我们不该这么做，我们错了。去自首吧，我和你一起去。"

"好，就算你不爱我，就算你不想和我在一起，就算你不想嫁给我……"李源热泪盈眶，"你总要为自己想想吧？难道你不想和你那个愚蠢的老公好好过日子了吗？"

"住口！"齐兮兮哭喊道，"他的内心要比你温暖一万倍、十万倍，他永远都不会像你这么阴暗！"

"是谁！"李源的眉间青筋爆突，"是谁让我变成了今天这个样子？是你！是你教会我如何去报复伤害自己的人，不是吗？"

"咱们都长大了，李源，咱们都长大了！"

"那你为什么要帮我？难道不是因为爱我吗？"

"不，我帮你做这些事情是因为我欠你的，是因为我不知道你要杀了他们。"

"你欠我什么？"

齐兮兮拭去眼泪："走吧，我带你去自首。"

"喂！小时候的那个齐兮兮呢？那个冷酷无情、有仇必报的齐兮兮去哪儿了？"

"人不应该带着仇恨活下去，仇恨就像可怕的旋涡，会吞噬一切。"

"可笑，真是太可笑了！难道我错了吗？难道这些可恨的家伙不该死吗？难道我想要和你在一起，这都错了吗？"

"错了！都错了！"齐兮兮说，"走吧，我们该走了。"

"兮兮，你别逼我。"

"我不逼你，现在你面前两条路：第一，和我去自首；第二，杀了我。"

"你以为我不敢吗？"

"不，你当然敢，你为了保护自己，什么都敢做，这我知道。"

"这不是你教我的吗？"

"你记错了，我没有教过你这些，从来没有。"

"兮兮，和我去西班牙吧，我们现在就走好不好？我们永远在一起，永远都不分开，好不好？"

"这些年我经常梦见爷爷，当年要不那么做，爷爷就不会死，是我害了爷爷，是我！"

"你胡说!你爷爷分明是你爸害死的,这和你有什么关系?"

"是啊!陈明外和卢思美是你害死的,这和我有什么关系?你认为我会这么想吗?啊?他们都是我害死的,都是我!"

李源牵起齐兮兮的手说:"别说了,咱们现在就走,去马德里、去巴塞罗那、去巴黎、去纽约、去富士山,你不是喜欢富士山吗?我带你去北海道看雪,去加拿大看枫叶,好不好?"

"李源。"齐兮兮甩开李源的手,冷冷地说,"选吧。"

"选什么?"

"自首或者杀了我。"

"你在逼我,你这是在逼我!"

"是,我就是在逼你。"

李源将齐兮兮狠狠推倒在床,喊道:"你以为不敢杀了你吗?"

齐兮兮咯咯直笑:"你打算怎么杀我?"

李源挑起眉梢:"你想让我怎么杀你?"

"想听听我的建议吗?"

"好啊?"

"你可以割断我的手腕,制造一个自杀的假象,怎么样?"

"你在和我开玩笑吗?"

"不,我说的是真心话,你放心,我会配合你的。"

"为什么?"李源又哭了起来,"你为什么要这么做?"

"来吧,就像你小时候用刀割我的肩膀一样,只不过这次要用力割,明白吗?"

"我们非要这样不可吗?"

"快来吧,趁我现在还没改变主意,否则我会自己去警局揭发你,或者现在就打电话给他们。"

5

刘同按下暂停键说:"后边的我来讲吧!齐兮兮躺在床上,放了一首歌出来,循环播放。然后她给你准备了手套,你用酒店的被子裹住她的手腕,这是为了防止血溅在你的身上,你用她为你准备的水果刀割断了她的动脉,从伤口

终章

317

罪无赦(二)

来看,你用了很大的力量,而齐兮兮只是皱了皱眉,竟然一声都没有喊出来。"

刘同并没有看到李源露出任何震惊的表情,他只是黯然落泪:"真是想不到,还是兮兮厉害呀,竟然给我下这样的圈套,我自愧不如。"李源又躺了下去。

"好啦!"刘同起身拍了拍裤子说,"跟我走吧!"

"你听,这海浪声多好听啊!"

"是吗?"

"天空这么蓝,真是太美了。"

"起来吧!"

"我会判死刑吗?"

"不知道,但你一定会失去自由。"

"能让我自己再躺一会儿吗?十分钟,再给我十分钟,让我再享受一下最后的自由,好吗?"

刘同犹豫了一下:"没问题,我给你二十分钟。"

"谢谢你。"

"不客气。"

刘同拿着电脑回到警车旁,李亨忙问:"怎么样?承认了吗?"

"承认了。"

何落掏出手铐说:"那我去抓他。"

"别去了,让他再待一会儿吧,我给了他二十分钟。"

"他不会趁机逃跑吧?"

"这么偏僻的地方,他能往哪儿跑呢?放心吧。"

李亨咧嘴大笑:"哎呀,终于尘埃落定了,刘队,该请客了吧?"

刘同笑道:"没问题。"

"欧耶!"

薛菲伸了伸懒腰说:"我现在只想好好睡一觉。"

"没问题,你明天放假,好好休息一下吧。"

"这可是你说的?"

"我说的。"

二十分钟一晃眼过去了,何落带人来到李源身旁,顿时大惊失色:"刘队!不好啦!"

"怎么了?"

"这孙子割腕啦!"

所有人都跑了过来,刘同神情慌张:"菲菲,先止血!"

"刘队,已经没呼吸了。"李亨说。

"不行,不能让他就这么死了。"薛菲脱下衬衣,用李源手边的刀割下几段布条紧紧缠住李源的伤口,"快,我按住伤口,你们往车里抬呀!"

"刘队!"何落摇头道,"没救了。"

"那也得救!"刘同喊道,"还愣着干吗?快往车上抬呀!"

李源死了,送到医院的时候身体已经冰凉,刘同为自己的麻痹大意而懊悔不已,闭着眼睛独自一人坐在车上不停地吸烟。医院门前人山人海,但刘同什么都听不到,似乎只能听见一阵阵海浪拍打礁石的声音。

"这是为什么?"刘同不断自问,"难道他去海岸森林就是为了自杀?没道理呀?他为什么要这么做?难道他也有随身携带水果刀的习惯?"

由于证据链齐全,两天之后结案。又过了几天,李源的父亲回到国内,将公司转给朋友,带着李源的骨灰返回了西班牙。

十一月十三日,天朗气清,刘同和薛菲来到张旭升的住处,将齐兮兮的遗物悉数转交。

薛菲安慰张旭升:"齐兮兮是一个善良的女人,而且她很爱你,希望你能够好好地生活下去。"

张旭升泪目,缓缓拿起那个信封,取出项链说:"还记得我第一次见她的时候,我就一直在想,这么漂亮的女人怎么可能会跟我过一辈子呢?后来我才发现,她渴望的生活其实很简单,她喜欢平静如水的生活,她总是在期待假日的到来,她喜欢去海鲜市场讨价还价,她喜欢把凋落的花瓣晒干后放在枕头下面。她喜欢的东西都那么平凡,让我觉得只要用点心,我们就会转眼变老,然后一起提着帆布袋在海鲜市场里走来走去、讨价还价。我恨那个男人,是他毁了我的一切,假如不是他,一切都不会发生,绝对不会!"

"张先生。"刘同说,"至少齐兮兮是爱你的,你应该为此感到庆幸。"

午后的阳光从阳台上洒进来,屋内温暖而明亮。张旭升擦去眼泪,突然,他睁大眼睛道:"刘警官,这信封上字不是兮兮写的呀。"

"什么?"刘同反问。

"这信封上的字不是兮兮写的。"

"你确定吗?"

"当然。"张旭升抽出信纸道,"你看,这信上的字才是兮兮写的。"

薛菲拿来对比一看,低声道:"刘队,的确不是一个人写的。"

"奇怪了!那会是谁写的呢?"

"难道把这封信贴在邮筒里的另有其人?"

刘同说:"那个邮筒附近没有监控设备,想查也查不到。"

终章

三个人彼此凝视，一时不知从何说起。

回到办公室，薛菲说："齐兮兮死前只和李源联系过，难道是李源写的？"

"这怎么可能？就算是他写的，他也得先知道东西在哪儿呀，你说呢？"

"难道……他看过那张地图？"

"这不可能吧？假如他看过那张地图，发现有不对的地方，他一定会带走销毁，怎么可能留下来呢？"

"您忘了那段视频吗？齐兮兮死后，李源在卧室里找了个遍，还拿着齐兮兮的手机操作了十来分钟，然后他走出卧室，在外边停留了不到十分钟，又回到卧室吻了一下齐兮兮的额头才离开的。"

"那本《服务指南》和那张地图在证据科吗？"

"已经归档了。"

"你让章毅调出来，我要知道那上面有没有李源的指纹。"

"是！"

下午三点刚过，章毅和薛菲推门而入，刘同问："干吗这么慌张？"

"刘队！"章毅说，"这两样东西上的确有李源的指纹。"

"这家伙，看来我们被耍了！可是就算他知道新华书店有问题，他是怎么找到那个邮筒的呢？莫非齐兮兮无意间提起过那个邮筒？"

薛菲眉头紧锁："难道地图上的贴纸是李源贴上去的？"

"不，这可能性不大，因为齐兮兮从包里取出那把刀的时候，贴纸就在了。我的意思是，他找到了线索，但没有销毁，那就是故意留下给我们看的咯？"

"这是为什么呢？"薛菲问。

"我也不知道。"刘同面露深沉，"难道……和齐兮兮埋在海岸森林里的那封信有关？"

6

李源离开魔方大酒店之后，发现身后那两个警察依旧穷追不舍，于是他约了几个朋友吃饭。那家饭店是李源经常光顾的馆子，他知道饭店后厨有一个后门，这才借机甩开警察，打车前往新华书店。

天黑之后，新华书店门外的街上行人罕至，他来到邮筒旁，摸索了半天终于发现了猫腻。他将信封取出，拆开看了看，望着那张自己的名片和房卡的卡

套,不禁会心一笑:"兮兮啊,你还是这么聪明。"

他阅读信件,字里行间的爱意都令他痛彻心扉,冷雨又淅淅沥沥地下了起来,不觉间他也流下了眼泪:"兮兮,难道你真的爱这个蠢货吗?"

李源走进新华书店旁的文具店,买了一个信封、一支笔和一瓶胶水,他将原有的东西塞进新买的信封,然后将旧信封上的字又抄了一遍,最后贴回了邮筒。

打车回到饭店时,朋友们还在吃饭,大家问他去哪儿了,他只说处理了一些小事儿。聊了几句,他请众人去 KTV 喝酒唱歌,不料就在他和两个女孩勾肩搭背的时候,警察冲了进来将他带回了刑警队。

7

黄昏时分,刘同和薛菲终于在海岸森林前沿的一棵树下发现了土壤被翻动过的痕迹。章毅顺着痕迹用铲敲挖下去,竟挖出了一个白色的铁皮盒子。

"这应该是装饼干的。"薛菲说,"我小时候见过。"

刘同挥去盖子上的土,缓缓揭开,伸手进去掏出了一包麦丽素,一看生产日期,竟然是一九九五年三月份。

"章毅,这可是九五年的麦丽素,吃吗?"李亨坏笑道。

"你给我闭嘴。"刘同蹲下身子,将铁盒放在地上,取出了两张纸条。

第一张纸条已经发黄腐烂,但展开之后还能看清上面的字迹,字体非常稚嫩,一看就是孩子写的。

李源

我会等你回来,这包麦丽素咱们一起吃,到时候咱们就永远在一起了。

齐兮兮
一九九五年夏天

刘同打开另一张纸,上面写着:

兮兮

就算是死,我们也要永远在一起!

爱你的李源
二〇一六年深秋

李亨说:"这家伙可真变态。"

罪无赦（二）

刘同说："估计他早就想好自杀了。"

"不是自杀，是想和齐兮兮同归于尽啊！这家伙真是可怕。"

章毅撇嘴道："混蛋，害死这么多人，自杀真是便宜他了。"

刘同将信纸和麦丽素塞回铁盒，叹息道："假如小时候的李源没有癫痫病，假如他有很多的朋友，假如齐兮兮的童年里有一对爱她的父母，也许这一切就不会发生了。"

薛菲淡淡地说："是啊！"

刘同将铁盒放回土中："章毅，埋了吧！"

"刘队，不带回去吗？"

"带回去干吗？你想吃呀？"

章毅将土回填，众人这才离开。伴着隐隐的海浪声，一个小女孩跑了过来，指着那棵大树说："李源你看，就是这棵树了，树底下有我埋的一个心愿和一包麦丽素，等你从西班牙回来，我们一起来挖，好不好？"

李源满脸狐疑："可是麦丽素会不会坏掉呢？"

"不会的！"

李源环顾四周："森林里这么多树，我们还能找到吗？"

"笨蛋，我在树上做了标记，不会找不到的。"

"什么标记？"

"你看，我在这里刻了一个'兮'字，看到了吗？"

"你真聪明。"

就在此时，另一个女孩跑了过来，齐兮兮忙说："李源，这个姐姐是我的邻居，她已经上初中了，她也想和你交朋友。"

"你叫李源吧？"女孩问。

"姐姐好。"

"我听兮兮说你零花钱特别多，但是总被学校里的人欺负，是吗？"

"嗯。"

"我今天来就是想告诉你，怎么做才能保护自己。"

"怎么做呢？"李源问。

"我从前教过兮兮，想要保护自己的方法只有一个。"

"什么？"

"要狠！不过具体方法有很多，我慢慢讲给你听。"

齐兮兮说："李静姐姐，咱们去森林里玩吧，边玩边说，好不好？"

"好啊！你们平时在森林里玩什么呀？"

李源说："玩的可多了，那边有一个藏宝屋！"

"我听兮兮说藏宝屋里都是你买的玩具?"

"对啊!"

三个人一边说,一边向森林深处走去,齐兮兮走在最后,她回过头看了一眼,眼神明亮而深邃。她似乎在看那棵大树,心里似乎在想,不知道哪一天才能把铁盒子挖出来。

半小时后,乌云从森林的尽头弥漫开来,整片森林仿佛变成了灰色,没人知道那三个孩子去哪儿了,有人说他们钻进了森林最深处,再也没有找到回家的路。有人说只有一个孩子回来了,因为她将自己的名字刻在了大树上,是那个记号指引了她的方向。

终章

图书在版编目（CIP）数据

罪无赦：迷失的森林 / 王措著. -- 上海：文汇出版社，2020.6

ISBN 978-7-5496-3152-0

Ⅰ.①罪… Ⅱ.①王… Ⅲ.①长篇小说－中国－当代 Ⅳ.① I247.5

中国版本图书馆 CIP 数据核字 (2020) 第 067242 号

罪无赦：迷失的森林

著　　者 / 王　措
责任编辑 / 徐曙蕾
封面装帧 / 人马艺术设计·储平
策划监制 / 牧神文化
特约编辑 / 王辉城

出版发行 / 文匯出版社
　　　　　上海市威海路 755 号
　　　　　（邮政编码 200041）
印刷装订 / 上海盛通时代印刷有限公司
版　　次 / 2020 年 6 月第 1 版
印　　次 / 2020 年 6 月第 1 次印刷
开　　本 / 890×1240　1/32
字　　数 / 230 千字
印　　张 / 10.375

ISBN 978-7-5496-3152-0
定　　价 / 49.80 元